MÉMOIRES

DE NAPOLÉON.

Se trouve aussi à Paris,

A LA GALERIE DE BOSSANGE PÈRE,

Libraire de S. A. S. Monseigneur le duc d'Orléans,

RUE DE RICHELIEU, n° 60.

DE L'IMPRIMERIE DE FIRMIN DIDOT.

MÉMOIRES

POUR SERVIR

A L'HISTOIRE DE FRANCE,

SOUS NAPOLÉON,

ÉCRITS A SAINTE-HÉLÈNE,

Par les généraux qui ont partagé sa captivité,

ET PUBLIÉS SUR LES MANUSCRITS ENTIÈREMENT CORRIGÉS DE LA MAIN DE NAPOLÉON.

TOME DEUXIÈME,

ÉCRIT PAR LE GÉNÉRAL GOURGAUD.

PARIS,

FIRMIN DIDOT, PÈRE ET FILS, LIBRAIRES.

BOSSANGE FRÈRES, LIBRAIRES.

G. REIMER, A BERLIN.

1823.

[illegible]

Combat!

Le Contre-amiral Villeneuve a dit pour sa justification, qu'il attendoit le signal de l'amiral : on assure que cet ordre lui fut donné ; mais que la fumée empêcha le signal d'être vu. mais faut-il donc des ordres pour prendre part au combat et secourir ses camarades ? d'ailleurs l'ordre a été à onze heures du soir ; depuis ce moment, jusqu'à deux heures après midi Villeneuve commandoit l'armée. il ne manquoit pas d'expérience de la mer, mais il manqua de résolution et de vigueur.

Calqué et Gravé par Pierre Tardieu.

Voyez Page [illegible]

MÉMOIRES DE NAPOLÉON.

DIPLOMATIE. — GUERRE.

1800 ET 1801.

Préliminaires de paix signés par le comte de Saint-Julien. — Négociations avec l'Angleterre, pour un armistice naval. — Commencement des négociations de Lunéville. — Affaires d'Italie ; invasion de la Toscane. — Positions des armées. — Opérations de l'armée Gallo-Batave. Combat de Burg-Eberach. — Opérations de l'armée du Rhin. Bataille de Hohenlinden. — Passage de l'Inn, de la Salza. Armistice du 25 décembre 1800. — Observations. — Armée des Grisons ; passage du Splugen ; marche sur Botzen. — Armée d'Italie ; passage du Mincio ; passage de l'Adige. — Suspension d'armes de Trévise, le 16 janvier 1801 ; Mantoue cédée le 26 janvier. — Corps d'observation du Midi. Armistice avec Naples, signé à Foligno, le 28 février 1801.

§ Ier.

Le lieutenant général comte de Saint-Julien arriva à Paris, le 21 juillet 1800, porteur d'une lettre de l'empereur d'Allemagne, au premier consul. Il s'annonça comme plénipotentiaire chargé de négocier, conclure et signer des préliminaires de paix. La lettre de l'empereur était précise; elle contenait des pouvoirs, car il y était dit : *Vous ajouterez foi à tout ce que vous dira de ma part le comte de Saint-Julien, et je ratifierai tout ce qu'il fera.* Le premier consul chargea M. de Talleyrand de négocier avec le plénipotentiaire autrichien, et en peu de jours les préliminaires furent arrêtés et signés. Par ces préliminaires, il était convenu que la paix serait établie sur les conditions du traité de Campo-Formio, que l'Autriche recevrait, en Italie, les indemnités que ce traité lui accordait en Allemagne; que jusqu'à la signature de la paix définitive, les armées des deux puissances resteraient, tant en Italie qu'en Allemagne, dans leur situation actuelle; que la levée en masse des insurgés de la Toscane ne recevrait aucun accroissement, et qu'aucune troupe étrangère ne serait débarquée dans ce pays.

Le rang élevé du plénipotentiaire, la lettre de l'empereur dont il était porteur, les instructions qu'il disait avoir, son ton d'assurance, tout portait à regarder la paix comme signée; mais en août, on reçut des nouvelles de Vienne :

le comte de Saint-Julien était désavoué et rappelé; le baron de Thugut, ministre des affaires étrangères d'Autriche, faisait connaître que, par un traité conclu entre l'Angleterre et l'Autriche, cette dernière s'était engagée à ne traiter de la paix, que conjointement avec l'Angleterre, et qu'ainsi l'empereur ne pouvait ratifier les préliminaires du comte de Saint-Julien, mais que ce monarque desirait la paix; que l'Angleterre la desirait également, comme le constatait la lettre de lord Minto, ministre anglais à Vienne, au baron de Thugut. Ce lord disait que l'Angleterre était prête à envoyer un plénipotentiaire pour traiter, conjointement avec le ministre autrichien, de la paix définitive entre ces deux puissances et la France.

Dans une telle circonstance, ce que la république avait de mieux à faire, c'était de recommencer les hostilités. Cependant le premier consul ne voulut négliger aucune des chances qui pouvaient rétablir la paix avec l'Autriche et l'Angleterre; et, pour parvenir à ce but, il consentit, 1° à oublier l'affront que venait de faire à la république le cabinet de Vienne, en désavouant les préliminaires qui avaient été signés par le comte de Saint-Julien; 2° à admettre des plénipotentiaires anglais et autrichiens au congrès; 3° à prolonger l'armistice existant entre la France et l'Allemagne, pourvu que, de son côté, l'Angleterre consentît à un armistice naval, puisqu'il n'était pas juste que la France traitât avec deux puissances alliées, étant en armistice avec l'une et en guerre avec l'autre.

§ II.

Un courrier fut expédié à M. Otto, qui résidait à Londres comme commissaire français, chargé de l'échange des prisonniers. Le 24 août, il adressa une note au lord Grenville, en lui faisant connaître que lord Minto ayant déclaré l'intention où était le gouvernement anglais, de participer aux négociations qui allaient s'ouvrir avec l'Autriche, pour le rétablissement de la paix définitive entre l'Autriche et la France, le premier consul consentait à admettre le ministre anglais aux négociations; mais que l'œuvre de la paix en devenait plus difficile; que les intérêts à traiter étant plus compliqués et plus nombreux, les négociations en éprouveraient nécessairement des longueurs; et qu'il n'était pas conforme aux intérêts de la république que l'armistice conclu à Marengo, et celui conclu à Bayarsdorf, continuassent plus long-temps, à moins que, par compensation, on n'établît aussi un armistice naval.

Les dépêches de lord Minto n'étaient pas encore arrivées à Londres, et lord Grenville, fort étonné de la note qu'il recevait, envoya le chef du transport-office, prier M. Otto de remettre les pièces qui y avaient donné lieu, ce qu'il fit aussitôt. Mais peu après, le cabinet de Saint-James reçut son courrier de Vienne; lord Grenville répondit à M. Otto, que l'idée d'un armistice applicable aux opérations navales, était neuve dans l'histoire des nations. Du reste, il déclara qu'il était prêt à envoyer un plénipotentiaire au lieu qui serait désigné pour la tenue du congrès; il fit connaître que ce plénipotentiaire serait son frère Thomas Grenville, et demanda les passeports pour qu'il pût se rendre en France. C'était éluder la question; et M. Otto, le 30 août, réclama une réponse catégorique avant le 3 septembre, vu que, le 10, les hostilités devaient recommencer en Allemagne et en Italie. Lord Grenville, le 4 septembre, fit demander un projet par écrit, attendu qu'il avait peine à comprendre ce qu'on entendait par un armistice applicable aux opérations navales. M. Otto envoya le projet du gouvernement français rédigé. Les principales dispositions étaient celles-ci : 1° les vaisseaux de guerre et de commerce des deux nations, jouiront d'une libre navigation, sans être soumis à aucune espèce de visite; 2° les escadres, qui bloquent les ports de Toulon, Brest, Rochefort et Cadix, rentreront dans leurs ports respectifs; 3° les places de Malte, Alexandrie et Belle-Isle en mer, seront assimilées aux places d'Ulm, Philipsbourg et Ingolstadt; et, en conséquence, tous les vaisseaux français et neutres pourront y entrer librement.

Le 7 septembre, M. Grenville répondit que S. M. Britannique admettait le principe d'un armistice applicable aux opérations navales, quoique cela fût contraire aux intérêts de l'Angleterre; que c'était un sacrifice que cette puissance voulait faire en faveur de la paix et de son alliée l'Autriche; mais qu'aucun des articles du projet français n'était admissible; et il proposa d'établir les négociations sur un contre-projet qu'il envoya. Ce contre-projet portait : 1° les hostilités cesseront sur mer; 2° on accordera aux places de Malte, Alexandrie et Belle-Isle, des vivres pour quatorze jours à la fois, et d'après le nombre d'hommes qu'elles ont pour garnison; 3° le blocus de Brest et des autres ports français ou alliés sera levé; mais aucun des vaisseaux de guerre, qui y sont, n'en pourra sortir pendant toute la durée de l'armistice; et les escadres anglaises resteront à la vue de ces ports.

Le commissaire français répondit le 16 septembre, que son gouvernement offrait le choix à S. M. Britannique, que les négociations s'ouvrissent à Lunéville, que les plénipotentiaires anglais et autrichiens fussent admis à traiter ensemble, et que pendant ce temps-là la guerre eût lieu sur terre comme sur mer; ou bien qu'il y eût armistice sur terre et sur mer; ou enfin, qu'il y eût armistice avec l'Autriche, et qu'on ne traitât à Lunéville qu'avec elle; qu'on traitât à Londres ou à Paris avec l'Angleterre, et que l'on continuât à se battre sur mer. Il observait que l'armistice naval devait offrir à la France des compensations pour ce qu'elle perdait par la prolongation de l'armistice sur le continent, pendant lequel l'Autriche réorganisait ses armées et son matériel, en même temps que l'impression des victoires de Marengo et de Moeskirch s'effaçait du moral de ses soldats; que, pendant cette prolongation, le royaume de Naples, qui était en proie à toutes les dissensions et à toutes les calamités, se réorganisait et levait une armée; qu'enfin c'était à la faveur de l'armistice, que des levées d'hommes se faisaient en Toscane et dans la marche d'Ancône.

Le vainqueur n'avait accordé au vaincu tous

ces avantages, que sur sa promesse formelle de conclure sans délai une paix séparée. Ceux que la France pouvait trouver dans le principe d'un armistice naval, ne pouvaient consister dans l'approvisionnement des ports de la république, qui certes ne manquait pas de moyens intérieurs de circulation, mais bien dans le rétablissement de ses communications avec l'Égypte, Malte et l'Ile-de-France. M. Grenville fit demander, le 20 septembre, de nouvelles explications; et M. Otto lui fit savoir le lendemain, que le premier consul consentait à modifier son premier projet; que les escadres françaises ou alliées ne pourraient changer de positions pendant la durée de l'armistice; qu'il ne serait autorisé, avec Malte, que les communications nécessaires pour fournir à la fois pour quinze jours de vivres, à raison de dix mille rations par jour; qu'Alexandrie n'étant pas bloquée par terre et ayant des vivres en assez grande abondance pour pouvoir en envoyer même à l'Angleterre, la France aurait la faculté d'expédier six frégates qui, partant de Toulon, se rendraient à Alexandrie, et en reviendraient sans être visitées, et ayant à bord un officier anglais parlementaire.

C'étaient là les deux seuls avantages que la

république pût retirer d'une suspension d'armes maritime. Ces six frégates armées en flûte auraient pu porter 3,600 hommes de renfort; on n'y eût mis que le nombre de matelots strictement nécessaire pour leur navigation, et elles auraient même pu porter quelques milliers de fusils et une bonne quantité de munitions de guerre et d'objets nécessaires à l'armée d'Égypte.

La négociation ainsi engagée, lord Grenville crut devoir autoriser M. Ammon, sous-secrétaire d'état, à conférer avec M. Otto, afin de voir s'il n'y aurait pas quelque moyen de conciliation. M. Ammon vit M. Otto, et lui proposa l'évacuation de l'Égypte par l'armée française, comme une conséquence du traité d'El-Arisch, conclu le 24 janvier, et rompu le 18 mars, au reçu de la décision du gouvernement britannique, qui s'était refusé à reconnaître cette convention. Une telle proposition ne demandait aucune réponse; M. Ammon n'insista pas. Les deux commissaires, après quelques jours de discussion, se mirent d'accord sur toutes les difficultés, excepté sur l'envoi des six frégates françaises à Alexandrie. Le 25 septembre, M. Otto déclara que cet envoi de six frégates était le *Sine quâ non*; et le 9 octobre, M. Ammon lui écrivit pour lui annoncer la rupture des négociations.

§ III.

Dans les pourparlers qui avaient eu lieu, on n'avait pas tardé à s'appercevoir que le cabinet anglais ne voulait que gagner du temps, et que jamais il ne consentirait à faire, à la république française, aucun sacrifice, ou à lui accorder aucun avantage qui pût l'indemniser des pertes que lui faisait éprouver la prolongation de l'armistice avec l'empereur d'Allemagne. Les généraux en chef des armées du Rhin et d'Italie avaient donc reçu l'ordre de dénoncer l'armistice le 1er septembre, et de reprendre sur le champ les hostilités. Brune avait remplacé, au commandement de l'armée d'Italie, Masséna, qui ne pouvait s'entendre avec le gouvernement de la république cisalpine. Le général Moreau, qui commandait l'armée du Rhin, avait son quartier-général à Nimphenbourg, maison de plaisance de l'électeur de Bavière, auprès de Munich. Le 19 septembre, il commença les hostilités. Cependant le comte de Lerbach, arrivé sur l'Inn, sollicitait vivement la continuation de l'armistice; il promettait que son maître allait sincèrement entamer des négociations pour la paix; et, comme garantie de la sincérité de ses dispositions, il consentait à remettre les trois places d'Ulm, Philipsbourg et Ingolstadt. En conséquence, de ces propositions, une convention signée à Hohenlinden, le 20 septembre, prolongea l'armistice de quarante-cinq jours.

La mauvaise foi de la cour de Vienne était évidente ; elle ne voulait que gagner la saison pluvieuse, afin d'avoir ensuite tout l'hiver pour rétablir ses armées. Mais la possession par l'armée française, de ces trois places, était regardée comme de la plus haute importance ; elles assuraient cette armée en Allemagne, en lui donnant des points d'appui. D'ailleurs, si l'Autriche employait le temps de l'armistice à recruter et à rétablir ses armées, la France de son côté mettrait tout en œuvre pour lever de nouvelles armées; et les nombreuses populations de la Hollande, de la France et de l'Italie, permettraient de faire des efforts plus considérables que ceux que pouvait faire la maison d'Autriche. Pendant ces quarante-cinq jours de trêve, l'armée d'Italie gagnerait la soumission de Rome, de Naples et de la Toscane, qui, n'étant pas comprises dans l'armistice, se trouvaient abandonnées à leurs propres forces. La soumission de ces pays, qui pouvaient inquiéter les derrières et les flancs de l'armée, était également utile.

Le ministre Thugut, qui dirigeait le cabinet de Vienne, était sous l'influence anglaise. On lui reprochait des fautes politiques et des fautes militaires, qui avaient compromis et compromettaient encore l'existence de la monarchie. Sa politique avait mis obstacle au retour du pape, du grand duc de Toscane, et du roi de Sardaigne, dans leurs états; ce qui avait achevé d'indisposer le czar. Ce ministre avait conclu avec le cabinet de Saint-James un traité de subsides, au moment où il était facile de prévoir que la maison d'Autriche serait contrainte à faire une paix séparée. On attribuait à ses plans les désastres de la campagne ; on le blâmait d'avoir fait de l'armée d'Italie l'armée principale; c'était sur le Rhin, disait-on, qu'il eût dû réunir les grandes forces de la monarchie. Il avait cherché, en cela, à complaire à l'Angleterre, qui voulait incendier Toulon, et par là faire tomber l'expédition d'Égypte ; enfin, il venait de compromettre la majesté de son souverain, en le faisant aller à ses armées sur l'Inn, pour y donner lui-même l'ordre déshonorant de livrer les trois boulevards de l'Allemagne. Thugut fut renvoyé du ministère. Le comte de Cobentzell, le négociateur de Campo-Formio, fut élevé à la dignité de vice-chancelier d'état, qui, à Vienne, équivaut à celle de premier ministre. Tout ce qui pouvait faire espérer le rétablissement de la paix, était fort populaire à Vienne, et sanctionné par l'opinion publique.

Le comte de Cobentzell s'annonçait comme l'homme de la paix, le partisan de la France; il se prévalait hautement de son titre de négociateur de Campo-Formio, et de la confiance dont l'honorait le premier consul; c'est à cette même confiance qu'il devait le poste important qu'il occupait. L'état de 1756 allait renaître; ce temps de gloire où Marie-Thérèse traîna la France après son char, est une des époques les plus brillantes de la monarchie autrichienne. Le comte de Cobentzell informa le cabinet des Tuileries que le comte de Lerbach allait se rendre à Lunéville. Peu après, il fit connaître qu'il ne voulait s'en rapporter à personne pour une mission aussi importante, et partit de Vienne avec une nombreuse légation. Mais il voyagea lentement; arrivé à Lunéville, il saisit le prétexte que le plénipotentiaire français n'y était pas encore, pour venir à Paris payer ses respects au premier magistrat de la république. Tout lui était bon pour gagner du temps. Il fut présenté aux Tuileries, et traité de la manière la plus distinguée. Mais interpellé le lendemain, par le ministre des affaires étrangères, de montrer ses pouvoirs, il balbutia. Il fut dès lors évident qu'il avait voulu amuser le cabinet français, et que sa cour, malgré le changement de ministère, persistait dans le même système. Le premier consul avait nommé Joseph Bonaparte plénipotentiaire au congrès de Lunéville, le comte de Laforêt son secrétaire de légation, et le général Clarke, commandant de Lunéville et du département de la Meurthe. Il exigea que les négociations s'ouvrissent sans délai. Les plénipotentiaires se rendirent à Lunéville; et le 6 novembre, les pouvoirs furent échangés. Ceux du comte de Cobentzell étaient simples, ils furent admis. Mais à l'ouverture du protocole, ce ministre déclara qu'il ne pouvait traiter sans le concours d'un ministre anglais. Or, un ministre anglais ne pouvait être reçu au congrès, qu'autant qu'il adhérerait au principe de l'application de l'armistice aux opérations navales. Quelques courriers furent échangés entre Paris et Vienne; et aussitôt que la mauvaise foi du cabinet autrichien fut bien reconnue, les généraux en chef des armées de la république reçurent l'ordre de dénoncer l'armistice et de commencer aussitôt les hostilités : ce qui eut lieu le 17 novembre à l'armée d'Italie, et le 27 serait devenu une cause certaine de rupture, et qu'on aurait alors cessé d'espérer la paix. D'ailleurs, l'empereur avait grand intérêt à prolonger le plus possible la durée de l'armistice, pendant lequel ses armées se réorganisaient, et perdaient le souvenir de leurs défaites en Italie et en Allemagne.

Le 7 septembre, Brune annonça la reprise des hostilités, et le 11, il porta son quartier-général à Crémone : mais la suspension d'armes de Hohenlinden, du 20 septembre, s'étant étendue en Italie, le général Brune signa de son côté, le 29, l'armistice de Castiglione. Cependant la concentration de toute l'armée d'Italie, sur la rive gauche du Pô, avait nécessité le rappel sur Bologne de la division du général Pino, qui occupait la ligne du Rubicon. Dans cet état de choses, les troupes du pape, celles de Toscane, et les insurgés du Ferrarais, se répandirent dans la Romagne, et établirent la communication entre Ferrare et la Toscane. Le général Dupont, instruit de cette invasion, repassa le Pô; les insurgés furent attaqués en Romagne, battus dans diverses directions par les généraux Pino et Ferrand, et poursuivis jusque auprès de Ferrare, d'Arrezzo et des ébouchés des Apennins. Les gardes nationales de Ravenne et des autres villes principales secondèrent les mouvements des troupes françaises et cisalpines.

Cependant les insurgés se maintenaient toujours en Toscane. Cet état de choses dura jusqu'en octobre, où, persuadé que la cour de Vienne ne voulait pas sincèrement la paix, et voyant qu'il n'y avait plus rien à espérer pour une suspension d'armes navale, Brune somma le général Sommariva de faire désarmer la levée en masse de Toscane. Sur son refus, le 10 octobre, le général Dupont entra dans ce pays; le 15, il occupa Florence, et le 16, le général Clément entra à Livourne. Le général Monnier ne put réussir, le 18, à s'emparer d'Arrezzo, foyer de l'insurrection; mais le lendemain, après une vive résistance, cette ville fut enlevée d'assaut, et presque tous les insurgés qui la défendaient, furent passés au fil de l'épée. Le général Sommariva et les troupes autrichiennes se retirèrent sur Ancône. La levée en masse fut désarmée et dissoute, la Toscane entièrement conquise et soumise, et les marchandises anglaises confisquées partout où l'on en trouva. Dans cette expédition, de grandes dilapidations furent commises et donnèrent lieu à de vives réclamations.

Les ôtages toscans, qui étaient depuis un an en France, furent renvoyés dans leur patrie.

Ils avaient été très-bien traités, et ne portèrent en Toscane que des sentiments favorables aux Français. Cependant la cour de Naples continuait à réorganiser son armée; et, dans le mois de novembre, elle put envoyer, sous les ordres de M. Roger de Damas, une division de 8 à 10 mille hommes, pour couvrir Rome, conjointement avec le corps autrichien du général Sommariva. La plus grande anarchie régnait dans les états du pape; ils étaient livrés à toute espèce de désordre.

§ V.

Depuis cinq mois que la suspension d'armes existait, l'Autriche avait reçu de l'Angleterre soixante millions qu'elle avait bien employés. Elle comptait en ligne 280 mille hommes présents sous les armes, y compris les contingents de l'empire, du roi de Naples et de l'armée anglaise, savoir : 130 mille hommes en Allemagne, sous les ordres de l'archiduc Jean; l'insurrection mayençaise, le corps d'Albini et la division Simbschen, 20,000 hommes sur le Mein; Les corps sur le Danube et l'Inn 80,000 hommes; celui du prince de Reutz, dans le Tyrol, 20,000 hommes. 120,000 hommes étaient en Italie, sous les ordres du feld-maréchal Bellegarde;

savoir : le corps de Davidowich, dans le Tyrol italien, 20,000 ; le corps cantonné derrière le Mincio, 70,000 ; dans Ancône et la Toscane, 10,000 ; les troupes napolitaines, l'insurrection toscane, etc., 20,000. Une armée anglaise de 30,000 hommes, sous les ordres des généraux Abercombry et Pulteney, était dans la Méditerranée, embarquée sur des transports et prête à se porter partout.

La France avait en ligne 175,000 hommes en Allemagne ; savoir : l'armée gallo-batave, commandée par le général Augereau, 20,000 h.; la grande armée d'Allemagne, commandée par le général Moreau, 140,000 hommes ; l'armée des Grisons, commandée par le général Macdonald, 15,000. En Italie, elle avait 90,000 hommes sous le général Brune, et le corps d'observation du midi, sous le général Murat, 10,000. L'effectif des armées de la république s'élevait à 500,000 hommes, mais 40,000 se trouvaient en Orient, à Malte et aux Colonies ; 45,000 étaient gendarmes, vétérans ou gardes-côtes ; et l'on comptait 140,000 hommes en Hollande, sur les côtes, dans les garnisons de l'intérieur, aux dépôts ou aux hôpitaux.

La cour de Vienne fut consternée, lorsqu'elle apprit que les généraux français avaient dénoncé les hostilités. Elle se flattait qu'ils ne voudraient pas entreprendre une campagne d'hiver dans un climat aussi âpre que celui de la haute Autriche. Le conseil aulique décida que l'armée d'Italie resterait sur la défensive, derrière le Mincio, la gauche appuyée à Mantoue, la droite à Peschiera; que l'armée d'Allemagne prendrait l'offensive et chasserait les Français au-delà du Lech.

Le premier consul était résolu de marcher sur Vienne, malgré la rigueur de la saison. Il voulait profiter des brouilleries qui s'étaient élevées entre la Russie et l'Angleterre; le caractère inconstant de l'empereur Paul, lui faisait craindre un changement pour la campagne prochaine. L'armée du Rhin, sous les ordres du général Moreau, était destinée à passer l'Inn et à marcher sur Vienne par la vallée du Danube. L'armée gallo-batave, commandée par le général Augereau, devait agir sur le Mein et la Rednitz, tant pour combattre les insurgés de Westphalie conduits par le baron d'Albini, que pour servir de réserve dans tous les cas imprévus, donner de l'inquiétude à l'Autriche sur la Bohême, dans le temps que l'armée du Rhin passerait l'Inn, et assurer les derrières de la gauche de cette dernière armée. Elle était composée de toutes les troupes qu'on avait pu tirer de la Hollande, que la saison mettait à l'abri de toute invasion.

C'était pour n'avoir pas ajouté foi à la force de l'armée de réserve que la maison d'Autriche avait perdu l'Italie à Marengo. Une nouvelle armée ayant des états-majors pour six divisions, quoique seulement de 15,000 hommes, fut réunie en juillet à Dijon, sous le nom d'armée de réserve. Le général Brune en eut le commandement. Plus tard, il passa au commandement de l'armée d'Italie, et fut remplacé par le général Macdonald, qui, sur la fin d'août, se mit en marche, traversa la Suisse et se porta, avec l'armée de réserve, dans les Grisons, occupant le Voralberg par sa droite, et l'Engadine par sa gauche. Tous les regards de l'Europe furent dirigés sur cette armée ; on la crut destinée à porter quelque coup de jarnac comme la première armée de reserve. On la supposa forte de 50,000 hommes, elle tint en échec deux corps d'armée autrichiens de 40,000 hommes.

L'armée d'Italie, sous les ordres du général Brune, qui, ainsi qu'on l'a vu, avait remplacé dans le commandement le général Masséna, devait passer le Mincio et l'Adige, et se porter sur les Alpes noriques. Le corps d'armée commandé par le général Murat, qui avait d'abord porté le nom de corps de grenadiers et éclaireurs, ensuite de troupes du camp d'Amiens, de grande-armée de réserve, prit enfin celui de corps d'observation du midi. Il était destiné à servir de réserve à l'armée d'Italie et à flanquer sa droite.

Deux grandes armées et deux petites allaient ainsi se diriger sur Vienne, formant un ensemble de 250 mille combattants présents sous les armes; et une cinquième était en réserve, en Italie, pour s'opposer aux insurgés et aux Napolitains. Les troupes françaises étaient bien habillées, bien armées, munies d'une nombreuse artillerie et dans la plus grande abondance; jamais la république n'avait eu un état militaire aussi réellement redoutable. Il avait été plus nombreux en 1793; mais alors la plupart des troupes étaient des recrues mal habillées, non aguerries; et une partie était employée dans la Vendée et dans l'intérieur.

§ VI.

L'armée gallo-batave était sous les ordres du général Augereau, qui avait le général Andréossy pour chef d'état-major. Le général Treillard commandait la cavalerie; le général Macors l'artillerie. Cette armée était forte de deux divisions françaises, Barbou et Duhesme, et de la division hollandaise Dumonceau; en tout, 20,000 hommes. A la fin de novembre, le quartier-général était à Francfort.

L'armée mayençaise, commandée par le baron d'Albini, était composée, 1° d'une division de 10,000 insurgés des états de l'électeur de Mayence et de l'évêché de Wurtzbourg, troupes qui augmentaient ou diminuaient selon les circonstances et l'esprit public de ces contrées; 2° d'une division autrichienne de 10,000 hommes sous les ordres du général Simbschen. L'armée gallo-batave avait donc 20,000 hommes, mais 20,000 h. de mauvaises troupes devant elle. Son général dénonça, le 2 novembre, les hostilités pour le 24. Le baron Albini, qui était à Aschaffembourg, voulut essayer, avant de se retirer, de surprendre le corps qui lui était opposé. Il passa le pont à deux heures du matin, mais après un moment de succès il fut repoussé. Le quartier-général français arriva à Aschaffembourg, le 25. Albini se retira sur Fulde, Simbschen sur Schweinfurth; la division Dumonceau entra dans Wurtzbourg, le 28, et cerna la garnison qui se renferma dans la citadelle. L'armée de Simbschen, réduite à 13,000 hommes, prit une belle position à

Burg-Eberach pour couvrir Bamberg. Le 3 décembre, Augereau se porta à sa rencontre. Le général Duhesme attaqua avec cette intrépidité dont il a donné tant de preuves ; et après une assez vive résistance, l'ennemi opéra sa retraite sur Forcheim. Le baron Albini resta sur la rive droite du Mein, entre Schweinfurth et Bamberg, afin d'agir en partisan. Le lendemain, l'armée gallo-batave prit possession de Bamberg, passa la Rednitz, et poussa des partis sur Ingolstadt, pour se mettre en communication avec les flanqueurs de la grande armée. Ce même jour, 3 décembre, l'armée du Rhin était victorieuse à Hohenlinden. Le général Klenau, avec une division de 10,000 hommes, qui n'avait pas donné à la bataille, fut envoyé sur le Danube pour couvrir la Bohême ; il se joignit, à Bamberg, au corps de Simbschen, et avec 20,000 hommes, il marcha contre l'armée française pour la rejeter derrière la Rednitz. Il attaqua la division Barbou dans le temps que Simbschen attaquait celle de Duhesme ; le combat fut vif. Toute la journée du 18 décembre, les troupes françaises suppléèrent au nombre par leur intrépidité, et rendirent vaines toutes les tentatives de l'ennemi ; elles se maintinrent, sur la rive droite de la Rednitz, en possession de Nuremberg. Mais le 21, Klenau ayant continué son mouvement, le général Augereau repassa sans combat la Rednitz. Sur ces entrefaites, le corps de Klenau ayant été rappelé en Bohême, l'armée gallo-batave rentra dans Nuremberg, et reprit ses anciennes positions, où elle reçut la nouvelle de l'armistice de Steyer.

Ainsi, avec 20,000 hommes, dont 8,000 Hollandais, le général Augereau occupa tout le pays entre le Rhin et la Bohême, et désarma l'insurrection mayençaise. Il contint, indépendamment du corps du général Simbschen, la division Klenau; ce qui affaiblit de 30,000 hommes l'armée de l'archiduc Jean, qui l'était aussi sur sa gauche de 20,000 hommes détachés dans le Tyrol, sous les ordres du général Hiller, pour s'opposer à l'armée des Grisons. Ce furent donc 50,000 hommes de moins que la grande-armée française eut à combattre; au lieu de 130,000 hommes, l'archiduc Jean n'en opposa à Moréau que 80,000.

§ VII.

La grande-armée du Rhin était divisée en quatre corps, chacun de trois divisions d'infanterie et d'une brigade de cavalerie; la grosse cavalerie formait une réserve. Le général Lecourbe commandait la droite composée des divisions Montrichard, Gudin, Molitor; le général en chef commandait en personne la réserve, formée des divisions Grandjean (depuis Grouchy), Decaen, Richepanse; le général Grenier commandait le centre, formé des divisions Ney, Legrand, Hardy (depuis Bastoul, depuis Bonnet); le général Sainte-Suzanne commandait la gauche, formée des divisions Souham, Colaud, Laborde; le général d'Hautpoult commandait toute la cavalerie, le général Eblé l'artillerie. L'effectif était de 150,000 hommes, y compris les garnisons et les hommes aux hôpitaux. 140,000 étaient disponibles et présents sous les armes. L'armée française était donc d'un tiers plus nombreuse que l'armée ennemie; elle était en outre fort supérieure par le moral et la qualité des troupes.

Les hostilités commencèrent le 28 novembre; l'armée marcha sur l'Inn. Le général Lecourbe laissa la division Molitor aux débouchés du Tyrol, et se porta sur Rosenheim avec deux divisions. Les trois divisions de la réserve se dirigèrent par Ebersberg, savoir, le général Decaen sur Roth, le général Richepanse sur Wasserbourg, le général Grandjean en réserve sur la chaussée de Mühldorf. Les trois divisions du centre marchèrent, celle de Ney en rasant la chaussée de Mühldorf, celle de Hardy en réserve, et celle de Legrand par la vallée de l'Issen. Le colonel Durosnel, avec un corps de flanqueurs fort de deux bataillons d'infanterie et de quelques escadrons, prit position à Wils-Bibourg, en avant de Landshut; les trois divisions de la gauche, sous le lieutenant-général Sainte-Suzanne, se concentrèrent entre l'Altmühl et le Danube. Moreau s'avançait ainsi sur l'Inn avec huit divisions en six colonnes, et laissant ses quatre autres divisions, pour observer ses flancs, le Tyrol et le Danube.

Le 28 novembre, tous les avant-postes de l'ennemi furent reployés; Lecourbe entra à Rosenheim; Richepanse rejeta sur la rive droite de l'Inn ou dans Wasserbourg tout ce qu'il rencontra; mais il échoua dans sa tentative pour enlever cette tête de pont. La division Legrand déposta, de Dorfen au débouché de l'Issen, une avant-garde de l'archiduc. Le lieutenant-général Grenier prit position sur les hauteurs d'Ampfingen, Ney à la droite, Hardy au centre, Legrand à la gauche un peu en arrière; le camp avait trois mille toises. Ces huit divisions de l'armée française garnissaient, sur la rive gauche de l'Inn, une étendue de quinze lieues, depuis Rosenheim jusque auprès de Mühldorf. Ampfingen est à quinze lieues de Munich, dont l'Inn s'approche à dix lieues. La gauche de l'armée française se trouvait donc prêter le flanc au fleuve, pendant l'espace de cinq lieues. Il était bien délicat et fort dangereux d'en aborder ainsi le passage.

L'archiduc Jean avait porté son quartier-général à Oetting : il avait chargé le corps de Condé, renforcé de quelques bataillons autrichiens, de défendre la rive droite depuis Rosenheim jusqu'à Kuffstein, et de maintenir ses communications avec le général Hiller, qui était dans le Tyrol avec un corps de 20,000 h. Il avait placé le général Klenau avec 10,000 hommes à Ratisbonne, afin de soutenir l'armée mayençaise, insuffisante pour s'opposer à la marche d'Augereau. Son projet était, avec le reste de son armée (80,000 hommes) de déboucher par Wasserbourg, Craybourg, Mühldorf, Oetting et Braunau, qui avaient de bonnes têtes de pont, de prendre l'offensive et d'attaquer l'armée française. Il passa l'Inn, fit un quart de conversion à droite sur la tête de pont de Mühldorf, et se plaça en bataille, la gauche à Mühldorf, la droite à Landshut sur l'Iser. Le général Kienmayer, avec ses flanqueurs de droite, attaqua le colonel Durosnel, qui se retira derrière l'Iser. Le quartier-général autrichien fut successivement porté à Eggenfelden et à Neumarkt sur la Roth, à mi-chemin de Mühldorf à Landshut.

L'armée de l'archiduc occupa, par ce mouvement, une ligne perpendiculaire sur l'extrême gauche de l'armée française; son extrême droite se trouva à Landshut à douze lieues de Munich, plus près de trois lieues que la gauche française, qui en était à quinze lieues. C'était par sa droite qu'il voulait manœuvrer, débouchant par les vallées de l'Issen, de la Roth et de l'Iser.

Le 1er décembre, à la pointe du jour, l'archiduc déploya 60,000 hommes devant les hauteurs d'Ampfingen, et attaqua de front le lieutenant-général Grenier, qui n'avait que 25,000 hommes, dans le temps qu'une autre de ses colonnes, débouchant par le pont de Craybourg, se porta sur les hauteurs d'Achau, en arrière et sur le flanc droit de Grenier. Le général Ney, d'abord forcé de céder au nombre, se reforma, remarcha en avant et enfonça huit bataillons; mais l'ennemi continuant à déployer ses grandes forces, et débouchant par les vallées de l'Issen, le lieutenant-général Grenier fut contraint à la retraite. La division Grandjean, de la réserve, s'avança pour le soutenir; Grenier prit position à la nuit sur les hauteurs de Haag. L'alarme fut grande dans l'armée française, le général en chef fut déconcerté. Il était pris en flagrant délit; l'ennemi attaquait, avec une forte masse, ses divisions séparées et éparpillées. Le général Legrand, après avoir soutenu un combat très-vif dans la vallée de l'Issen, avait évacué Dorfen.

Cette manœuvre de l'armée autrichienne était fort belle, et ce premier succès lui en promettait de bien importants. Mais l'archiduc ne sut pas tirer parti des circonstances, il n'attaqua pas avec vigueur le corps de Grenier, qui ne perdit que quelques centaines de prisonniers et deux pièces de canon. Le lendemain 2 décembre, il ne fit que de petits mouvements, ne dépassa pas Haag, et donna le temps à l'armée française de se rallier et de revenir de son étonnement. Il paya cher cette faute, qui fut la première cause de la catastrophe du lendemain.

Moreau ayant eu la journée du 2 pour se reconnaître, espéra avoir le temps de réunir son armée. Il envoya l'ordre à Sainte-Suzanne, qu'il avait mal à propos laissé sur le Danube, de se porter avec ses trois divisions sur Freisingen; elles ne pouvaient y être arrivées que le 5; à Lecourbe, de marcher toute la journée du 3 pour s'approcher sur la droite et prendre, à Ebersberg, les positions qu'occupait Richepanse, afin de masquer le débouché de Wasserbourg; il ne pouvait y arriver que dans la journée du 4; à Richepanse et à Decaen, de se porter au débouché de la forêt de Hohenlinden, au village de Altenpot ; ils devaient opérer ce mouvement dans la nuit pour y prévenir l'ennemi; le premier n'avait que deux lieues à faire, le deuxième que quatre. Le corps de Grenier prit position sur la gauche de Hohenlinden : la division Ney appuya sa droite à la chaussée, la division Hardy au centre, la division Legrand observa Lendorf et les débouchés de l'Issen ; la division Grandjean, dont le général Grouchy avait pris le commandement, coupa la chaussée, appuyant la gauche à Hohenlinden et refusant la droite le long de la lisière du bois. Par ces dispositions, le général Moreau devait avoir, le 4, huit divisions en ligne ; le 5, il en aurait eu dix. Mais l'archiduc Jean, qui avait déja commis cette grande faute de perdre la journée du 2, ne commit pas celle de perdre la journée du 3. A la pointe du jour, il se mit en mouvement; et les dispositions du général français pour réunir son armée devinrent inutiles ; ni le corps de Lecourbe, ni celui de Sainte-Suzanne ne purent assister à la bataille; la division Richepanse et celle de Decaen combattirent désunies; elles arrivèrent trop tard, le 3, pour défendre l'entrée de la forêt de Hohenlinden.

L'armée autrichienne marcha au combat sur trois colonnes : la colonne de gauche de 10,000 hommes, entre l'Inn et la chaussée de Munich, se dirigeant sur Albichengen et Saint-Christophe; celle du centre, forte de 40,000 hommes, suivit la chaussée de Mühldorf à Munich, par Haag vers Hohenlinden; le grand parc, les équipages, les embarras suivirent cette route, la seule qui fut ferrée. La colonne de droite, forte de 25,000 hommes, commandée par le général Latour, devait marcher sur Bruckrain; Kienmayer, qui, avec ses flanqueurs de droite, faisait partie de ce ce corps, devait se porter de Dorfen sur Schauben, tourner tous les défilés et être en mesure de déboucher dans la plaine d'Amzing, où l'archiduc comptait camper le soir, et attendre le corps de Klenau, qui s'y rendait en remontant la rive droite de l'Iser.

Les chemins étaient défoncés, comme ils le sont au mois de décembre; les colonnes de droite et de gauche cheminaient par des routes de traverse impraticables; la neige tombait à gros flocons. La colonne du centre, suivie par les parcs et les bagages, marchait sur la chaussée; elle devança bientôt les deux autres; sa tête pénétra sans obstacle dans la forêt. Richepanse, qui la devait défendre à Altenpot, n'était pas arrivé; mais elle fut arrêtée au village de Hohenlinden, où s'appuyait la gauche de Ney, et où était la division Grouchy. La ligne française, qui se croyait couverte, fut d'abord

Mémoires.—Gourgaud.—Tome II. 3

surprise, plusieurs bataillons furent rompus, il y eut du désordre. Ney accourut, le terrible pas de charge porta la mort et l'effroi dans une tête de colonne de grenadiers autrichiens; le général Spanochi fut fait prisonnier. Dans ce moment, l'avant-garde de la droite autrichienne déboucha des hauteurs de Bruckrain. Ney fut obligé d'accourir sur sa gauche pour y faire face; il eût été insuffisant, si le corps de Latour eut appuyé son avant-garde; mais il en était éloigné de deux lieues. Cependant les divisions Richepanse et Decaen, qui auraient dû arriver avant le jour au débouché de la forêt, au village de Altenpot, engagées, au milieu de la nuit, dans des chemins horribles et par un temps affreux, errèrent sur la lisière de la forêt une partie de la nuit. Richepanse, qui marchait en tête, n'arriva qu'à 7 heures du matin à Saint-Christophe, encore à deux lieues de Altenpot. Convaincu de l'importance du mouvement qu'il opérait, il activa sa marche avec sa première brigade, laissant fort en arrière la deuxième. Lorsque la colonne autrichienne de gauche atteignit le village de Saint-Christophe, elle le coupa de cette deuxième brigade; le général Drouet qui la commandait se déploya. La position de Richepanse devenait affreuse; il était à mi-chemin de Saint-Christophe à Altenpot; il se décida à continuer son mouvement, afin d'occuper le débouché de la forêt, si l'ennemi n'y était pas encore, ou de retarder sa marche et de concourir à l'attaque générale, en se jetant sur son flanc, si déja, comme tout semblait l'annoncer, l'archiduc avait pénétré dans la forêt. Arrivé au village de Altenpot, avec la huitième, la quarante-huitième de ligne et le premier de chasseurs, il se trouva sur les derrières des parcs et de toute l'artillerie ennemie, qui avaient défilé. Il traversa le village, et se mit en bataille sur les hauteurs. Huit escadrons de cavalerie ennemie, qui formaient l'arrière-garde, se déployèrent; la canonnade s'engagea, le premier de chasseurs chargea et fut ramené. La situation du général Richepanse était toujours très-critique; il ne tarda pas à être instruit qu'il ne devait pas compter sur Drouet, qui était arrêté par des forces considérables, et n'avait aucune nouvelle de Decaen. Dans cette horrible position, il prit conseil de son désespoir : il laissa le général Walter avec la cavalerie, pour contenir les cuirassiers ennemis, et à la tête des 48e et 8e de ligne, il entra dans la forêt de Hohenlinden. Trois bataillons de grenadiers hongrois, qui composaient l'escorte des parcs, se formèrent; ils s'avancèrent à la baïonnette contre Richepanse qu'ils prenaient pour un partisan. La 48ᵉ les culbuta. Ce petit combat décida de toute la journée. Le désordre et l'alarme se mirent dans le convoi : les charretiers coupèrent leurs traits, et se sauvèrent, abandonnant 87 pièces de canon et 300 voitures. Le désordre, de la queue se communiqua à la tête. Ces colonnes, profondément entrées dans les défilés, se désorganisèrent; elles étaient frappées des désastres de la campagne d'été, et d'ailleurs composées d'un grand nombre de recrues. Ney et Richepanse se réunirent. L'archiduc Jean fit sa retraite en désordre et en toute hâte sur Haag, avec les débris de son corps.

Le général Decaen avait dégagé le général Drouet. Il avait contenu, avec une de ses brigades, la colonne de gauche de l'ennemi à Saint-Christophe, et s'était porté dans la forêt, avec la seconde brigade, pour achever la déroute des bataillons, qui s'y étaient réfugiés. Il ne restait plus de l'armée autrichienne, que la colonne de droite, commandée par le général Latour, qui fût entière; elle s'était réunie avec Kienmayer, qui avait débouché sur sa droite par la vallée de l'Issen, ignorant ce qui s'était passé au centre. Elle marcha contre le lieutenant-général Grenier, qui avait dans la main les divisions Legrand et Bastoul et la cavalerie du général d'Hautpoult. Le combat fut fort opiniâtre; le général Legrand rejeta le corps de Kienmayer dans le défilé de Lendorf, sur l'Issen; le général Latour fut repoussé et perdit du canon; il se mit en retraite et abandonna le champ de bataille, aussitôt qu'il fut instruit du désastre du principal corps de son armée. La gauche de l'armée autrichienne repassa l'Inn sur le pont de Wasserbourg, le centre sur les ponts de Craybourg et de Mühldorf, la droite sur le pont d'Oetting. Le général Klenau, qui s'était mis en mouvement pour s'approcher de l'Inn, se reporta sur le Danube, pour couvrir la Bohême, menacer et combattre l'armée gallo-batave. Le soir de la bataille, le quartier-général de l'armée française fut porté à Haag. Dans cette journée, qui décida du sort de la campagne, six divisions françaises, la moitié de l'armée, combattirent seules contre presque toute l'armée autrichienne. Les forces se trouvèrent à peu près égales sur le champ de bataille, 70,000 hommes de chaque côté. Mais il était impossible à l'archiduc Jean d'avoir plus de troupes réunies, et Moreau pouvait en avoir le double. La perte de l'armée française fut de 10,000 hommes tués, blessés ou prisonniers, soit au combat de Dorfen, soit à celui d'Ampfingen, soit à la bataille. Celle de l'ennemi fut de 25,000 hommes, sans compter les déserteurs; 7,000 prisonniers, parmi lesquels 2 généraux, 100 pièces de canon et une immense quantité de voitures, furent les trophées de cette journée.

§ VIII.

Lecourbe, qui n'était pas arrivé à temps pour prendre part à la bataille, se reporta sur Rosenheim; il n'en était qu'à peu de lieues. Decaen marcha sur la tête de pont de Wasserbourg qu'il bloqua étroitement; Grouchy resta en réserve à Haag; Richepanse se porta à Romering, vis-à-vis le pont de Craybourg; Grenier, avec ses trois divisions, passa l'Issen et se dirigea sur la Roth, à la poursuite de Latour et de Kienmayer, qui s'étaient retirés sur le bas Inn. Le général Kienmayer occupa les retranchements de Mühldorf, sur la gauche de l'Inn; le général Baillet Latour s'établit derrière Wasserbourg et Riesch, sur la route de Rosenheim à Salzbourg.

Le 9 décembre (six jours après la bataille) Lecourbe jetta un pont à deux lieues au-dessus de Rosenheim, au village de Neupeuren, descendit la rive droite avec les divisions Montrichard et Gudin, se porta vis-à-vis Rosenheim, où le corps de Condé, qui avait été complété à 12,000 hommes par des bataillons autrichiens, se trouvait en position en avant de Rarsdorf, appuyant la droite à l'Inn, vis-à-vis Rosenheim, la gauche au lac de Chiemsée. La division Gudin manœuvra sur Endorf, pour tourner cette gauche, ce qui décida la retraite de ce corps derrière l'Alza. Les divisions Decaen et Grouchy, qui avaient passé l'Inn au pont qu'avait jeté Lecourbe, arrivèrent en ligne au milieu de la journée. Decaen prit la gauche de la ligne, Grouchy resta en réserve, Lecourbe continua à suivre l'ennemi par la route de Seebruck, Traunstein et Teissendorf; Grouchy suivit son mouvement. Richepanse et Decaen marchèrent d'abord sur la grande route de Wasserbourg, et par un à droite, se portèrent sur Lauffen, où ils passèrent la Salza le 14. Richepanse avait jeté un pont de bateaux vis-à-vis Rosenheim, et passé l'Inn dans la journée du 11. Grenier entra dans la tête de pont de Wasserbourg que l'ennemi évacua, passa l'Inn et se dirigea sur Altenmarkt. Les parcs, la réserve de cavalerie, les deux divisions de la gauche passèrent sur le pont de Mühldorf, dans les journées des 10, 11 et 12. Car, aussitôt que l'ennemi vit que la barrière de l'Inn était forcée, il en abandonna en toute hâte les rives, pour se concentrer entre l'Ems et Vienne.

Le 13, Lecourbe se porta à Seebruck, passa l'Alza et s'avança aux portes de Salzbourg. Il rencontra, vis-à-vis Salzbourg, l'arrière-garde ennemie, forte de 20,000 hommes, la plus grande partie cavalerie, l'attaqua et fut repoussé avec perte de 2,000 hommes, et obligé de se replier sur la rive gauche de la Saal. Les Autrichiens se disposaient à le suivre; mais le général Decaen ayant passé la Salza à Lauffen, Moreau marcha sur Salzbourg par la rive droite, ce qui obligea l'ennemi à abandonner cette rivière et à se retirer en hâte pour couvrir la capitale. Le 15, le général Decaen entra dans Salzbourg; le général Richepanse, de Lauffen se dirigea, le 16, sur Herdorf, et gagna, par une grande marche, la chaussée de Vienne. Le lieutenant-général Grenier marcha sur la chaussée de Braunau à Ried. Lecourbe, continuant à former la droite, s'avança par les montagnes. Le 17, Richepanse rencontra, à Frankenmarkt, l'arrière-garde de l'archiduc; il se battit toute la soirée. Le 18, on se battit aussi à Schwanstadt. L'arrière-garde ennemie n'avait fait qu'une lieue et demie dans cette journée, et prétendait passer la nuit dans cette position; mais elle fut attaquée avec la plus grande impétuosité et culbutée; elle perdit 200 prisonniers. Le 19, le général Decaen ayant pris l'avant-garde, attaqua le général Kienmayer à Lambach, le culbuta, fit prisonnier le général Mezzery et 1200 hommes. Les bagages, les parcs eurent beaucoup de peine à passer le pont, et furent long-temps exposés au feu des batteries françaises. L'ennemi fut poussé avec une telle activité, qu'il n'eut pas le temps de brûler le pont, qui était en bois et déjà couvert d'artifices. La division Decaen se porta dans la nuit sur Wels, où elle atteignit un corps ennemi, qui se retirait sur Linz, et fit quelques centaines de prisonniers; la division Richepanse passa la Traün à Lambach et marcha sur Krems-münster, où Lecourbe et Decaen arrivèrent dans la soirée du 20. La division Grouchy et le grand quartier-général se portèrent à Wels; le corps de Grenier, après avoir passé la Salza à Lauffen et à Burkhausen et bloqué Braunau par la division Ney, arriva à Ebersberg. Le prince Charles venait de prendre le commandemant de l'armée : l'opinion des peuples et du soldat l'appelait à grands cris au secours de la monarchie; mais il était trop tard.

Pendant ce temps, le général Decaen battait, à Kremsmünster, l'arrière-garde commandée par le prince de Schwartzemberg, et lui faisait un millier de prisonniers. Le 21, il entra à Steyer; le général Grouchy à Ems. L'armée passa l'Ems le même jour; les avant-postes furent placés sur l'Ips et l'Erlaph; la cavalerie légère s'avança jusqu'à Mölk. Le grand quartier-général fut établi à Kremsmünster. Le 25 décembre, on signa une suspension d'armes; elle était conçue en ces termes :

Art. 1ᵉʳ La ligne de démarcation entre la portion de l'armée gallo-batave, en Allemagne, sous les ordres du général Augereau, dans les cercles de Westphalie, du Haut - Rhin et de Franconie, jusqu'à Bayardorf, sera déterminée particulièrement entre ce général et celui de l'armée impériale et royale qui lui est opposée. De Bayardorf, cette ligne passe à Herland, Nuremberg, Neumarck, Parsberg, Laver, Stadt-am-Lof et Ratisbonne, où elle passe le Danube dont elle longe la rive droite jusqu'à l'Erlaph, qu'elle remonte jusqu'à sa source, passe à Marckgamingen, Kogelbach, Goulingen, Hammox, Mendleng, Leopolstein, Heissemach, Vorderenberg et Leoben; suit la rive gauche de la Mühr jusqu'au point où cette rivière coupe la route de Salzbourg à Clagenfurth, qu'elle suit jusqu'à Spritat, remonte la chaussée de Vérone par l'Inenz et Brixen jusqu'à Botzen; de là passe à Maham, Glurens et Sainte-Marie, et arrive par Bormio dans la Valteline, où elle se lie avec l'armée d'Italie.— Art. 2. La carte d'Allemagne, par Chauchard, servira de règle dans les discussions qui pourraient s'élever sur la ligne de démarcation ci-dessus. — Art. 3. Sur les rivières qui sépareront les deux armées, la section ou la conservation des ponts sera réglée par des arrangements particuliers, suivant que cela sera jugé utile, soit pour le besoin des armées, soit pour ceux du commerce; les généraux en chef des armées respectives s'entendront sur ces objets, ou en délégueront le droit aux généraux, commandant les troupes sur ces points. La navigation des rivières restera libre, tant pour les armées que pour le pays. — Art. 4. L'armée française non-seulement occupera exclusivement tous les points de la ligne de démarcation ci-dessus déterminée, mais encore pour mettre un intervalle continu entre les deux armées; la ligne des avant-postes de l'armée impériale et royale sera, dans toute son étendue, à l'exception du Danube, à un mille d'Allemagne, au moins, de distance de celle de l'armée française. — Art. 5. A l'exception des sauvegardes ou gardes de police, qui seront laissées ou envoyées dans le Tyrol par les deux armées respectives, et en nombre égal, mais qui sera le moindre possible (ce qui sera réglé par une convention particulière). Il ne pourra rester aucune autre troupe de sa majesté l'empereur dans l'enceinte de la ligne de démarcation : celles qui se trouvent en ce moment dans les Grisons, le Tyrol et la Carinthie, devront se retirer immédiatement par la route de Clagenfurt sur Pruck, pour rejoindre l'armée impériale d'Allemagne, sans qu'aucune puisse être dirigée sur l'Italie; elles se mettront en route des points où elles sont, aussitôt l'avis donné de la présente convention, et leur marche sera réglée sur le pied d'une poste et demie d'Allemagne par jour. Le général en chef de l'armée française du Rhin est autorisé à s'assurer de l'exécution de cet article par des délégués chargés de suivre la marche des armées impériales jusqu'à Pruck. Les troupes impériales qui pourraient avoir à se retirer du haut Palatinat, de la Souabe ou de la Franconie, se dirigeront par le chemin le plus court, au-delà de la ligne de démarcation. L'exécution de cet article ne pourra être retardée sous aucun prétexte au-delà du temps nécessaire, eu égard aux distances. — Art. 6. Les forts de Kufstein, Schoernitz et tous les autres points de fortifications permanentes dans le Tyrol, seront remis en dépôt à l'armée française, pour être rendus dans le même état où ils se trouvent à la conclusion et ratification de la paix, si elle suit cet armistice sans reprise d'hostilités. Les débouchés de Fientlermünz, Naudert et autres fortifications de campagne dans le Tyrol, seront remis à la disposition de l'armée française. — Art. 7. Les magasins appartenant dans ce pays à l'armée impériale, seront laissés à sa disposition. — Art. 8. La forteresse de Wurtzbourg, en Franconie, et la place de Braunau, dans le cercle de Bavière, seront également remises à l'armée française, pour être rendues aux mêmes conditions que les forts de Kufstein et Schoernitz.— Art. 9. Les troupes, tant de l'empire que de sa majesté impériale et royale qui occupent les places, les évacueront, savoir: la garnison de Wurtzbourg, le 6 janvier 1801 (16 nivose an IX); celle de Braunau, le 4 janvier 1801 (14 nivose an IX), et celle des forts du Tyrol, le 8 janvier (18 nivose). — Art. 10. Toutes les garnisons sortiront avec les honneurs de la guerre, et se rendront, avec armes et bagages, par le plus court chemin, à l'armée impériale. Il ne pourra rien être distrait par elles de l'artillerie, munitions de guerre et de bouche et approvisionnements en tout genre de ces places, à l'exception des subsistances nécessaires pour leur route jusqu'au-delà de la ligne de démarcation.— Art. 11. Des délégués seront respectivement nommés pour constater l'état des places dont il s'agit; mais sans que le retard qui serait apporté à cette mission puisse en entraîner dans l'évacuation. — Art. 12. Les levées extraordinaires ordonnées dans le Tyrol seront immédiatement licenciées, et les habitants renvoyés dans leurs foyers. L'ordre et l'exécution de ce licenciement ne pourront être retardés sous aucun prétexte. — Art. 13. Le général en chef de l'armée du Rhin voulant, de son côté, donner à son altesse l'archiduc Charles une preuve non équivoque des motifs qui l'ont déterminé à demander l'évacuation du Tyrol, déclare, qu'à l'exception des forts de Kufstein, Schoernitz, Fientlermünz, il se bornera à avoir dans le Tyrol des sauvegardes ou gardes de police déterminées dans l'art. 5, pour assurer les communications. Il donnera en même temps aux habitants du Tyrol, toutes les facilités qui seront en son pouvoir pour leurs subsistances, et l'armée française ne s'immiscera en rien dans le gouvernement de ce pays. — Art. 14. La portion du territoire de l'empire et des états de sa majesté impériale, dans le Tyrol, est mise sous la sauvegarde de l'armée française pour le maintien du respect des propriétés et des formes actuelles du gouvernement des peuples. Les habitants de ce pays ne seront point inquiétés pour raison de services rendus à l'armée impériale, ni pour opinions politiques, ni pour avoir pris une part active à la guerre. — Art. 15. Au moyen des dispositions ci-dessus, il y aura entre l'armée gallo-batave, en Allemagne, celle du Rhin, et l'armée de sa majesté impériale et de ses alliés dans l'empire germanique, un armistice et suspension d'armes qui ne pourra être moindre de trente jours. A l'expiration de ce délai, les hostilités ne pourront recommencer qu'après quinze jours d'avertissement, comptés de l'heure où la signification de rupture sera parvenue, et l'armistice sera prolongé indéfiniment jusqu'à cet avis de rupture. — Art. 16. Aucun corps ni détachement, tant de l'armée du Rhin que de celle de sa majesté impériale, en Allemagne, ne pourront être envoyés aux armées respectives, en Italie, tant qu'il n'y aura pas d'armistice entre les armées française et impériale dans ce pays. L'inexécution de cet article sera regardée comme une rupture immédiate de l'armistice. — Art. 17. Le général en chef de l'armée du Rhin fera parvenir le plus promptement possible la présente convention aux généraux en chef de l'armée gallo-batave, des Grisons et de l'armée d'Italie, avec la plus pressante invitation, particulièrement au général en chef de l'armée d'Italie, de conclure de son côté une suspension d'armes. Il sera donné en même temps toutes facilités pour le passage des officiers et courriers que son altesse royale l'archiduc Charles croira devoir envoyer, soit dans les places à évacuer, soit dans le Tyrol, et en général dans le pays compris dans la ligne de démarcation durant l'armistice.

A Steyer, le 25 décembre 1800 (4 nivose an 9).

Signés, V. F. LAHORIE, le comte de GRUNE, WAIROTHER-DE-VETAL.

L'armée resta dans ses positions jusqu'à la ratification de la paix de Lunéville, signée le 9 février 1801. Elle évacua, en exécution de ce traité, les états héréditaires, dans les dix jours qui suivirent la ratification, et l'empire dans l'espace de 30 jours après l'échange desdites ratifications.

§ IX.

OBSERVATIONS.

Plan de campagne. Le plan de campagne adopté par le premier consul, réunissait tous les avantages. Les armées d'Allemagne et d'Italie étaient chacune dans une seule main; l'armée gallo-batave devait être indépendante, parce qu'elle n'était qu'un corps d'observation, qui ne devait pas se laisser séparer de la France, et devait toujours se tenir en arrière de la gauche de la grande armée, pour permettre au général Moreau de concentrer toutes ses divisions et de réunir d'assez grandes forces, pour pouvoir manœuvrer, indépendamment des bons ou mauvais succès de ce corps d'observation.

L'armée des Grisons, deuxième armée de réserve, menaçait à la fois le Tyrol allemand et italien. Elle fixa toute l'attention des généraux Hiller et Davidowich, et permit au général Moreau d'attirer à lui sa droite, et au général Brune d'attirer à lui sa gauche. Il importait qu'elle fût aussi indépendante, parce qu'elle devait réaccorder les armées d'Allemagne et d'Italie, menacer la gauche de l'armée de l'archiduc, et la droite de celle du maréchal Bellegarde.

Ces deux corps d'observation, qui n'étaient ensemble que de 35,000 hommes, occupèrent l'armée mayençaise et les corps de Simbschen, Klenau, Reuss et Davidowich, 70,000 hommes; lorsque, par un effet opposé, ils permirent aux deux grandes armées françaises, qui étaient destinées à entrer dans les états héréditaires, de tenir réunies toutes leurs forces.

Augereau. Le général Augereau a rempli le rôle qui lui avait été assigné. Ses instructions lui ordonnaient de se tenir toujours en arrière, afin de ne pas s'exposer à être attaqué par un détachement de l'armée de l'archiduc. Au reste, son combat de Burg-Eberach, le 3 décembre, jour même de la bataille de Hohenlinden, est fort honorable, ainsi que les combats qu'il a soutenus plus tard en avant de Nuremberg, où il a eu à lutter contre des forces supérieures. Mais s'il se fût mieux pénétré du rôle qu'il avait à remplir, il eût évité des engagements; ce qui lui devenait facile, en ne passant pas la Rednitz. Cependant son ardeur a été utile, puisqu'elle a obligé l'archiduc à détacher le corps de Klenau, pour soutenir l'armée mayençaise.

Moreau. La marche du général Moreau sur l'Inn est défectueuse; il ne devait pas aborder cette rivière sur six points et sur une ligne de quinze à vingt lieues. Lorsque l'armée, qui vous est opposée, est couverte par un fleuve, sur lequel elle a plusieurs têtes de pont, il ne faut pas l'aborder de front. Cette disposition dissémine votre armée, et vous expose à être coupé. Il faut s'approcher de la rivière que vous voulez passer, par des colonnes en échelons, de sorte qu'il n'y ait qu'une seule colonne, la plus avancée, que l'ennemi puisse attaquer sans prêter lui-même le flanc. Pendant ce temps, vos troupes légères borderont la rive; et lorsque vous serez fixé sur le point où vous voulez passer, point qui doit toujours être éloigné de l'échelon de tête, pour mieux tromper votre ennemi, vous vous y porterez rapidement et jetterez votre pont. L'observation de ce principe était très-importante sur l'Inn, le général français ayant fait de Munich son point de pivot. Or, il n'y a de Munich à l'endroit le plus près de cette rivière, que dix lieues; elle court obliquement, en s'éloignant toujours davantage de cette capitale, de sorte que, lorsque l'on veut jeter un pont plus bas, on prête le flanc à l'ennemi. Aussi le général Grenier se trouvat-il fort exposé dans le combat du 1er décembre; il fut obligé de lutter deux jours, un contre trois.

Si le général français voulait occuper les hauteurs d'Ampfingen, il ne le pouvait faire qu'avec toute son armée. Il fallait qu'il y réunît les trois divisions de Grenier, les trois divisions de la réserve, et la cavalerie du général d'Hautpoult, plaçant Lecourbe en échelons sur la droite. Ainsi rangée, l'armée française n'aurait couru aucun risque; elle eût battu et précipité dans l'Inn l'archiduc. Avec une armée, qui eût été même supérieure en nombre, les dispositions prises eussent été dangereuses. C'est de Landshut qu'il faut partir, pour marcher sur l'Inn.

Pendant que le sort de la campagne se décidait aux champs d'Ampfingen et de Hohenlinden, les trois divisions de Sainte-Suzanne et

4.

les trois divisions de Lecourbe, c'est à-dire la moitié de l'armée, n'étaient pas sur le champ de bataille. A quoi bon avoir des troupes, lorsqu'on n'a pas l'art de s'en servir dans les occasions importantes? L'armée française était de 140,000 hommes sur le champ d'opérations; celle de l'archiduc de 80,000 hommes, parce qu'elle était affaiblie des deux détachements qu'elle avait faits contre l'armée gallo-batave et celle des Grisons. Néanmoins, l'armée autrichienne se trouva égale en nombre sur le champ de Hohenlinden, et triple au combat d'Ampfingen.

La bataille de Hohenlinden a été une rencontre heureuse; le sort de la campagne y a été joué sans aucune combinaison. L'ennemi a eu plus de chances de succès que les Français; et cependant ceux-ci étaient tellement supérieurs en nombre et en qualité, que, menés sagement et conformément aux règles, ils n'eussent eu aucune chance contre eux. On a dit que Moreau avait ordonné la marche de Richepanse et de Decaen sur Altenpot, pour prendre en flanc l'ennemi! cela n'est pas exact; tous les mouvements de l'armée française, pendant la journée du 3, étaient défensifs. Moreau avait intérêt à rester, le 3, sur la défensive, puisque, le 4, le général Lecourbe devait arriver sur le champ de bataille, et que, le 5, il devait recevoir un autre puissant renfort, celui de Sainte-Suzanne. Le but de ce mouvement de Decaen et de Richepanse, était d'empêcher l'ennemi de déboucher dans la forêt, pendant la journée du 3; il était purement défensif.

Si la manœuvre de ces deux divisions avait eu pour but de tomber sur le flanc gauche de l'ennemi, elle eût été contraire à la règle, qui veut que l'on ne fasse pas de gros détachements, la veille d'une bataille. L'armée française n'avait de réunies que six divisions; c'était beaucoup hasarder que d'en détacher deux, la veille de l'action. Il était possible que ce détachement ne rencontrât pas les ennemis, parce que ceux-ci auraient manœuvré sur leur droite, ou auraient déjà emporté Hohenlinden, avant son arrivée à Altenpot. Dans ce cas, les divisions Richepanse et Decaen, isolées, n'eussent été d'aucun secours aux quatre autres, qui eussent été rejetées au-delà de l'Iser; ce qui eût entraîné la perte de ces deux divisions détachées.

Si l'archiduc eût fait marcher en avant son échelon de droite, et ne fût entré dans la forêt, que lorsque le général Latour aurait été aux prises avec le lieutenant-général Grenier, il n'eût trouvé à Hohenlinden que la division Grouchy. Il se fût emparé de la forêt, eût coupé l'armée par le centre, et tourné la droite de Grenier, qu'il eût jetée au delà de l'Iser; les deux divisions Richepanse et Decaen, isolées dans des pays difficiles, au milieu des glaces et des boues, eussent été acculées à l'Inn; un grand désastre eût frappé l'armée française. C'était mal jouer, que d'en courir les chances; Moreau était trop prudent pour s'exposer à un pareil hasard.

Le mouvement de Richepanse et de Decaen devait s'achever dans la nuit; mais il eût fallu que ces deux divisions marchassent réunies. Elles étaient au contraire séparées, et fort éloignées l'une de l'autre, dans des pays sans chemins et en décembre; elles errèrent toute la nuit. A sept heures du matin, le 3, lorsque Richepanse, avec la première brigade, arriva en avant de Saint-Christophe, il se trouva coupé de sa deuxième brigade; l'ennemi s'était placé à Saint-Christophe. Ce général devait-il poursuivre sa marche, ou rétrograder au secours de sa seconde brigade? Cette question ne peut être douteuse; il devait rétrograder. Il l'eût dégagée, se fût joint au général Decaen, et eût pu, dès lors, marcher en avant avec de grandes forces. Il devait s'attendre à trouver, au village d'Altenpot, une des colonnes de l'archiduc fort supérieure à lui; quel espoir pouvait-il avoir? il eût été attaqué en tête et en queue, ayant l'Inn sur son flanc droit. Dans sa position, les règles de la guerre voulaient qu'il marchât réuni, non-seulement avec sa deuxième brigade, mais même avec la division Decaen. 20,000 hommes ont toujours des moyens d'influer sur la fortune; et au pis aller, surtout en décembre, ils ont toujours le temps de gagner la nuit et de se tirer d'affaire. Le général Richepanse fit donc une imprudence; cette imprudence lui réussit, et c'est à elle que doit spécialement être attribué le succès de la bataille. Car, de part et d'autre, il n'a tenu à rien; et le sort de deux grandes armées a été décidé par le choc de quelques bataillons.

Archiduc Jean. — L'archiduc Jean a eu tort de prendre l'offensive, et de passer l'Inn. Son armée était trop démoralisée; elle avait trop de recrues; enfin, elle avait à combattre des forces trop considérables, et opérait dans une saison, où tous les avantages sont pour celui qui reste sur la défensive.

Il a fort bien engagé le combat du 1er décembre, mais il n'y a pas mis de vigueur; il a passé toute la journée à se déployer. Ces mouvements exigent beaucoup de temps, et les jours sont bien courts en décembre; ce n'était pas le cas de parader. Il fallait attaquer par la gauche et par le centre, par la droite en colonnes et au pas de charge, tête baissée. En profitant ainsi de sa grande supériorité, il eût entamé et mis en déroute les divisions Ney et Hardy.

Il eût dû, dès le lendemain, pousser les Français, l'épée dans les reins et à grandes journées; il fit la faute de se reposer, ce qui donna le temps à Moreau de se rasseoir et de réunir ses forces. Son mouvement avait complètement surpris l'armée française; elle était disséminée; il ne fallait pas lui donner le temps de respirer et de se reconnaître. Mais, à moins que l'archiduc n'eût eu le bonheur de remporter un grand avantage, l'armée française, rejetée au delà de l'Iser, s'y fût ralliée, et n'eût pas moins fini par le battre complètement.

Ses dispositions pour la bataille de Hohenlinden sont fort bien entendues; mais il a commis des fautes dans l'exécution. La nature de son mouvement voulait que son armée marchât en échelons, la droite en avant; que la droite commandée par le général Latour, et les flanqueurs du général Kienmayer, fussent réunis et aux mains avec le corps du lieutenant-général Grenier, avant que le centre n'entrât dans la forêt. Pendant ce mouvement, l'archiduc devait se tenir en bataille avec le centre, à hauteur d'Altenpot, faisant fouiller la forêt par une division, pour favoriser la marche du général Latour. Les trois divisions de Grenier, commandées par Legrand, Bastoul et Ney, étant occupées par Latour, l'archiduc n'eût trouvé à Hohenlinden, que Grouchy, qui ne pouvait pas tenir une demi-heure. Au lieu de cela, il marcha le centre en avant, sans faire attention que sa droite et sa gauche, qui s'avançaient par des chemins de traverse, dans des pays couverts de glaces, ne pouvaient pas le suivre; de sorte qu'il se trouva seul engagé dans une forêt, où la supériorité du nombre est de peu d'importance. Cependant, il repoussa, mit en désordre la division Grouchy; mais le général Latour était à deux lieues en arrière. Ney, qui n'avait personne devant, lui accourut au soutien de Grouchy; et lorsque, plusieurs heures après, les ailes de l'archiduc arrivèrent à sa hauteur, il était trop tard. Il était contraire à l'usage de la guerre, d'engager, sans utilité, plus de troupes que le terrain ne lui permettait d'en déployer, et surtout de faire entrer ses parcs et sa grosse artillerie dans un défilé, dont il n'avait pas l'extrémité opposée. En effet, ils l'ont embarrassé pour opérer sa retraite, et il les a perdus. Il aurait dû les laisser en position, au village d'Altenpot, sous une escorte convenable, jusqu'à ce qu'il fût maître du débouché de la forêt.

Ces fautes d'exécution font présumer que l'armée de l'archiduc était mal organisée. Mais la pensée de la bataille était bonne; il eût réussi le 2 décembre, il eût encore réussi le 3, sans ces fautes d'exécution.

On a voulu persuader que la marche de l'armée française sur Ampfingen, et sa retraite sur Hohenlinden, étaient une ruse de guerre : cela ne mérite aucune réfutation sérieuse. Si le général Moreau eût médité cette marche, il en eût tenu à portée les six divisions de Lecourbe et de Sainte-Suzanne; il eût tenu réunis Richepanse et Decaen, dans un même camp; il eût, etc., etc. Sans doute la bataille de Hohenlinden fut très-glorieuse pour le général Moreau, pour les généraux, pour les officiers, pour les troupes françaises. C'est une des plus décisives de la guerre; mais elle ne doit être attribuée à aucune manœuvre, à aucune combinaison, à aucun génie militaire.

Dernière observation. — Le général Lecourbe qui formait la droite, n'avait pas donné à la bataille; il eût dû jeter un pont sur l'Inn, et passer cette rivière, au plus tard, le 5. Toute l'armée eût dû se trouver, dans la journée du

6, sur la rive droite; elle n'y a été que le 12. Le quartier-général, qui eût pu arriver le 12 à Steyer, n'y a été que le 22. Cette perte de sept jours a permis à l'archiduc de se rallier, de prendre position derrière l'Alza et la Salza, d'organiser une bonne arrière-garde et de défendre le terrain, pied à pied, jusqu'à l'Ems. Sans cette lenteur impardonnable, Moreau eût évité plusieurs combats, pris une quantité énorme de bagages, de prisonniers isolés, et coupé des divisions non ralliées. Il était beaucoup plus près de Salzbourg, le lendemain de la bataille de Hohenlinden, que l'archiduc qui s'était retiré par le bas Inn; en marchant avec activité et dans la vraie direction, Moreau l'eût acculé au Danube, et fût arrivé à Vienne avant les débris de son armée.

Le petit échec qu'a essuyé Lecourbe devant Salzbourg, et la résistance de l'ennemi dans la plaine de Vocklebruck, proviennent du peu de cavalerie, qui se trouvait à l'avant-garde. C'était cependant le cas d'y faire marcher la réserve du général d'Hautpoul, et non de la tenir en arrière. C'est à la cavalerie à poursuivre la victoire, et à empêcher l'ennemi battu de se rallier.

§ X.

L'armée des Grisons avait attiré l'attention du cabinet de Vienne; elle le devait spécialement à sa première dénomination d'armée de réserve. Mélas et son état-major avaient reproché au conseil aulique de s'être laissé tromper sur la formation et la marche de la première armée de réserve, qui avait coupé les derrières de l'armée autrichienne, et lui avait enlevé à Marengo toute l'Italie; on s'occupa donc avec une scrupuleuse attention, de connaître la force et d'éclairer la marche de cette deuxième armée de réserve. La première avait été jugée trop faible; la deuxième fut supposée trop forte. Le gouvernement français employa tous les moyens, pour induire en erreur les agents autrichiens. On donna pour chef, à cette armée, le général Macdonald, connu par sa campagne de Naples, et par la bataille de la Trébia. Elle fut composée de plusieurs divisions; et l'on persuada facilement qu'elle était de 40,000 hommes, lorsqu'elle n'était réellement que de 15,000. On y envoya des corps de volontaires de Paris, dont la levée avait fixé l'attention des oisifs, et qui étaient composés de jeunes gens de famille. Sous le rapport des opérations purement militaires, cette armée était inutile, et eût rendu plus de services, si on n'en eût formé qu'une seule division, que l'on aurait mise sous les ordres de Moreau ou de Brune. Mais le souvenir de la première était tel chez les Autrichiens, qu'ils pensèrent que cette seconde armée était destinée à manœuvrer comme l'autre, et à tomber sur leurs derrières, soit en Italie, soit en Allemagne. Dans la crainte qu'elle leur inspirait, ils placèrent un corps considérable dans les débouchés du Tyrol et de la Valteline, afin de la tenir en respect, soit qu'elle voulût se diriger sur l'Allemagne, ou sur l'Italie. Elle produisit donc le bon effet, pendant une partie de novembre et de décembre, de paralyser près de 40,000 ennemis, tant de l'armée d'Allemagne, que de celle de l'Italie. Ainsi l'on peut dire que cette deuxième armée de réserve contribua au succès des armées françaises, en Allemagne, bien plus par son nom, que par sa force réelle.

La bataille de Hohenlinden ayant entièrement décidé des affaires d'Allemagne, l'armée des Grisons reçut ordre d'opérer en Italie, de descendre dans la Valteline, et de se porter au cœur du Tyrol, en débouchant sur la grande chaussée à Botzen. Le général Macdonald exécuta lentement cette opération et n'y mit que peu de résolution; soit qu'il vît avec peine le général Brune, avec qui il était mal, à la tête d'une aussi belle armée que celle d'Italie; soit qu'une expédition de cette nature ne fût pas dans le caractère de ce général. Conduite par Masséna, Lecourbe ou Ney, une semblable opération aurait eu les plus grands résultats. Le passage du Splugen offrait sans doute quelques difficultés; mais l'hiver n'est pas la saison la plus défavorable pour le passage des montagnes élevées. Alors la neige y est ferme, le temps bien établi, et l'on n'a rien à craindre des avalanches, véritable et unique danger à redouter sur les Alpes. En décembre, il y a, sur ces hautes montagnes, de très-belles journées, d'un froid sec, pendant lequel règne un grand calme dans l'air.

Ce ne fut que le 6 décembre, que l'armée des Grisons passa enfin le Splugen et arriva à Chiavenna. Mais au lieu de se diriger, par le haut Engadin, sur Botzen, cette armée vint se mettre en deuxième ligne, derrière la gauche de l'armée d'Italie. Elle ne fit aucun effet, et ne participa en rien au succès de la campagne; car le corps de Baraguey d'Hilliers, détaché dans le haut Engadin, était trop faible. Il fut arrêté dans sa marche par l'ennemi, et ne pénétra à Botzen, que le 9 janvier, c'est-à-dire 14 jours après les combats qui avaient été livrés par l'armée d'Italie sur le Mincio, et six jours après le passage de l'Adige par cette armée. Le général Macdonald arriva à Trente, le 7 janvier, lorsque déja l'ennemi en était chassé par la gauche de l'armée d'Italie, qui se portait sur Roveredo, sous les ordres de Moncey et de Rochambeau. L'armistice de Trévise, conclu le 16 janvier 1801, par l'armée d'Italie, comprit également l'armée des Grisons; elle prit position dans le Tyrol italien; et son quartier-général resta à Trente.

§ XI.

Dans le courant de novembre 1800, le général Brune, qui commandait l'armée française en Italie, dénonça l'armistice au général Bellegarde, et les hostilités commencèrent le 22 novembre. La rivière de la Chiesa, jusqu'à son embouchure dans l'Oglio, et cette dernière, depuis ce point, jusqu'à son embouchure dans le Pô, formaient la ligne de l'armée française. Cette armée était très-belle et très-nombreuse; elle était composée de l'armée de réserve et de l'ancienne armée d'Italie, réunies. Pendant cinq mois qu'elle s'était rétablie dans les belles plaines de la Lombardie, elle avait été renforcée considérablement, tant par des recrues venant de France, que par de nombreuses troupes italiennes. Le général Moncey commandait la gauche, Suchet le centre, Dupont la droite, Delmas l'avant-garde, et Michaut la réserve; Davoust commandait la cavalerie, et Marmont l'artillerie, qui avait deux cent bouches à feu, bien attelées et approvisionnées. Chacun de ces corps était composé de deux divisions; ce qui faisait un total de dix divisions d'infanterie et deux de cavalerie. Une brigade de l'avant-garde était détachée au quartier-général, et portait le titre de réserve du quartier-général. Ainsi l'avant-garde était de trois brigades.

Le général Miollis commandait en Toscane; il avait sous ses ordres 5 à 6,000 hommes, dont la plus grande partie étaient des troupes italiennes. Soult commandait en Piémont; il avait 6 ou 7,000 hommes, la plupart Italiens. Dulauloy commandait en Ligurie, et Lapoype dans la Cisalpine. Le général en chef Brune avait près de 100,000 hommes sous ses ordres; il lui en restait, réunis sur le champ de bataille, plus de 80,000.

L'armée des Grisons, que commandait Macdonald, occupait des corps autrichiens dans l'Engadine et dans la Valteline. Cette armée peut donc être comptée comme faisant partie de celle d'Italie. Elle augmentait la force de celle-ci de 15,000 hommes; c'était donc à peu près 100,000 hommes présents sous les armes, qui agissaient sur le Mincio et l'Adige.

Lors de la reprise des hostilités, le 22 novembre, le général Brune restait sur la défensive; il attendait sa droite qui, sous les ordres de Dupont, était en Toscane. Elle passa le Pô à Sacca, le 24, vint se placer derrière l'Oglio, ayant son avant-garde à Marcaria. L'ennemi restait également sur la défensive. Quelque ordre que reçut Brune d'agir avec vigueur, il hésitait à prendre l'offensive.

Le général Bellegarde, qui commandait l'armée autrichienne, n'était pas un général redoutable. Il avait pour instructions de défendre la ligne du Mincio; la maison d'Autriche attachait de l'importance à conserver cette rivière, tant pour communiquer avec Mantoue, qu'afin de l'avoir pour limite à la paix. L'armée autrichienne, forte de 60 à 70,000 hommes, avait sa gauche appuyée au Pô; elle était soutenue par Mantoue, et couverte par le lac, sur lequel il y avait des chaloupes armées. La droite s'appuyait à Peschiera et au lac Garda, dont une nombreuse flottille lui assurait la possession. Un corps détaché était dans le Tyrol, occupant les positions du Mont-Tonal et celles opposées aux débouchés de l'Engadine et de la Valteline. Le Mincio, qui, de Peschiera à Mantoue, a vingt milles, ou 7 petites lieues de cours, est guéable en plusieurs endroits dans les temps de sécheresse; mais, dans la saison où l'on se trouvait, il ne l'est nulle part. Le général autrichien avait d'ailleurs fermé toutes les prises d'eau qui appauvrissent cette rivière. Toutefois, c'était une faible barrière; elle n'a pas plus d'une vingtaine de toises de largeur, et ses deux rives se dominent alternativement. Le point de Mozembano domine la rive gauche, ainsi que celui de Molino della Volta; les positions de Salionzo et de Valleggio, sur la rive gauche, ont un grand commandement sur celle opposée. Le général Bellegarde avait fait occuper fortement les hauteurs de Valleggio; il y avait fait rétablir un reste de château-fort, antique, qui pouvait servir de réduit; il commande toute la campagne sur les deux rives. Borghetto avait été fortifié, et était comme tête de pont, sous la protection de Valleggio. L'enceinte de la petite ville de Goîto avait été rétablie, et sa défense augmentée par les eaux. Bellegarde avait aussi fait élever quatre redoutes fraisées et palissadées, sur les hauteurs de

Salionzo ; elles étaient aussi rapprochées que possible de Valleggio. Lorsqu'il eut pourvu à ses principales défenses sur la rive gauche, il les étendit sur la rive droite. Il fit occuper les hauteurs de la Volta, position, qui domine tout le pays, par de forts ouvrages; mais ils étaient à près d'une lieue du Mincio, et à une et demie de Goîto et de Valleggio. Ainsi, sur un espace de quinze milles, le général autrichien avait cinq points fortement retranchés : Peschiera, Salionzo, Valleggio, Volta, et Goîto.

Le 18 décembre, l'armée française passa la Chiesa ; le quartier-général se porta à Castaguedolo. Les 19 et 21, toute l'armée marcha sur le Mincio en quatre colonnes ; la droite, sous les ordres de Dupont, se dirigea sur l'extrémité du lac de Mantoue ; le centre, conduit par Suchet, marcha sur la Volta ; l'avant-garde, ayant pour but de masquer Peschiera, se porta sur Ponti ; la réserve et l'aile gauche se dirigèrent sur Mosembano. Dupont, à l'aile droite, rejeta avec sa division de droite, la garnison de Mantoue au-delà du lac. La deuxième division (Vatrin) chassa l'ennemi dans Goîto. Suchet, au centre, marcha sur Volta avec circonspection. Il s'attendait à un mouvement de l'armée autrichienne pour soutenir la tête de sa ligne.

Mais l'ennemi ne fit contenance nulle part; il craignait probablement d'être coupé du Mincio; il abandonna ses positions. La belle hauteur de Mozembano, qui commande le Mincio, ne fut pas disputée. Les Français s'emparent de toutes les positions sur la rive droite, excepté de Goîto et de la tête de pont de Borghetto. Lorsque l'ennemi s'était aperçu qu'il avait affaire à toute l'armée française, il avait craint un engagement général; et il s'était reployé sur la rive gauche du Mincio, ne conservant, sur la droite, que Goîto et Borghetto. Le résultat des pertes des Autrichiens, sur toute la ligne, fut de 5 à 600 hommes prisonniers. Le quartier-général des Français fut placé à Mozembano.

Il fallait, le jour même, jeter des ponts sur le Mincio, le franchir, et poursuivre l'ennemi. Une rivière d'aussi peu de largeur, est un léger obstacle, lorsqu'on a une position qui domine la rive opposée, et que, de là, la mitraille des batteries dépasse au loin l'autre rive. A Mozembano, au moulin de la Volta, l'artillerie peut battre l'autre rive à une grande distance, sans que l'ennemi puisse trouver une position avantageuse pour l'établissement de ses batteries. Alors le passage n'est réellement rien; l'ennemi ne peut pas même voir le Mincio, qui, semblable à un fossé de fortification, couvre les batteries de toute attaque.

Dans la guerre de siège, comme dans celle de campagne, c'est le canon qui joue le principal rôle; il a fait une révolution totale. Les hauts remparts en maçonnerie ont dû être abandonnés pour les feux rasants et recouverts par des masses de terre. L'usage de se retrancher chaque jour, en établissant un camp, et de se trouver en sûreté derrière de mauvais pieux, plantés à côté les uns des autres, a dû être aussi abandonné.

Du moment où l'on est maître d'une position qui domine la rive opposée, si elle a assez d'étendue pour que l'on puisse y placer un bon nombre de pièces de canon, on acquiert bien des facilités pour le passage de la rivière. Cependant, si la rivière a de deux cents à cinq cents toises de large, l'avantage est bien moindre; parce que votre mitraille n'arrivant plus sur l'autre rive, et l'éloignement permettant à l'ennemi de se défiler facilement, les troupes, qui défendent le passage, ont la faculté de s'enterrer dans des boyaux, qui les mettent à l'abri du feu de la rive opposée. Si les grenadiers, chargés de passer pour protéger la construction du pont, parviennent à surmonter cet obstacle, ils sont écrasés par la mitraille de l'ennemi, qui, placé à deux cents toises du débouché du pont, est à portée de faire un feu très-meurtrier, et est cependant éloigné de quatre ou cinq cents toises des batteries de l'armée qui veut passer; de sorte que l'avantage du canon est tout entier pour lui. Aussi, dans ce cas, le passage n'est-il possible, que lorsqu'on parvient à surprendre complètement l'ennemi, et qu'on est favorisé par une île intermédiaire, ou par un rentrant très-prononcé, qui permet d'établir des batteries croisant leurs feux sur la gorge. Cette île ou ce rentrant forme alors une tête de pont naturelle, et donne tout l'avantage de l'artillerie à l'armée qui attaque.

Quand une rivière a moins de soixante toises, les troupes qui sont jetées sur l'autre bord, protégées par une grande supériorité d'artillerie et par le grand commandement que doit avoir la rive où elle est placée, se trouvent avoir tant d'avantage, que, pour peu que la rivière forme un rentrant, il est impossible d'empêcher l'établissement du pont. Dans ce cas, les plus habiles généraux se sont contentés, lorsqu'ils ont pu prévoir le projet de leur ennemi, et arriver avec leur armée sur le point de passage, de s'opposer au passage du pont, qui est un vrai défilé, en se plaçant en demi-cercle alentour, et en se défilant du feu de la rive opposée, à trois ou quatre cents toises de ses hauteurs. C'est la manœuvre que fit Vendôme, pour empêcher Eugène de profiter de son pont de Cassano.

Le général français décida de passer le Mincio le 24 décembre, et il choisit pour points de passage, ceux de Mozembano et de Molino della Volta, distants de deux lieues l'un de l'autre. Sur ces deux points, le Mincio n'étant rien, il ne faut considérer que le plan général de la bataille. Était-il à propos de se diviser entre Mozembano et Molino? L'ennemi occupait la hauteur de Valleggio et la tête de pont de Borghetto. La jonction des troupes, qui auraient effectué les deux passages, pouvait donc éprouver des obstacles et être incertaine. L'ennemi pouvait lui-même sortir par Borghetto, et mettre de la confusion dans l'une de ces attaques. Ainsi il était plus conforme aux règles de la guerre, de passer sur un seul point, afin d'être sûr d'avoir toujours ses troupes réunies. Dans ce cas, lequel des deux passages fallait-il préférer?

Celui de Mozembano avait l'avantage d'être plus près de Vérone; la position était beaucoup meilleure. L'armée ayant donc passé à Mozembano, sur trois ponts éloignés l'un de l'autre de deux à trois cents toises, ne devait point avoir d'inquiétude pour sa retraite, parce que sa droite et sa gauche étaient constamment appuyées au Mincio, et flanquées par les batteries qu'on pouvait établir sur la rive droite. Mais Bellegarde, qui l'avait parfaitement senti, avait occupé, par une forte redoute, les deux points de Valleggio et de Salionzo. Ces deux points, situés au coude du Mincio, forment avec le point de passage, un triangle équilatéral de trois mille toises de côté. L'armée autrichienne venant à appuyer sa gauche à Valleggio, sa droite à Salionzo, se trouvait occuper la corde, et sa droite et sa gauche étaient parfaitement appuyées. Elle ne pouvait pas être tournée; mais sa ligne de bataille était de 3,000 toises. Brune ne pouvait donc espérer que de percer son centre; opération souvent difficile, et qui exige une grande vigueur et beaucoup de troupes réunies.

Le point de Molino della Volta était moins avantageux. Si l'on eût été battu, il y aurait eu plus de difficultés pour la retraite; car Pozzolo domine la rive droite. Mais dans cette position, l'ennemi n'aurait pas eu l'avantage d'avoir ses ailes appuyées par des ouvrages de fortification.

En faisant un passage à Mozembano, le général français, trouvait sur sa droite les hauteurs de Valleggio, qui étaient fortement retranchées, et sur sa gauche, celles de Salionzo, occupées également par de bons ouvrages. L'armée française, en voulant déboucher, se trouvait dans un rentrant, en butte aux feux convergents de l'artillerie ennemie, et ayant devant elle l'armée autrichienne, appuyée, par sa droite et sa gauche, à ces deux fortes positions. D'un autre côté, le corps, qui passait à la Volta, avait sa droite à une lieue et demie de Goïto, place fortifiée sur la rive droite, et à une lieue, sur sa gauche, Borghetto et Valleggio.

Il fut cependant résolu que l'aile droite passerait à la Volta, tandis que le reste de l'armée passerait à Mozembano.

Le général Dupont, arrivé à Molino della Volta à la pointe du jour, construisit des ponts, et fit passer ses divisions. Il s'empara du village de Pozzolo, où il établit sa droite; et sa gauche appuyée au Mincio, fut placée vis-à-vis de Molino, et protégée par le feu de l'artillerie des hauteurs de la rive droite, qui dominent toute la plaine. Une digue augmentait encore la force de cette gauche. Lors du passage, l'ennemi était peu nombreux. Sur les dix heures, le général Dupont apprit que le passage que le général Brune devait effectuer devant Mozembano, était remis au lendemain. Le général Dupont aurait dû sur-le-champ faire repasser sur la rive droite, la masse de ses troupes, en ne laissant, sur la rive gauche, que quelques bataillons, pour y établir une tête de pont, sous la protection de ses batteries. D'ailleurs, la position était telle, que l'ennemi ne pouvait approcher jusqu'au pont. Cette opération aurait eu tout l'avantage d'une fausse attaque, aurait partagé l'attention de l'ennemi. L'on aurait pu, à la pointe du jour, avoir forcé la ligne de Valleggio à Salionzo, avant que toute l'armée ennemie n'y eût été réunie. Le général Dupont resta cependant dans sa position sur la rive gauche. Bellegarde, profitant de l'avantage que lui donnait son camp retranché de Valleggio et de Salionzo, marcha avec ses réserves contre l'aile droite. On se battit sur ce point, avec beaucoup d'opiniâtreté; les généraux Suchet et Davoust accoururent au secours du général Dupont; et un combat très-sanglant, où les troupes déployèrent la plus grande valeur, eut lieu sur ce point, entre 20 à 25,000 Français, et 40 à 45,000 Autrichiens, dans l'arrondissement d'une armée qui, sur un champ de bataille de trente lieues carrées, avait 80,000 Français contre 60,000 Autrichiens. C'est au village de Pozzolo que se passa l'action la plus vive; la gauche, protégée par le feu de l'artillerie de la rive droite et par la digue, était plus difficile à attaquer. Pozzolo, pris et repris alternativement par les Autrichiens et par les Français, resta enfin à ces derniers. Mais il leur en coûta bien cher; ils y perdirent l'élite de trois divisions, et éprouvèrent au moins autant de mal que l'ennemi. La bravoure des Français fut mal employée; et le sang de ces braves ne servit qu'à réparer les fautes du général en chef, et celles causées par l'ambition inconsidérée de ses lieutenants-généraux. Le général en chef, dont le quartier-général était à deux lieues du champ de bataille, laissa se battre toute son aile droite, qu'il savait avoir passé sur la rive gauche, sans faire aucune disposition pour la secourir. Une telle conduite n'a besoin d'aucun commentaire.

Il est impossible d'expliquer comment Brune, qui savait que sa droite avait passé et était aux mains avec l'ennemi, ne se porta pas à son secours, n'y dirigea pas ses pontons pour y construire un autre pont. Pourquoi du moins, puisqu'il avait adopté le plan de passer sur deux points, ne choisit-il pas Mozembano, en profitant du mouvement où était l'armée autrichienne, pour s'emparer de Salionzo, Valleggio, et tomber sur les derrières des ennemis? Suchet et Davoust ne vinrent au secours de Dupont, que de leur propre mouvement, ne prenant conseil que de la force des évènements.

Le 25, le général Marmont plaça ses batteries de réserve sur les hauteurs de Mozembano, pour protéger la construction des ponts; c'était bien inutile. L'ennemi n'avait garde de venir se placer dans un rentrant de trois mille toises de corde, pour disputer le passage d'une rivière de vingt toises, commandée par une hauteur, vis-à-vis de laquelle son artillerie, quelque nombreuse qu'elle fût, n'aurait pas pu se maintenir plus d'un quart d'heure en batterie. Le passage effectué, Delmas, avec l'avant-garde, marcha sur Valleggio; Moncey, avec la division Boudet, Michaut, avec la réserve, le soutinrent. Suchet resta en réserve devant Borghetto, et Dupont, avec l'aile droite, resta à Pozzolo. Les troupes eurent à souffrir des feux croisés de Valleggio et de Salionzo; mais le général autrichien avait déja calculé sa retraite, considérant la rivière comme passée, et après l'affront qu'il avait reçu la veille, malgré l'immense supériorité de ses forces, il cherchait à gagner l'Adige. Il avait seulement conservé des garnisons dans les ouvrages de Salionzo et de Valleggio, afin de pouvoir opérer sûrement sa retraite et évacuer tous ses blessés. Brune lui en laissa le temps. Dans la journée du 25, il ne dépassa pas Salionzo et Valleggio, c'est-à-dire qu'il fit trois mille toises. Le lendemain, les redoutes de Salionzo furent cernées, et on y prit quelques pièces de canon et 1200 hommes. Il faut croire que c'est par une faute de l'état-major autrichien, que ces garnisons n'ont pas reçu l'ordre de se retirer sur Peschiera. Il est difficile, toutefois, de justifier la conduite de ce général.

Les Français firent une attaque inutile en voulant enlever Borghetto; la brave soixante-douzième demi-brigade, qui en fut chargée, y perdit l'élite de ses soldats. Il suffisait de canonner vivement ce poste et d'y jeter des obus; car on ne peut pas entrer dans Borghetto, si l'on n'est pas maître de Valleggio; et une fois maître de ce dernier point, tout ce qui est dans Borghetto est pris. Effectivement, peu après l'attaque de la soixante-douzième, la garnison de Borghetto se rendit prisonnière; mais on avait sacrifié en pure perte 4 à 500 hommes de cette brave demi-brigade.

§ XII.

Les jours suivants, l'armée se porta en avant, la gauche à Castelnuovo, la droite entre Légnano et Vérone. Elle avait envoyé un détachement pour masquer Mantoue; et deux régiments avaient été placés sur les bords du lac Garda, pour couper toute communication par le Mincio, entre Mantoue et Peschiera, que devait investir la division Dombrowski.

L'armée française passa l'Adige le premier janvier, c'est-à-dire, six jours après le passage du Mincio; un général habile l'eût passé le lendemain. Cette opération se fit sans éprouver aucun obstacle à Bussolingo. Dans cette saison, le bas Adige est presque impraticable. Le lendemain, l'ennemi évacua Vérone, laissant une garnison dans le château. La division Rochambeau s'était portée de Lodron sur l'Adige, par Riva, Torboli et Mori. Ce mouvement avait obligé les Autrichiens d'évacuer la Corona. Le 6 janvier, ils furent chassés des hauteurs de Caldiero; les Français entrèrent à Vicence. Le corps de Moncey était à Roveredo. Le 11, l'armée française passa la Brenta devant Fontanina. Pendant ces mouvements, le corps d'armée d'observation du midi entrait en Italie; le 13 il arriva à Milan. D'un autre côté, Macdonald avec l'armée des Grisons, était entré à Trente, le 7 janvier, avait poursuivi les Autrichiens dans la vallée de la Brenta; et, dès le 9, il se trouvait en communication avec l'armée d'Italie, par Roveredo. L'armée autrichienne, au contraire, s'affaiblissait de plus en plus. Inférieure d'un tiers, dès l'ouverture de la campagne, à l'armée française, elle avait, depuis, éprouvé de grandes pertes. Le combat de Pozzolo lui avait coûté beaucoup de morts et de blessés, et ses pertes en prisonniers, s'élevaient de 5 à 6,000 hommes. Les garnisons qu'elle avait laissées dans Mantoue, Peschiera, Vérone, Ferrare, Porto-Legnano, l'avaient beaucoup réduite. Toutes ces pertes la mettaient hors d'état de tenir aucune ligne devant l'armée française. L'Adige une fois passé, l'armée autrichienne fut obligée d'envoyer une partie de ses forces pour garder les débouchés du Tyrol; et ces troupes se trouvèrent occupées par l'armée des Grisons, qui arrivait en ligne. Le général Baraguey d'Hilliers était à Botzen. A tous ces motifs de découragement, se joignit la nouvelle de l'arrivée de l'armée du Rhin aux portes de

Vienne. En un mot, il fallait que l'armée autrichienne fût bien faible et bien découragée, puisqu'elle ne garda pas les hauteurs de Caldiero, et laissa franchir à l'armée française tous les points qu'elle lui pouvait disputer. Aussitôt que cette dernière eut passé la Brenta, M. de Bellegarde renouvela la demande d'un armistice.

Le général Marmont et le colonel Sébastiani furent chargés par le général en chef de le négocier. Les ordres les plus positifs du premier consul portaient de n'en faire aucun, que lorsque l'armée française serait sur l'Isonzo, afin de bien couper l'armée autrichienne de Venise; ce qui l'eût obligée de laisser une forte garnison dans cette ville, dont les habitants n'étaient pas bien disposés pour les Autrichiens. Cette circonstance pouvait procurer de nouveaux avantages à l'armée française. Mais le premier consul avait insisté surtout pour ne rien conclure, avant qu'on n'eût la place de Mantoue. Le général français montra, dans cette négociation, peu de caractère, et il signa, le 16 janvier, l'armistice à Trévise.

Brune renonça de lui-même à demander Mantoue; c'était la seule question politique. Il se contenta d'obtenir Peschiera, Porto-Legnano, Ferrare, etc. Les garnisons n'en étaient pas prisonnières de guerre; elles emmenaient avec elles leur artillerie, et la moitié des vivres des approvisionnements de ces places. La flottille de Peschiera, qui appartenait de droit à l'armée française, ne fut pas même livrée.

La convention de Trévise porta le cachet de la faiblesse des négociateurs qui la conclurent. Il est évident que toutes les conditions étaient à l'avantage de l'Autriche. Par suite des succès que l'armée française avait obtenus, et en raison de sa supériorité numérique et morale, Peschiera, Ferrare, etc., étaient des places prises : c'étaient donc des garnisons formant un total de 5 à 6,000 hommes, de l'artillerie, des vivres, et une flottille, que l'on rendait à des ennemis vaincus. La seule place qui pût tenir assez longtemps, pour aider l'Autriche à soutenir une nouvelle campagne, était Mantoue; et, non-seulement cette place restait au pouvoir des ennemis, mais on lui accordait un arrondissement de huit cents toises, et la faculté de recevoir des approvisionnements au-delà de ceux nécessaires à la garnison et aux habitants.

Au mécontentement que le premier consul avait éprouvé de toutes les fautes militaires commises dans cette campagne, se joignit celui de voir ses ordres transgressés, les négociations compromises, et sa position en Italie incertaine. Il fit sur-le-champ connaître à Brune qu'il désavouait la convention de Trévise, lui enjoignant d'annoncer que les hostilités allaient recommencer, à moins qu'on ne remît Mantoue. Le premier consul fit faire la même déclaration au comte de Cobentzel, à Lunéville. Ce ministre, qui commençait enfin à être persuadé de la nécessité de traiter de bonne foi, et dont l'orgueil avait plié devant la catastrophe, qui menaçait son maître, signa, le 26 janvier, l'ordre de livrer Mantoue à l'armée française. Ce qui eut lieu le 17 février. A cette condition, l'armistice fut maintenu. Pendant les négociations, le château de Vérone avait capitulé, et sa garnison de 1700 hommes avait été prise.

Cette campagne d'Italie donna la mesure de Brune, et le premier consul ne l'employa plus dans des commandements importants. Ce général, qui avait montré la plus brillante bravoure et beaucoup de décision à la tête d'une brigade, ne paraissait pas fait pour commander en chef.

Néanmoins les Français avaient toujours été victorieux dans cette campagne, et toutes les places fortes d'Italie étaient entre leurs mains. Ils étaient maîtres du Tyrol et des trois quarts de la terre-ferme du territoire de Venise, puisque la ligne de démarcation de l'armée française suivait la gauche de la Livenza, depuis Sally jusqu'à la mer, la crête des montagnes entre la Piave et Zeliné, et redescendait la Drave jusqu'à Lintz, où elle rencontrait la ligne de l'armistice d'Allemagne.

§ XIII.

Le général Miollis, qui était resté en Toscane, commandait un corps de 5 à 6,000 hommes de toutes armes; la majorité de ces troupes était des troupes italiennes. Les garnisons qu'il était obligé de laisser à Livourne, à Lucques, au château de Florence, et sur divers autres points, ne lui laissaient de disponible qu'un corps de 3,500 à 4,000 hommes. Le général de Damas, avec une force de 16,000 hommes, dont 8,000 Napolitains, était venu prendre position sur les confins de la Toscane, après avoir traversé les états du pape. Il devait combiner ses opérations dans la Romagne et le Ferrarois, avec des troupes d'insurgés, chassés de Toscane par la garde nationale de Bologne, et par une colonne mobile qu'avait envoyée le général Brune, sur la droite du Pô. La retraite de l'armée autrichienne, qui, successivement, avait été obligée de passer le Pô, le Mincio, l'Adige, la Brenta, avait déconcerté tous les projets des ennemis sur la rive droite du Pô. Le général Miollis, établi à Florence, maintenait le bon ordre dans l'intérieur; et les batteries élevées à Livourne, tenaient en respect les bâtiments anglais. Les Autrichiens, qui s'étaient montrés en Toscane, s'étaient retirés, partie sur Venise pour en renforcer la garnison, et partie sur Ancône.

Le 14 janvier, le général Miollis, instruit qu'une division de 5 à 6,000 hommes du corps de Damas, s'était portée sur Sienne, dont elle avait insurgé la population, sentit la nécessité de frapper un coup, qui prévînt et arrêtât les insurrections prêtes à éclater sur plusieurs autres points. Il profita de la faute que venait de commettre le général de Damas, officier sans talent ni mérite militaire, de détacher aussi loin de lui une partie de ses forces, et marcha contre ce corps avec 3,000 hommes. Le général Miollis rencontra les Napolitains et les insurgés en avant de Sienne, les culbuta aussitôt sur cette ville, dont il força les portes à coups de canon et de hache, et passa au fil de l'épée tout ce qu'il y rencontra les armes à la main. Il fit poursuivre, plusieurs jours, les restes de ces bandes, et les rejeta au-delà de la Toscane, dont il rétablit ainsi, et maintint la tranquillité.

Cependant de nouvelles forces étaient parties de Naples, pour venir renforcer l'armée de M. de Damas.

Le général Murat, commandant en chef la troisième armée de réserve, qui venait de prendre la dénomination d'armée d'observation d'Italie, et dont le quartier-général était à Genève, dans les premiers jours de janvier, passa le Petit-Saint-Bernard, le mont Genèvre et le mont Cénis, et arriva, le 13 janvier, à Milan. Cette armée continua sa route sur Florence; elle était composée des divisions Tarreau et Mathieu, et d'une division de cavalerie. Un des articles de la convention de Trévise, portait que la place d'Ancône serait remise à l'armée française. Le général Murat, en conséquence, eut ordre de prendre possession de cette place, de chasser les troupes napolitaines des états du pape, et de les menacer même dans l'intérieur du royaume de Naples. Ce général, arrivé à Florence le 20 janvier, expédia le général Paulet, avec une brigade de 3,000 hommes de toutes armes, pour prendre possession d'Ancône et de ses forts. Ce dernier passa à Cézenna, le 23 janvier, et le 27, il prit possession des forts et de la ville d'Ancône.

Cependant le premier consul avait ordonné qu'on eût pour le pape les plus grands égards. Le général Murat avait même écrit de Florence, le 24 janvier, au cardinal, premier ministre de S. S., pour l'informer des intentions du premier consul, et de l'entrée de l'armée d'observation dans les états du saint-père, afin d'occuper Ancône, d'après la convention du 16, et de rendre à sa Sainteté le libre gouvernement de ses états, en obligeant les Napolitains à évacuer le château Saint-Ange et le territoire de Rome. Il prévint aussi le cardinal, qu'il avait ordre de ne s'approcher de Rome, que dans le cas où sa sainteté le jugerait nécessaire.

Dès son arrivée en Toscane, le général français avait écrit à M. de Damas, pour lui demander les motifs de son mouvement offensif en Toscane, et lui signifier qu'il eût à évacuer sur-le-champ le territoire romain. M. de Damas lui avait répondu de Viterbe, que les opérations du corps sous ses ordres, avaient toujours dû se combiner avec celles de l'armée de M. de Bellegarde; que, lorsque le général Miollis avait attaqué son avant-garde, à Sienne, à vingt-six milles de son corps d'armée, il allait se retirer sur Rome, imitant le mouvement de l'armée autrichienne, sur la Brenta; mais que, puisqu'un armistice avait été conclu avec les

Autrichiens, les troupes qu'il commandait, étant celles d'une cour alliée de l'empereur, se trouvaient aussi en armistice avec les Français.

Le général Murat lui répondit sur-le-champ, que l'armistice conclu avec l'armée autrichienne, ne concernait en rien l'armée napolitaine; qu'il était donc nécessaire qu'elle évacuât le château Saint-Ange et les états du pape; que la considération du premier consul pour l'empereur de Russie, pouvait seule protéger le roi de Naples; mais que ni l'armistice, ni le cabinet de Vienne, ne pouvaient en rien le protéger. En même temps, le général Murat mit sa petite armée en mouvement. Les deux divisions d'infanterie furent dirigées, le 28 janvier, par la route d'Arezzo, sur Foligno et Perruvio, où elles arrivèrent le 4 février. Le général Paulet eut ordre de se rendre d'Ancône, avec deux bataillons, à Foligno, en passant par Macerata et Tolentino. Pendant ces mouvements, l'artillerie, qui se dirigeait sur Florence, par le débouché de Pistoia, eut ordre de continuer sa route par Bologne et Ancône. Ainsi le corps d'observation marchait sans son artillerie; faute qui ne peut jamais être excusée, que lorsque les chemins par où passe l'armée, sont absolument impraticables au canon. Or, celui de Bologne à Florence n'est pas dans ce cas, les voitures peuvent y passer. Aussitôt que l'armée napolitaine fut instruite de la marche du corps d'observation, elle se replia en toute hâte sous les murs de Rome.

Le général Paulet, dès son arrivée à Ancône, y avait fait rétablir les autorités et placer les couleurs du pape; ce qui excita la reconnaissance de ce pontife, qui se hâta de faire écrire au général Murat, par le cardinal Gonsalvi, le 31 janvier, pour lui exprimer *le vif sentiment dont il était pénétré pour le premier consul ; auquel*, dit-il, *est attachée la tranquillité de la religion, ainsi que le bonheur de l'Europe.*

Le 9 février, l'armée française était placée sur la Neva, jusqu'à son embouchure dans le Tibre, et jusqu'aux confins des états du roi de Naples.

Enfin, après quelques pourparlers, le général Murat consentit, par égard pour la Russie, à signer, le 18 février, à Foligno, un armistice de trente jours, entre son corps d'armée et les troupes napolitaines. D'après cet armistice, elles durent évacuer Rome et les états du pape. Le premier mars, à la suite de l'arrivée à Naples du colonel Beaumont, aide-de-camp du général Murat, l'embargo fut mis sur tous les bâtiments anglais, qui se trouvaient dans les ports de ce royaume. Tous les Anglais en furent expulsés, et l'armée napolitaine rentra sur son territoire. Le 28 mars suivant, un traité de paix fut signé à Florence, entre la république française et la cour de Naples, par le citoyen Alquier et le chevalier Micheroux. D'après l'un des articles, un corps français pouvait, sur la demande du roi de Naples, être mis à sa disposition, pour garantir ce royaume des attaques des Anglais et des Turcs. En vertu de ce même article, le général Soult fut envoyé, le 2 avril, avec un corps de 10 à 12,000 hommes, pour occuper Otrante, Brandisi, Tarente, et tout le bout de la presqu'île, afin d'établir des communications plus faciles avec l'armée d'Égypte. Ce corps arriva à sa destination vers le 25 avril. Dans le courant de ce mois, la Toscane fut remise au roi d'Étrurie, conformément au traité de Lunéville, et à celui conclu entre la France et l'Espagne. Cependant les Anglais occupaient encore l'île d'Elbe. Le premier mai, le colonel Marietty, parti de Bastia avec 600 hommes, débarqua près de Marciana, dans cette île, pour en prendre possession, d'après le traité conclu avec le roi de Naples. Le lendemain, il entra à Porto-Longone, après avoir chassé un rassemblement considérable de paysans insurgés, d'Anglais et de déserteurs. Il fut joint dans cette place, le même jour, par le général de division Tharreau, qui s'était embarqué à Piombino avec un bataillon français et 300 Polonais. Ces troupes réunies, marchèrent aussitôt pour cerner Porto-Ferrajo, qui fut sommé de se rendre. Ainsi toute la partie de l'île cédée par le traité de Florence, fut remise au pouvoir des Français.

MÉMOIRES DE NAPOLÉON.

NEUTRES.

Du droit des gens, observé par les puissances dans la guerre de terre; et du droit des gens, observé par elles dans la guerre de mer. — Des Principes du droit maritime des puissances neutres. — De la neutralité armée de 1780, dont les principes, qui étaient ceux de la France, de l'Espagne, de la Hollande, de la Russie, de la Prusse, du Danemarck, de la Suède, étaient en opposition avec les prétentions de l'Angleterre à cette époque. — Nouvelles prétentions de l'Angleterre, mises en avant, pour la première fois et successivement, dans le cours de la guerre de la révolution, depuis 1793 jusqu'en 1800. L'Amérique reconnaît ces prétentions; discussions qui en résultent avec la France. — Opposition à ces prétentions de la part de la Russie, de la Suède, du Danemarck, de la Prusse. Évènements qui s'ensuivent. Convention de Copenhague, où, malgré la présence d'une flotte anglaise supérieure, le Danemarck ne reconnaît aucune des prétentions de l'Angleterre. Leur discussion est ajournée. — Traité de Paris entre la république française et les États-Unis d'Amérique, qui termine les différends survenus entre les deux puissances, par suite de l'adhésion des Américains aux prétentions des Anglais. La France et l'Amérique proclament solennellement les principes du droit maritime des neutres. — Causes qui indisposent l'empereur Paul Ier contre l'Angleterre. — La Russie, le Danemarck, la Suède, la Prusse, proclament les principes reconnus par le traité du 30 septembre entre la France et l'Amérique. Convention, dite neutralité armée, signée le 16 décembre 1800. — Guerre entre l'Angleterre d'un côté, la Russie, le Danemarck, la Suède et la Prusse de l'autre. Ce qui constate qu'à cette époque ces puissances, non plus que la France, la Hollande, l'Amérique et l'Espagne ne reconnaissaient aucune des prétentions de l'Angleterre. — Bataille de Copenhague, le 2 avril 1801. — Assassinat de l'empereur, Paul Ier. — La Russie, la Suède, le Danemarck, se désistent des principes de la neutralité armée. Nouveaux principes des droits des neutres reconnus par ces puissances. Traité du 17 juin 1801, signé par lord St-Helens.

Ces nouveaux droits n'engagent que les puissances qui les ont reconnus par ledit traité.

———◆———

§ Ier.

Le droit des gens, dans les siècles de barbarie, était le même sur terre que sur mer. Les individus des nations ennemies étaient faits prisonniers, soit qu'ils eussent été pris les armes à la main, soit qu'ils fussent de simples habitants; et ils ne sortaient d'esclavage qu'en payant une rançon. Les propriétés mobilières, et même foncières, étaient confisquées, en tout ou en partie. La civilisation s'est fait sentir rapidement et a entièrement changé le droit des gens dans la guerre de terre, sans avoir eu le même effet dans celle de mer. De sorte que, comme s'il y avait deux raisons et deux justices, les choses sont réglées par deux droits différents. Le droit des gens, dans la guerre de terre, n'entraîne plus le dépouillement des particuliers, ni un changement dans l'état des personnes. La guerre n'a action que sur le gouvernement. Ainsi les propriétés ne changent pas de mains, les magasins de marchandises restent intacts, les personnes restent libres. Sont seulement considérés comme prisonniers de guerre, les individus pris les armes à la main, et faisant partie de corps militaires. Ce changement a beaucoup diminué les maux de la guerre. Il a rendu la conquête d'une nation plus facile, la guerre moins sanglante et moins désastreuse. Une province conquise prête serment, et, si le vainqueur l'exige, donne des ôtages, rend les armes; les contributions se perçoivent au profit du vainqueur, qui, s'il le juge nécessaire, établit une contribution extraordinaire, soit pour pourvoir à l'entretien de son armée, soit pour s'indemniser lui-même des dépenses que lui a causées la guerre. Mais cette contribution n'a aucun rapport avec la valeur des marchandises en magasin; c'est seulement une augmentation proportionnelle plus ou moins forte de la contribution ordinaire. Rarement cette contribution équivaut à une année de celles que perçoit le prince, et elle est imposée sur l'universalité de l'état; de sorte qu'elle n'entraîne jamais la ruine d'aucun particulier.

Le droit des gens qui régit la guerre maritime, est resté dans toute sa barbarie; les propriétés des particuliers sont confisquées; les individus non combattants sont faits prisonniers. Lorsque deux nations sont en guerre, tous les bâtiments de l'une ou de l'autre, naviguant sur les mers, ou existant dans les ports, sont susceptibles d'être confisqués, et les individus à bord de ces bâtiments, sont faits prisonniers de guerre. Ainsi, par une contradiction évidente, un bâtiment anglais (dans l'hypothèse d'une guerre entre la France et l'Angleterre), qui se trouvera dans le port de Nantes, par exemple, au moment de la déclaration de guerre, sera confisqué; les hommes à bord seront prisonniers de guerre, quoique non combattants et simples citoyens; tandis qu'un magasin de marchandises anglaises, appartenant à des Anglais existants dans la même ville, ne sera ni séquestré ni confisqué, et que les négociants anglais voyageant en France ne seront point prisonniers de guerre, et recevront leur itinéraire et les passe-ports nécessaires pour quitter le territoire. Un bâtiment anglais, naviguant et saisi par un vaisseau français, sera confisqué, quoique sa cargaison appartienne à des particuliers; les individus trouvés à bord de ce bâtiment, seront prisonniers de guerre, quoique non combattants; et un convoi de cent charrettes de marchandises, appartenant à des Anglais, et traversant la France, au moment de la rupture entre les deux puissances, ne sera pas saisi.

Dans la guerre de terre, les propriétés même

territoriales que possèdent des sujets étrangers, ne sont point soumises à confiscation; elles le sont tout au plus au séquestre. Les lois qui régissent la guerre de terre, sont donc plus conformes à la civilisation et au bien-être des particuliers; et il est à desirer qu'un temps vienne, où les mêmes idées libérales s'étendent sur la guerre de mer, et que les armées navales de deux puissances puissent se battre, sans donner lieu à la confiscation des navires marchands, et sans faire constituer prisonniers de guerre les simples matelots du commerce ou les passagers non militaires. Le commerce se ferait alors, sur mer, entre les nations belligérantes, comme il se fait, sur terre, au milieu des batailles que se livrent les armées.

§ III.

La mer est le domaine de toutes les nations; elle s'étend sur les trois quarts du globe, et établit un lien entre les divers peuples. Un bâtiment chargé de marchandises, naviguant sur les mers, est soumis aux lois civiles et criminelles de son souverain, comme s'il était dans l'intérieur de ses états. Un bâtiment, qui navigue, peut être considéré comme une colonie flottante, dans ce sens que toutes les nations sont également souveraines sur les mers. Si les navires de commerce des puissances en guerre pouvaient naviguer librement, il n'y aurait, à plus forte raison, aucune enquête à exercer sur les neutres. Mais, comme il est passé en principe, que les bâtiments de commerce des puissances belligérantes sont susceptibles d'être confisqués, il a dû en résulter le droit, pour tous les bâtiments de guerre belligérants, de s'assurer du pavillon du bâtiment neutre qu'ils rencontrent; car, s'il était ennemi, ils auraient le droit de le confisquer. De là, le droit de visite, que toutes les puissances ont reconnu par les divers traités; de là, pour les bâtiments belligérants, celui d'envoyer leurs chaloupes à bord des bâtiments neutres de commerce, pour demander à voir leurs papiers et s'assurer ainsi de leur pavillon. Tous les traités ont voulu que ce droit s'exerçât avec tous les égards possibles, que le bâtiment armé se tînt hors de la portée de canon, et que deux ou trois hommes seulement, pussent débarquer sur le navire visité, afin que rien n'eût l'air de la force et de la violence. Il a été reconnu qu'un bâtiment appartient à la puissance dont il porte le pavillon, lorsqu'il est muni de passe-ports et d'expéditions en règle, et lorsque le capitaine et la moitié de l'équipage sont des nationaux. Toutes les puissances se sont engagées, par les divers traités, à défendre à leurs sujets neutres, de faire, avec les puissances en guerre, le commerce de contrebande; et elles ont désigné, sous ce nom, le commerce des munitions de guerre, telles que poudre, boulets, bombes, fusils, selles, brides, cuirasses, etc. Tout bâtiment ayant de ces objets à bord, est censé avoir transgressé les ordres de son souverain, puisque ce dernier s'est engagé à défendre ce commerce à ses sujets; et ces objets de contrebande sont confisqués.

La visite faite par les bâtiments croiseurs, ne fut donc plus une simple visite pour s'assurer du pavillon; et le croiseur exerça, au nom même du souverain dont le pavillon couvrait le bâtiment visité, un nouveau droit de visite, pour s'assurer si ce bâtiment ne contenait pas des effets de contrebande. Les hommes de la nation ennemie, mais seulement les hommes de guerre, furent assimilés aux objets de contrebande. Ainsi cette inspection ne fut pas une dérogation au principe, que le pavillon couvre la marchandise.

Bientôt il s'offrit un troisième cas. Des bâtiments neutres se présentèrent pour entrer dans des places assiégées, et qui étaient bloquées par des escadres ennemies. Ces bâtiments neutres ne portaient pas de munitions de guerre, mais des vivres, des bois, des vins et d'autres marchandises, qui pouvaient être utiles à la place assiégée et prolonger sa défense. Après de longues discussions entre les puissances, elles sont convenues, par divers traités, que dans le cas où une place serait réellement bloquée, de manière qu'il y eût danger évident, pour un bâtiment, de tenter d'y entrer, le commandant du blocus pourrait interdire au bâtiment neutre l'entrée dans cette place, et le confisquer, si, malgré cette défense, il employait la force ou la ruse pour s'y introduire.

Ainsi les lois maritimes sont basées sur ces principes : 1° Le pavillon couvre la marchandise. 2° Un bâtiment neutre peut être visité par un bâtiment belligérant, pour s'assurer de son pavillon et de son chargement, dans ce sens qu'il n'a pas de contrebande. 3° La contrebande est restreinte aux munitions de guerre. 4° Des bâtiments neutres peuvent être empêchés d'entrer dans une place, si elle est assiégée, pourvu que le blocus soit réel, et qu'il y ait danger évident, en y entrant. Ces principes forment le droit maritime des neutres, parce que les différents gouvernements se sont librement et par des traités, engagés à les observer et à les faire observer par leurs sujets. Les diverses puissances maritimes, la Hollande, le Portugal, l'Espagne, la France, l'Angleterre, la Suède, le Danemarck et la Russie, ont, à plusieurs époques et successivement, contracté l'une avec l'autre, ces engagements, qui ont été proclamés aux traités généraux de pacification, tels que ceux de Westphalie, en 1646, et d'Utrecht, en 1712.

§ III.

L'Angleterre, dans la guerre d'Amérique, en 1778, prétendit, 1° que les marchandises propres à construire les vaisseaux, telles que bois, chanvre, goudron, etc., étaient de contrebande; 2° qu'un bâtiment neutre avait bien le droit d'aller d'un port ami dans un port ennemi, mais qu'il ne pouvait pas trafiquer d'un port ennemi à un port ennemi; 3° que les bâtiments neutres ne pouvaient pas naviguer de la colonie à la métropole ennemie; 4° que les puissances neutres n'avaient pas le droit de faire convoyer, par des bâtiments de guerre, leurs bâtiments de commerce, ou que, dans ce cas, ils n'étaient pas affranchis de la visite.

Aucune puissance indépendante ne voulut reconnaître ces injustes prétentions. En effet la mer étant le domaine de toutes les nations, aucune n'a le droit de régler la législation de ce qui s'y passe. Si les visites sont permises sur un bâtiment qui arbore un pavillon neutre, c'est parce que le souverain l'a permis lui-même, par ses traités. Si les marchandises de guerre sont contrebande, c'est parce que les traités l'ont réglé ainsi. Si les puissances belligérantes peuvent les saisir, c'est parce que le souverain, dont le pavillon est arboré sur le bâtiment neutre, s'est lui-même engagé à ne point autoriser ce genre de commerce. Mais vous ne pouvez pas étendre la liste des objets de contrebande à votre volonté, disait-on aux Anglais; et aucune puissance neutre ne s'est engagée à défendre le commerce des munitions navales, telles que bois, chanvre, goudron, etc.

Quant à la deuxième prétention, elle est contraire, ajoutait-on, à l'usage reçu. Vous ne devez vous ingérer dans les opérations de commerce des neutres, que pour vous assurer du pavillon, et qu'il n'y a pas de contrebande. Vous n'avez pas le droit de savoir ce que fait un bâtiment neutre, puisqu'en pleine mer ce bâtiment est chez lui, et, en droit, hors de votre puissance. Il n'est pas couvert par les batteries de son pays, mais il l'est par la puissance morale de son souverain.

La troisième prétention n'est pas plus fondée. L'état de guerre ne peut avoir aucune influence sur les neutres; ils doivent donc faire en guerre, ce qu'ils peuvent faire pendant la paix. Or, dans de l'état de paix, vous n'avez pas le droit d'empêcher, et vous ne trouveriez pas mauvais qu'ils fissent le commerce des colonies avec la métropole. Si les bâtiments étrangers sont empêchés de faire ce commerce, ils ne le sont pas d'après le droit des gens, mais par une loi municipale; et, toutes les fois qu'une puissance a voulu permettre à des étrangers le commerce de ses colonies, personne n'a eu le droit de s'y opposer.

Quant à la quatrième prétention, on répondait que, comme le droit de visite n'existait que pour s'assurer du pavillon et de la contrebande, un bâtiment armé, commissionné par le souverain, constatait bien mieux le pavillon et la cargaison des bâtiments marchands de son convoi, ainsi que les réglements relatifs à la contrebande, arrêtés par son maître, que ne le faisait la visite des papiers d'un navire marchand; qu'il résulterait de la prétention dont il s'agit qu'un convoi, escorté par une flotte de huit ou dix vaisseaux de 74, d'une puissance neutre, serait soumis à la visite d'un brick ou d'un corsaire d'une puissance belligérante.

Lors de la guerre d'Amérique (1778), M. de Castries, ministre de la marine de France, fit adopter un réglement relatif au commerce des neutres Ce réglement fut dressé, d'après l'esprit du traité d'Utrecht et des droits des neutres. On y proclama les quatre principes ci-dessus énoncés, et on y déclara qu'il aurait son exécution pendant six mois, après lesquels il cesserait d'avoir lieu envers les nations neutres qui n'auraient pas fait reconnaître leurs droits par l'Angleterre.

Cette conduite était juste et politique; elle satisfit toutes les puissances neutres, et jeta un nouveau jour sur cette question. Les Hollandais, qui faisaient alors le plus grand commerce, chicanés par les croiseurs anglais et les décisions de l'amirauté de Londres, firent escorter leurs convois par des bâtiments de guerre. L'Angleterre avança cet étrange principe, que les neutres ne pouvaient escorter leurs convois marchands, ou que du moins, cela ne pouvait les dispenser d'être visités. Un convoi, escorté par plusieurs bâtiments de guerre hollandais, fut attaqué, pris, et conduit dans les ports anglais. Cet évènement remplit la Hollande d'indignation; et peu de de temps après, elle se joignit à la France et à l'Espagne, et déclara la guerre à l'Angleterre.

Catherine, impératrice de Russie, prit fait et cause dans ces grandes questions. La dignité de son pavillon, l'intérêt de son empire, dont le commerce consistait principalement en marchandises propres à des constructions navales, lui firent prendre la résolution de se constituer, avec la Suède et le Danemark, en neutralité armée. Ces puissances déclarèrent qu'elles feraient la guerre à la puissance belligérante qui violerait ces principes : 1° que le pavillon couvre la marchandise (la contrebande exceptée) ; 2° que la visite d'un bâtiment neutre par un bâtiment de guerre, doit se faire avec tous les égards possibles; 3° que les munitions de guerre, canons, poudre, boulets, etc., seulement, sont objets de contrebande; 4° que chaque puissance a le droit de convoyer les bâtiments marchands, et que, dans ce cas, la déclaration du commandant du bâtiment de guerre, est suffisante, pour justifier le pavillon et la cargaison des bâtiments convoyés; 5° enfin, qu'un port n'est bloqué par une escadre, que lorsqu'il y a danger évident d'y entrer, mais qu'un bâtiment neutre ne pourrait être empêché d'entrer dans un port précédemment bloqué par une force, qui ne serait plus présente devant le port, au moment où le bâtiment se présenterait, quelle que fût la cause de l'éloignement de la force qui bloquait, soit qu'elle provînt des vents ou du besoin de se réapprovisionner.

Cette neutralité du Nord fut signifiée aux puissances belligérantes, le 15 août 1780. La

France et l'Espagne, dont elle consacrait les principes, s'empressèrent d'y adhérer. L'Angleterre seule témoigna son extrême déplaisir; mais, n'osant pas braver la nouvelle confédération, elle se contenta de se relâcher, dans l'exécution, de toutes ses prétentions, et ne donna lieu à aucune plainte de la part des puissances neutres confédérées. Ainsi, par cette non-mise à exécution de ses principes, elle y renonça réellement. Quinze mois après, la paix de 1783 mit fin à la guerre maritime.

§ IV.

La guerre entre la France et l'Angleterre commença en 1793. L'Angleterre devint bientôt l'ame de la première coalition. Dans le temps que les armées autrichieuues, prussiennes, espagnoles et piémontaises envahissaient nos frontières, elle employait tous les moyens pour arriver à la ruine de nos colonies. La prise de Toulon, où notre escadre fut brûlée, le soulèvement des provinces de l'Ouest, où périt un si grand nombre de marins, anéantirent notre marine. L'Angleterre alors ne mit plus de bornes à son ambition. Désormais, prépondérante sur mer et sans rivale, elle crut le moment arrivé où elle pourrait, sans danger, proclamer l'asservissement des mers. Elle reprit les prétentions auxquelles elle avait tacitement renoncé dans la guerre de 1780, savoir : 1° que les marchandises propres à la construction des vaisseaux, sont de contrebande ; 2° que les neutres n'ont pas le droit de faire convoyer leurs bâtiments de commerce ; ou du moins que la déclaration du commandant de l'escorte n'ôte pas le droit de visite ; 3° qu'une place est bloquée, non-seulement par la présence d'une escadre, mais même lorsque l'escadre est éloignée de devant le port, par les tempêtes ou par le besoin de faire de l'eau, etc. Elle alla plus loin, et mit en avant ces trois nouvelles prétentions : 1° que le pavillon ne couvre pas la marchandise, que la marchandise et la propriété ennemies sont confiscables sur un bâtiment neutre ; 2° qu'un bâtiment neutre n'a pas le droit de faire le commerce de la colonie avec la métropole ; 3° qu'un bâtiment neutre peut bien entrer dans un port ennemi, mais non pas aller d'un port ennemi à un port ennemi.

Le gouvernement d'Amérique voyant la puissance maritime de la France anéantie, et craignant pour lui l'influence du parti français qui se composait des hommes les plus exagérés, jugea nécessaire à sa conservation, de se rapprocher de l'Angleterre, et reconnut tout ce qu'une cette puissance voulut lui prescrire, pour nuire et gêner le commerce français.

Les altercations entre la France et les États-Unis furent vives. Les envoyés de la république française, Genet, Adet, Fauchet, réclamèrent fortement l'exécution du traité de 1778; mais ils eurent peu de succès. En conséquence, diverses mesures législatives, analogues à celles des Américains, furent prises en France; diverses affaires de mer eurent lieu, et les choses s'aigrirent à un tel point, que la France était comme en guerre avec l'Amérique. Cependant la première de ces deux nations sortit enfin triomphante de la lutte qui menaçait son existence; l'ordre et un gouvernement régulier firent disparaître l'anarchie. Les Américains éprouvèrent alors le besoin de se rapprocher de la France. Le président lui-même sentait toute la raison qu'avait cette puissance, de réclamer contre le traité qu'il avait conclu avec l'Angleterre; et au fond de son cœur, il rougissait d'un acte que la force des circonstances l'avait seule porté à signer. MM. Prinkeney, Marschal et Gerry, chargés des pleins pouvoirs du gouvernement américain, arrivèrent à Paris à la fin de 1797. Tout faisait espérer un prompt rapprochement entre les deux républiques: mais la question restait tout entière indécise. Le traité de 1794 et l'abandon des droits des neutres lésaient essentiellement les intérêts de la France; et l'on ne pouvait espérer de faire revenir les États-Unis à l'exécution du traité de 1778, à ce qu'ils devaient à la France et à eux-mêmes, qu'en opérant un changement dans leur organisation intérieure.

Par suite des évènements de la révolution, le parti fédéraliste l'avait emporté dans ce pays, mais le parti démocratique était cependant le plus nombreux. Le directoire pensa lui donner plus de force, en refusant de recevoir deux des plénipotentiaires américains, parce qu'ils tenaient au parti fédéraliste, et en ne reconnaissant que le troisième, qui était du parti opposé. Il déclara d'ailleurs ne pouvoir entrer dans aucune négociation, tant que l'Amérique n'aurait pas fait réparation des griefs dont la république française avait à se plaindre. Le 18 janvier 1798, il sollicita une loi des conseils, portant que la neutralité d'un bâtiment ne se déterminerait pas par son pavillon, mais par la nature de sa cargaison; et que tout bâtiment chargé, en tout ou en partie, de marchandises anglaises, pourrait être confisqué. La loi était juste envers l'Amérique, dans ce sens, qu'elle n'était que la représaille du traité que cette puissance avait signé avec l'Angleterre, en 1794; mais elle n'en était pas moins impolitique et déplacée; elle était subversive de tous les droits des neutres. C'était déclarer que le pavillon ne couvrait plus la marchandise, ou, autrement, proclamer que les mers appartenaient au plus fort. C'était agir dans le sens et conformément à l'intérêt de l'Angleterre, qui vit, avec une secrète joie, la France elle-même proclamer ses principes, et autoriser son usurpation. Sans doute les Américains n'étaient plus que les facteurs de l'Angleterre; mais des lois municipales, réglementaires du commerce en France avec les Américains, auraient détruit un ordre de choses contraire aux intérêts de la France; la république aurait pu déclarer tout au plus, que les marchandises anglaises seraient marchandises de contrebande, pour les pavillons qui auraient reconnu les nouvelles prétentions de l'Angleterre. Le résultat de cette loi fut désastreux pour les Américains. Les corsaires français firent de nombreuses prises; et aux termes de la loi, toutes étaient bonnes. Car il suffisait qu'un navire américain eût quelques tonneaux de marchandises anglaises à son bord, pour que toute la cargaison fut confiscable. Dans le même temps, comme s'il n'y avait pas déjà assez de cause d'irritation et de désunion entre les deux pays, le directoire fit demander aux envoyés américains un emprunt de quarante-huit millions de francs ; se fondant sur celui que les États-Unis avaient fait autrefois à la France, pour se soustraire au joug de l'Angleterre. Les agents d'intrigues dont le ministère des relations extérieures était rempli à cette époque, insinuèrent qu'on se désisterait de l'emprunt pour une somme de douze cent mille francs, qui devait se partager entre le directeur B..... et le ministre T..........

Ces nouvelles arrivèrent en Amérique dans le mois de mars ; le président en informa la chambre, le 4 avril. Tous les esprits se rallièrent autour de lui ; on crut même l'indépendance de l'Amérique menacée. Toutes les gazettes, toutes les nouvelles étaient pleines des préparatifs qui se faisaient en France pour l'expédition d'Égypte ; et soit que le gouvernement américain craignît réellement une invasion, soit qu'il feignît de le croire, pour donner plus de mouvement aux esprits, et renforcer le parti fédéraliste, il fit proposer le commandement de l'armée de défense au général Washington. Le 26 mai, un acte du congrès autorisa le président à enjoindre aux commandants des vaisseaux de guerre américains de s'emparer de tout vaisseau qui serait trouvé près des côtes, et dont l'intention serait de commettre des déprédations sur les navires appartenant à des citoyens des États-Unis, et de reprendre ceux de ces vaisseaux, qui auraient été capturés. Le 9 juin, un nouveau bill suspendit toutes les relations commerciales avec la France. Le 25, un troisième bill déclara nuls les traités de 1778 et la convention consulaire du 4 novembre 1788, portant que les États-Unis sont *délivrés et exonérés des stipulations desdits traités*. Ce bill fut motivé 1° sur ce que la république française avait itérativement violé les traités conclus avec les États-Unis, au grand détriment des citoyens de ce pays, en confisquant, par exemple, des marchandises ennemies à bord des bâtiments américains, tandis qu'il était convenu que le bâtiment sauverait la cargaison ; en équipant des corsaires contre les droits de la neutralité, dans les ports de l'Union ; en traitant les matelots américains, trouvés à bord des navires ennemis, comme des pirates, etc.; 2° sur ce que la France, malgré le desir des États-Unis d'entamer une négociation amicale, et au lieu de réparer le dommage causé par tant d'injustices, osait, d'un ton hautain, demander un tribut, en forme de prêt ou autrement. Vers la fin du mois de juillet, le dernier plénipotentiaire américain, M. de Gerry, qui était resté jusque alors à Paris, partit pour l'Amérique.

La France venait d'être humiliée; la deuxième coalition s'était emparée de l'Italie, et avait attaqué la Hollande. Le gouvernement français fit faire quelques démarches par son ministre en Hollande, M. Pichon, près de l'envoyé américain, auprès de cette puissance. Des ouvertures furent faites au président des États-Unis, M. Adams. Celui-ci annonçant, à l'ouverture du congrès, les tentatives faites par le gouvernement français, pour rouvrir les négociations, disait que, bien que le desir du gouvernement des États-Unis fût de ne pas rompre entièrement avec la France, il était cependant impossible d'y envoyer de nouveaux plénipotentiaires sans dégrader la nation américaine, jusqu'à ce que le gouvernement français eût donné les assurances convenables, que le droit sacré des ambassadeurs serait respecté. Il termina son discours, en recommandant de faire de grands préparatifs pour la guerre. Mais la nation américaine était loin de partager les opinions de M. Adams, sur la guerre avec la France. Le président céda à l'opinion générale, et, le 25 février 1799, nomma ministres plénipotentiaires, près la république française, pour terminer tous les différents entre les deux puissances, MM. Ellsvorth, Henry et Murray. Ils débarquèrent en France au commencement de 1800.

La mort de Washington, qui eut lieu le 15 décembre 1799, fournit au premier consul une occasion de faire connaître ses sentiments pour les États-Unis d'Amérique. Il porta le deuil de ce grand citoyen, et le fit porter à toute l'armée, par l'ordre du jour suivant, en date du 9 février 1800 : *Washington est mort! Ce grand homme s'est battu contre la tyrannie; il a consolidé la liberté de sa patrie. Sa mémoire sera toujours chère au peuple français, comme à tous les hommes libres des deux mondes, et spécialement aux soldats français, qui, comme lui et les soldats américains, se battent pour l'égalité, la liberté.* Le premier consul ordonna en outre, que, pendant dix jours, des crêpes noirs seraient suspendus à tous les drapeaux et guidons de la république.

§ V.

Le 9 février, une cérémonie eut lieu à Paris, au Champ de Mars. L'on y porta en grande pompe les trophées conquis par l'armée d'Orient; on y rendit un nouvel hommage au héros américain, dont M. de Fontanes prononça l'oraison funèbre devant toutes les autorités civiles et militaires de la capitale. Ces circonstances ne laissèrent plus aucun doute dans l'esprit des envoyés des États-Unis, sur le succès de leur négociation.

Le traité de 1794, entre l'Angleterre et l'Amérique, avait été un vrai triomphe pour l'Angleterre ; mais il avait été désapprouvé. par les puissances neutres de l'Europe. En toute occasion, le Danemark, la Suède, la Russie, proclamaient avec affectation, les principes de la neutralité armée de 1780.

Le 4 juillet 1798, la frégate suédoise la Troya, escortant un convoi, fut rencontrée par une escadre anglaise, qui l'obligea de se rendre à Margate avec les navires qu'elle accompagnait. Aussitôt que le roi de Suède en fut informé, il donna ordre, au commandant du convoi, de se rendre à sa destination. Mais quelque temps après, un deuxième convoi sorti des ports de Suède, sous l'escorte d'une frégate (la Hulla Fersen), commandée par M. de Cederstrom, éprouva le même sort que la première. Le roi de Suède fit traduire devant un conseil de guerre les deux officiers commandant les frégates d'escorte ; M. de Cederstrom fut condamné à mort.

A la même époque, un vaisseau anglais s'empara d'un navire suédois, et le conduisit à Elseneur ; mais bientôt, bloqué dans ce port par plusieurs frégates danoises, il fut obligé de rendre sa prise. Pendant les deux années suivantes, les esprits s'aigrirent encore. La destruction de l'escadre française à Aboukir, les malheurs de la France dans la campagne de 1799, accrurent la superbe anglaise. A la fin de décembre 1799, la frégate danoise la Hanfenen, capitaine Van Dockum, escortait des bâtiments marchands de cette nation et entrait dans le détroit, lorsqu'elle fut rencontré par plusieurs frégates anglaises. L'une d'elles envoya un canot, pour faire connaître au capitaine danois qu'on allait visiter son convoi. Celui-ci répondit que ce convoi était de sa nation, qu'il était sous son escorte, qu'il en garantissait le pavillon et le chargement, et qu'il ne souffrirait pas qu'on le visitât. Aussitôt un canot anglais, se dirigea sur un navire du convoi, pour le visiter. La frégate danoise fit feu, blessa un Anglais, et s'empara du canot ; mais le capitaine Vandockum le relâcha sur la menace des anglais, de commencer aussitôt les hostilités. Le convoi fut conduit à Gibraltar.

Dans une note, par laquelle M. Merry, envoyé anglais à Copenhague, demanda, le 10

avril 1800, le désaveu, l'excuse et la réparation qu'était en droit d'attendre le gouvernement britannique; il dit : « Le droit de visiter
« et d'examiner les vaisseaux marchands en
« pleine mer, de quelque nation qu'ils soient,
« et quelle que soit leur cargaison ou desti-
« nation, le gouvernement britannique le re-
« garde comme le droit incontestable de toute
« nation en guerre; droit qui est fondé sur
« celui des gens, et qui a été généralement ad-
« mis et reconnu. »

A cette note, M. Bernstorf, ministre de Danemark, répondit, que le droit de faire visiter les bâtiments convoyés, n'avait été reconnu par aucune puissance maritime indépendante, et qu'elles ne pourraient le faire sans avilir leur propre pavillon; que le droit conventionnel de visiter un bâtiment marchand neutre, avait été attribué aux puissances belligérantes, seulement pour s'assurer de la sincérité du pavillon; que cette vérité était bien mieux constatée, quand c'était un bâtiment de guerre de la nation neutre qui le certifiait; que s'il en était autrement, il s'ensuivrait que les plus grandes escadres, escortant un convoi, seraient soumises à l'affront de le laisser visiter par un brick, ou même par un corsaire. Il terminait en disant que le capitaine danois, qui avait repoussé une violence, à laquelle il ne devait pas s'attendre, n'avait fait que son devoir.

La frégate danoise la Freya, escortant un convoi marchand, se trouva, le 25 juillet 1800, à l'entrée de la Manche, en présence de quatre frégates anglaises, sur les onze heures du matin. L'une d'elles envoya à bord de la danoise, un officier, pour demander où elle allait, et prévenir qu'il allait visiter le convoi. Le capitaine Krapp répondit que son convoi était danois; il montra à l'officier anglais les papiers et les certificats qui constataient sa mission, et fit connaître qu'il s'opposerait à toute visite. Alors une frégate anglaise se dirigea sur le convoi, qui reçut ordre de se rallier à la Freya. En même temps, une autre frégate s'approcha de cette dernière, et tira sur un bâtiment marchand. Le danois répondit à son feu, mais de façon que le boulet passa par dessus la frégate anglaise. Sur les huit heures, le commodore anglais arriva, avec son vaisseau, près de la Freya, et réitéra la demande de visiter le convoi sans aucune opposition. Sur le refus du capitaine Krapp, une chaloupe anglaise se dirigea sur le marchand le plus voisin. Le danois donna ordre de tirer sur la chaloupe; alors le commodore anglais, qui prenait en flanc la Freya, lui envoya toute sa bordée. Cette dernière riposta, se battit une heure contre les quatre frégates anglaises, et, perdant l'espoir de vaincre des forces si supérieures, amena son pavillon. Elle avait reçu trente boulets dans sa coque, et un grand nombre dans ses mats et agrès. Elle fut conduite, avec le convoi, aux Dunes, où on la fit mouiller à côté du vaisseau amiral. Les Anglais firent hisser, à bord de la Freya, le pavillon danois, et y mirent une garde de soldats anglais sans armes.

Cependant les esprits étaient fort aigris. Le Danemark, la Suède, la Russie armaient leurs escadres, et annonçaient hautement l'intention de soutenir leurs droits par les armes. Lord Wilworth fut envoyé à Copenhague, où il arriva le 11 juillet, avec les pouvoirs nécessaires pour aviser à un moyen d'accommodement. Ce négociateur fut appuyé par une flotte de vingt-cinq vaisseaux de ligne, sous les ordres de l'amiral Dikinson, qui parut, le 19 août, devant le Sund. Tout était en armes sur la côte de Danemark; on s'attendait à chaque instant au commencement des hostilités. Mais les flottes alliées de la Suède et de la Russie n'étaient pas prêtes. Ces puissances avaient espéré que des menaces seraient suffisantes; comme elles n'avaient pas prévu une attaque si subite, aucun traité n'avait été contracté entre elles à ce sujet. Après de longues conférences, lord Wilworth et le comte de Bernstorf signèrent une convention, le 31 août. Il y fut stipulé 1° que le droit de visiter les bâtiments allant sans convoi, était renvoyé à une discussion ultérieure; 2° que sa majesté danoise, pour éviter les évènements pareils à celui de la frégate la Freya, se dispenserait de convoyer aucun de ses bâtiments marchands, jusqu'à ce que des explications ultérieures, sur cet objet, eussent pu effectuer une convention définitive; 3° que la Freya et le convoi seraient relâchés; que la frégate trouverait, dans les ports de sa majesté britannique, tout ce dont elle aurait besoin pour se réparer, et ce, suivant l'usage entre les puissances amies et alliées.

On voit, que l'Angleterre et le Danemark cherchaient également à gagner du temps. Par cette convention, faite sous le canon d'une flotte anglaise supérieure, le Danemark échappa au danger imminent qui le menaçait; il ne reconnut aucune des prétentions de l'Angleterre. Seulement, il sacrifia son juste ressentiment et les réparations qu'il était en droit de demander pour les outrages faits à son pavillon.

Aussitôt que l'empereur de Russie, Paul Ier, fut informé de l'entrée d'une flotte anglaise dans la Baltique, avec des intentions hostiles, il fit mettre le séquestre sur tous les bâtiments anglais, qui se trouvaient dans ses ports; il y en avait plusieurs centaines. Il fit délivrer à tous les capitaines des navires, qui partaient des ports russes, une déclaration, portant, que la visite de tout bâtiment russe par un bâtiment anglais, serait considérée comme une déclaration de guerre.

§ VI.

Le premier consul nomma, pour traiter avec les ministres des États-Unis, les conseillers d'état, Joseph Bonaparte, Rœderer et Fleurieu. Les conférences eurent lieu successivement à Paris et à Morfontaine; on éprouva beaucoup de difficultés. Les deux républiques avaient-elles été en guerre ou en paix? Ni l'une ni l'autre n'avait fait de déclaration de guerre; mais le gouvernement américain avait, par le bill du 7 juillet 1798, déclaré les État-Unis *exonérés* des droits que la France avait acquis par le traité du 6 février 1778. Les envoyés ne voulaient pas revenir sur ce bill; cependant, on ne peut perdre des droits acquis par des traités, que de deux manières, par son propre consentement ou par l'effet de la guerre. Les Américains demandaient à être indemnisés

de toutes les pertes que leur avaient fait éprouver les corsaires français, et, en dernier lieu, la loi du 18 janvier 1798. Ils convenaient que, de leur côté, ils dédommageraient le commerce français de celles qu'il avait essuyées. Mais la balance de ces indemnités était de beaucoup à l'avantage de l'Amérique. Les plénipotentiaires français firent aux ministres américains le dilemme suivant : « nous sommes en guerre
« ou en paix. Si nous sommes en paix et que
« notre état actuel ne soit qu'un état de més-
« intelligence, la France doit liquider tout
« le tort que ses corsaires vous auront fait.
« Vous avez évidemment perdu plus que nous,
« nous devons solder la différence. Mais alors
« les choses doivent être établies comme elles
« étaient auparavant, et nous devons jouir de
« tous les droits et priviléges dont nous jouis-
« sions en 1778. Si, au contraire, nous sommes
« en état de guerre, vous n'avez pas droit
« d'exiger des indemnités pour vos pertes,
« tout comme nous n'avons pas le droit d'exi-
« ger les priviléges des traités que la guerre a
« rompus. »

Les ministres américains se trouvèrent fort embarrassés. Après de longues discussions, on adopta le mezzo-termine, de déclarer qu'une convention ultérieure statuerait sur l'une ou l'autre de ces situations. Cette difficulté une fois écartée, il ne restait plus qu'à stipuler pour l'avenir, et l'on aborda franchement les principes des droits des neutres. L'aigreur, qui existait entre les puissances du Nord et l'Angleterre, les divers combats qui avaient déjà eu lieu, plusieurs causes qui avaient influé sur le caractère de l'empereur Paul, la victoire de Marengo qui avait changé la face de l'Europe, tout faisait sentir de quelle utilité, pour les affaires générales, serait une déclaration claire et libérale des principes du droit maritime. Il fut expressément reconnu dans le nouveau traité : 1° que le pavillon couvre la marchandise; 2° que les objets de contrebande ne doivent s'entendre que des munitions de guerre, canons, fusils, poudre, boulets, cuirasses, selles, etc.; 3° que la visite, qui serait faite d'un navire neutre, pour s'assurer de son pavillon et des objets de contrebande, ne pourrait avoir lieu que hors de la portée de canon du bâtiment de guerre visitant; que deux ou trois hommes, au plus, monteraient à bord du neutre; que, dans aucun cas, on ne pourrait obliger le navire neutre d'envoyer à bord du bâtiment visitant; que chaque bâtiment serait porteur d'un certificat, qui justifierait de son pavillon; que l'aspect seul de ce certificat serait suffisant;

qu'un bâtiment, qui porterait de la contrebande, ne serait soumis qu'à la confiscation de cette contrebande; qu'aucun bâtiment convoyé ne serait soumis à la visite; que la déclaration du commandant de l'escorte du convoi suffirait; que le droit de blocus ne devait s'appliquer qu'aux places réellement bloquées, où l'on ne peut entrer sans un danger évident, et non à celles censées bloquées par des croisières; que les propriétés ennemies étaient couvertes par le pavillon neutre, tout comme les marchandises neutres, trouvées à bord de bâtiments ennemis, suivaient le sort de ces bâtiments, excepté toutefois pendant les deux premiers mois après la déclaration de guerre; que les vaisseaux et corsaires des deux nations seraient traités, dans les ports respectifs, comme ceux de la nation la plus favorisée.

Ce traité fut signé par les ministres plénipotentiaires des deux puissances à Paris, le 30 septembre 1800. Le 3 octobre suivant, M. Joseph Bonaparte, président de la commission chargée de la négociation, donna une fête, dans sa terre de Morfontaine aux envoyés américains : le premier consul y assista. Des emblêmes ingénieux, des inscriptions heureuses rappelaient les principaux événements de la guerre de l'indépendance américaine, partout on voyait réunies les armes des deux républiques. Pendant le dîner, le premier consul porta le toast suivant : *Aux mânes des Français et des Américains morts sur le champ de bataille pour l'indépendance du Nouveau-Monde.* Celui-ci fut porté par le consul Cambacérès : *Au successeur de Washington.* Et le consul Lebrun porta le sien ainsi : *A l'union de l'Amérique avec les puissances du Nord, pour faire respecter la liberté des mers.* Le lendemain, 4 octobre, les ministres américains prirent congé du premier consul. On remarqua dans leurs discours les phrases suivantes : Qu'ils espéraient que la convention signée le 30 septembre, serait la base d'une amitié durable entre la France et l'Amérique, et que les ministres américains n'omettraient rien pour concourir à ce but. Le premier consul répondit que les différends, qui avaient existé, étaient terminés; qu'il n'en devait pas plus rester de trace que de démêlés de famille; que les principes libéraux, consacrés dans la convention du 30 septembre, sur l'article de la navigation, devaient être la base du rapprochement des deux républiques, comme ils l'étaient de leurs intérêts; et qu'il devenait, dans les circonstances présentes, plus important que jamais, pour les deux nations, d'y adhérer.

Le traité fut ratifié le 18 février 1801, par le président des États-Unis, qui en supprima l'article 2, ainsi conçu :

« Les ministres plénipotentiaires des deux
« partis ne pouvant, pour le présent, s'accor-
« der, relativement au traité d'alliance du 6
« février 1778, au traité d'amitié et de com-
« merce de la même date, et à la convention
« en date du 4 novembre 1788; non plus que
« relativement aux indemnités mutuellement
« dues ou réclamées, les parties négocieront
« ultérieurement sur ces objets, dans un temps
« convenable, et jusqu'à ce qu'elles se soient
« accordées sur ces points, lesdits traités et
« convention n'auront point d'effet, et les re-
« lations des deux nations seront réglées ainsi
« qu'il suit, etc. : »

La suppression de cet article faisait cesser à la fois les priviléges, qu'avait la France par le traité de 1778, et annulait les justes réclamations que pouvait faire l'Amérique, pour des torts éprouvés en temps de paix. C'était justement ce que le premier consul s'était proposé, en établissant ces deux objets, l'un comme la balance de l'autre. Sans cela, il eût été impossible de satisfaire le commerce des États-Unis, et de lui faire oublier les pertes qu'il avait éprouvées. La ratification que donna le premier consul, le 31 juillet 1801, portait que, bien entendu, la suppression de l'article 2 annulait toute espèce de réclamation d'indemnités, etc.

Il n'est pas d'usage de faire des modifications aux ratifications. Rien n'est plus contraire au but de tout traité de paix, qui est de rétablir la bonne harmonie. Les ratifications doivent toujours être pures et simples; le traité doit y être transcrit, sans qu'il y soit opéré de changements, afin d'éviter d'embrouiller les questions. Si cet évènement avait pu être prévu, les plénipotentiaires auraient fait deux copies, l'une avec l'article 2, et l'autre sans cet article : tout alors aurait été suivant les règles.

§ VII.

L'empereur Paul avait succédé à l'impératrice Catherine II. Ennemi jusqu'au délire de la révolution française, ce que sa mère s'était contentée de promettre, il l'avait effectué; il avait pris part à la deuxième coalition. Le général Suwarow, à la tête de 60,000 Russes, s'avança en Italie, tandis qu'une autre armée russe entrait en Suisse, et qu'un corps de 15,000 hommes était mis par le czar, à la disposition du duc d'Yorck, pour conquérir la Hollande. C'était tout ce que l'empire russe avait de troupes disponibles. Vainqueur aux batailles de Cassano, de la Trebbia, de Novi, Suwarow avait perdu la moitié de son armée dans le Saint-Gothard et dans les différentes vallées de la Suisse, après la bataille de Zurich, où Korsakow avait été pris. Paul sentit alors toute l'imprudence de sa conduite; et, en 1800, Suwarow retourna en Russie, ramenant avec lui à peine le quart de son armée. L'empereur Paul se plaignait amèrement d'avoir perdu l'élite de ses troupes, qui n'avaient été secondées ni par les Autrichiens, ni par les Anglais. Il reprochait au cabinet de Vienne de s'être refusé, après la conquête du Piémont, à remettre, sur son trône, le roi de Sardaigne; de n'être point animé d'idées grandes et généreuses; mais de se laisser entièrement dominer par des vues de calcul et d'intérêt. Il se plaignait aussi de ce que les Anglais, maîtres de Malte, au lieu de rétablir l'ordre de Saint-Jean et de restituer cette île aux chevaliers, se l'étaient appropriée. Le premier consul ne négligeait rien pour faire fructifier ces germes de mécontentement. Peu après la bataille de Marengo, il trouva le moyen de flatter l'imagination vive et impétueuse du czar, en lui envoyant l'épée que le pape Léon X avait donnée à l'Ile-Adam, comme un témoignage de sa satisfaction, pour avoir défendu Rhodes contre les infidèles 8 à 10,000 soldats russes avaient été faits prisonniers en Italie, à Zurich, en Hollande; le premier consul proposa leur échange aux Anglais et aux Autrichiens. Les uns et les autres refusèrent : les Autrichiens, parce qu'ils avaient encore beaucoup de leurs prisonniers en France; et les Anglais, quoiqu'ils eussent un grand nombre de prisonniers français, parce que, suivant eux, cette proposition était contraire à leurs principes. Quoi! disait-on au cabinet de Saint-James, vous refusez d'échanger même les Russes, qui ont été pris en Hollande, en combattant dans vos propres rangs sous le duc d'Yorck? Comment! disait-on au cabinet de Vienne, vous ne voulez pas rendre à leur patrie ces hommes du Nord, à qui vous devez les victoires de la Trebbia, de Novi, vos conquêtes en Italie, et qui ont laissé chez vous une foule de français qu'ils ont faits prisonniers! Tant d'injustice m'indigne, dit le premier consul. Eh bien! je les rendrai au czar sans échange; il verra l'estime que je fais des braves. Les officiers russes prisonniers reçurent sur le champ des épées, et les troupes de cette nation furent réunies à Aix-la-Chapelle, où bientôt elles furent habillées complètement à neuf, et armées de belles armes de nos manufactures. Un général russe fut

chargé de les organiser en bataillons, en régiments. Ce coup retentit à la fois à Londres et à Saint-Pétersbourg. Attaqué par tant de points différents, Paul s'exalta, et porta tout le feu de son imagination, toute l'ardeur de ses vœux vers la France. Il expédia un courrier au premier consul, avec une lettre où il disait : « Ci-
« toyen premier consul, je ne vous écris point
« pour entrer en discussion sur les droits de
« l'homme ou du citoyen; chaque pays se gou-
« verne comme il l'entend. Partout où je vois
« à la tête d'un pays, un homme qui sait gou-
« verner et se battre, mon cœur se porte vers
« lui. Je vous écris pour vous faire connaître le
« mécontentement que j'ai contre l'Angleterre,
« qui viole tous les droits des nations, et qui
« n'est jamais guidée que par son égoïsme et son
« intérêt. Je veux m'unir avec vous pour mettre
« un terme aux injustices de ce gouvernement. »

Au commencement de décembre 1800, le général Sprengporten finlandais, qui avait passé au service de la Russie, et qui, de cœur, était attaché à la France, arriva à Paris. Il portait des lettres de l'empereur Paul, et était chargé de prendre le commandement des prisonniers russes, et de les ramener dans leur patrie. Tous les officiers de cette nation, qui retournaient en Russie, se louaient sans cesse des bons traitements et des égards qu'ils avaient reçus en France, surtout depuis l'arrivée du premier consul. Bientôt la correspondance entre l'empereur Paul et ce dernier, devint journalière; ils traitaient directement des plus grands intérêts et des moyens d'humilier la puissance anglaise. Le général Sprengporten n'était pas chargé de traiter de la paix, il n'en avait pas les pouvoirs. Il n'était pas non plus ambassadeur; la paix n'existait pas. C'était donc une mission extraordinaire : ce qui permit d'accorder, sans conséquence, à ce général toutes les distinctions propres à flatter le souverain qui l'avait envoyé.

§ VIII.

L'expédition de l'amiral Dikinson et la convention préalable de Copenhague, qui en avait été la suite, avaient déconcerté le projet des trois puissances maritimes du nord, d'opposer une ligue à la tyrannie des Anglais. Ceux-ci continuaient de violer tous les droits des neutres; ils disaient que, puisqu'ils avaient pu attaquer, prendre et conduire en Angleterre la frégate *la Freya* avec son convoi, sans que, malgré cet évènement, le Danemarck eût cessé d'être allié et ami de l'Angleterre, la conduite de la croisière anglaise avait été légitime; et que le Danemarck avait, par cela même, reconnu le principe qu'il ne pouvait convoyer ses bâtiments. Néanmoins cette dernière puissance était loin d'approuver l'insolence des prétentions de l'Angleterre. Prise isolément et au dépourvu, elle avait cédé; mais elle espérait qu'à la faveur des glaces, qui allaient fermer le Sund et la Baltique, elle pourrait, agissant de concert avec la Suède et la Russie, faire reconnaître les droits des puissances neutres. La Suède était indignée de la conduite du cabinet de St.-James; et quant à la Russie, nous avons déja fait connaître ses motifs de haine contre les Anglais. Le traité du 30 septembre entre la France et l'Amérique, venait de proclamer de nouveau les principes de l'indépendance des mers; l'hiver était arrivé; le czar se déclara ouvertement pour ces principes que, dès le 15 août, il avait proposé aux puissances du nord de reconnaître.

Le 17 novembre 1800, l'empereur Paul ordonna, par un ukase, que tous les effets et marchandises anglaises, qui étaient arrêtées dans ses états par suite de l'embargo qu'il avait mis sur les navires de cette nation, fussent réunis en une masse, pour liquider tout ce qui serait dû aux Russes par les Anglais. Il nomma une commission de négociants, qu'il chargea de cette opération. Les équipages des bâtiments furent considérés comme prisonniers de guerre, et envoyés dans l'intérieur de l'empire. Enfin, le 16 décembre, une convention fut signée entre la Russie, la Suède et le Danemarck, pour soutenir les droits de la neutralité. Peu après, la Prusse y adhéra. Cette convention fut appelée la quadruple alliance. Ses principales dispositions sont : 1° le pavillon couvre la marchandise ; 2° tout bâtiment convoyé ne peut être visité ; 3° ne peuvent être considérés comme effets de contrebande, que les munitions de guerre, telles que canons, etc. ; 4° le droit de blocus ne peut être appliqué qu'à un port réellement bloqué ; 5° tout bâtiment neutre doit avoir son capitaine et la moitié de son équipage de la nation, dont il porte le pavillon ; 6° les bâtiments de guerre de chacune des puissances contractantes protégeront et convoyeront les bâtiments de commerce des deux autres ; 7° une escadre combinée sera réunie dans la Baltique, pour assurer l'exécution de cette convention.

Le 17 décembre, le gouvernement anglais ordonna la course sur les bâtiments russes; et le 14 janvier 1801, en représailles de la convention du 16 décembre 1800, qu'il appellait attentatoire à ses droits, il ordonna un embargo général sur tous les bâtiments appartenant aux trois puissances, qui avaient signé la convention.

Aussitôt qu'elle avait été ratifiée, l'empereur Paul avait expédié un officier au premier consul, pour la lui faire connaître. Cet officier lui fut présenté à la Malmaison, le 20 janvier 1801, et lui remit les lettres de son souverain. Le même jour, parut un arrêté des consuls, qui défendit la course sur les bâtiments russes. Il n'y fut pas question des bâtiments danois et suédois, parce que la France était en paix avec ces puissances.

Le 12 février, la cour de Berlin fait connaître au gouvernement anglais, qu'elle accède à la convention des puissances du nord. Elle le somme de révoquer et de lever l'embargo mis, en Angleterre, sur les bâtiments danois et suédois, en haine d'un principe général; distinguant ce qui est relatif à ces deux puissances, de ce qui est relatif à la Russie seule.

Le ministre de Suède en Angleterre remet, le 4 mars, au cabinet britannique, une note dans laquelle il donne connaissance du traité du 16 décembre 1800. Il s'étonne de l'assertion de l'Angleterre, que la Suède et les puissances du nord veulent innover, tandis qu'elles ne soutiennent que les droits établis et reconnus par toutes les puissances dans les traités antérieurs, et notamment par l'Angleterre elle-même, dans ceux de 1780, 1783 et 1794. Une convention pareille lia la Suède et le Danemarck; l'Angleterre ne protesta pas, et même resta spectatrice des préparatifs de guerre de ces puissances pour soutenir ce traité. Elle ne prétendit pas alors que ce traité et ces préparatifs fussent un acte d'hostilité; aujourd'hui elle se conduit autrement; mais cette différence ne vient pas de ce que les puissances ont ajouté à leurs demandes; elle n'est que la suite d'un principe maritime que l'Angleterre a adopté et voudrait faire adopter dans la présente guerre. Ainsi une puissance, qui s'est vantée d'avoir pris les armes pour la liberté de l'Europe, médite aujourd'hui l'asservissement des mers.

S. M. suédoise récapitule les offenses impunies, que les commandants des escadres anglaises se sont permises, même dans les ports de la Suède, les visites inquisitoriales que les croiseurs anglais ont fait subir aux navires suédois; l'arrestation des convois en 1798, l'outrage fait au pavillon suédois devant Barcelonne, et le déni de justice dont se sont rendus coupables les tribunaux anglais. S. M. suédoise ne cherche pas à se venger, elle ne cherche qu'à assurer le respect dû à son pavillon. Cependant, en représailles de l'embargo mis par les Anglais, elle en a fait mettre un sur les navires de ceux-ci dans ses ports. Elle le levera, lorsque le gouvernement anglais donnera satisfaction sur l'arrestation des convois en 1798, sur l'affaire devant Barcelonne, et enfin sur l'embargo du 14 janvier 1801.

La teneur de la convention du 16 décembre, fait assez voir qu'il n'est question, pour la Suède, que des droits des neutres, et qu'elle reste étrangère à toute autre querelle. Le ministre danois termine en demandant ses passe-ports.

Lord Hawkersbury répondit à cette note, que S. M. britannique avait proclamé plusieurs fois son droit invariable de défendre les principes maritimes qu'une expérience de plusieurs années avait fait connaître comme les meilleurs, pour garantir les droits des puissances belligérantes. Rétablir les principes de 1780, est un acte d'hostilité dans ce temps-ci. L'embargo sur les bâtiments suédois sera maintenu, tant que S. M. suédoise continuera à faire partie d'une confédération tendant à établir un système de droits incompatible avec la dignité, l'indépendance de la couronne d'Angleterre, les droits et l'intérêt de ses peuples. L'on voit, par cette réponse de lord Hawkersbury, que le droit que réclame l'Angleterre est postérieur au traité de 1780. Il eût donc fallu qu'il citât les traités par lesquels, depuis cette époque, les puissances ont reconnu les nouveaux principes de la Grande-Bretagne sur les neutres.

§ IX.

La guerre se trouvait ainsi déclarée entre l'Angleterre d'une part, la Russie, la Suède, le Danemarck, de l'autre. Les glaces rendaient la Baltique impraticable; des expéditions anglaises furent envoyées pour s'emparer des colonies danoises et suédoises, dans les Indes occidentales. Dans le courant de mars 1800, les îles de Ste.-Croix, St.-Thomas, St.-Bartholomé, tombèrent sous la domination britannique.

Le 29 mars, le prince de Hesse, commandant les troupes danoises, entra dans Hambourg, afin d'intercepter l'Elbe au commerce anglais. Dans la proclamation de ce général, le Danemarck se fonde sur la nécessité de prendre tous les moyens qui peuvent nuire à l'Angleterre, et l'obliger à respecter enfin les droits des nations, et surtout ceux des neutres.

De son côté, le cabinet de Berlin fit prendre possession du Hanovre, et ferma ainsi aux Anglais les bouches de l'Ems et du Wézer. Le général prussien, dans son manifeste, motive cette mesure sur les outrages dont les Anglais abreuvent constamment les nations neutres, sur les pertes qu'ils leur font supporter, enfin sur les nouveaux droits maritimes que l'Angleterre prétend faire reconnaître.

Une convention eut lieu, le 3 avril, entre la régence et les ministres prussiens, par laquelle l'armée hanovrienne fut licenciée, et les places livrées aux troupes prussiennes. La régence s'engageait, de plus, à obéir aux autorités de cette nation. Ainsi le roi d'Angleterre avait perdu ses états d'Hanovre; mais ce qui était d'une plus grande conséquence pour lui, la Baltique, l'Elbe, le Wézer, l'Ems, lui étaient fermés comme la Hollande, la France et l'Espagne. C'était un coup terrible porté au commerce des Anglais, et dont les effets étaient tels, que sa prorogation seule les eût obligés de renoncer à leur système.

Cependant les puissances maritimes du nord armaient avec activité. 12 vaisseaux de ligne russes étaient mouillés à Revel, 7 autres suédois étaient prêts à Carlscrona; ce qui, joint à un pareil nombre de vaisseaux danois, eût formé une flotte combinée de 22 à 24 vaisseaux de ligne, qui aurait été successivement augmentée, les trois puissances pouvant la porter jusqu'à 36 et 40 vaisseaux.

Quelque grandes que fussent les forces navales de l'Angleterre, une pareille flotte était respectable. L'Angleterre était obligée d'avoir une escadre dans la Méditerranée, pour empêcher la France d'envoyer des forces en Égypte, et pour protéger le commerce anglais. Le désastre d'Aboukir était en partie réparé, et il y avait, en rade à Toulon, une escadre de plusieurs vaisseaux. Les Anglais étaient également forcés d'avoir une escadre devant Cadix, pour observer les vaisseaux espagnols, et empêcher les divisions françaises de passer le détroit. Une flotte française et espagnole était dans Brest. Il leur fallait en outre une escadre devant le Texel; mais, au commencement d'avril, les flottes russe, danoise et suédoise n'étaient pas encore réunies, quoiqu'elles eussent pu l'être au commencement de mars. C'est sur ce retard que le gouvernement anglais basa son plan d'opération pour attaquer successivement les trois puissances maritimes de la Baltique, en portant d'abord tous ses efforts sur le Danemarck, et obligeant cette puissance à renoncer à la convention du 16 décembre 1800, et à recevoir les vaisseaux anglais dans ses ports.

§ X.

Une flotte anglaise forte de 50 voiles, dont 17 vaisseaux de ligne, sous le commandement des amiraux Parker et Nelson, partit d'Yarmouth le 12 mars; elle avait 1000 hommes de troupes de débarquement. Le 15, elle essuya une violente tempête, qui la dispersa. Un vaisseau de 74 (l'Invincible) fut jeté sur un banc le Hammon-banc, et périt corps et biens. Le 20 mars, elle fut signalée dans le Cattégat. Le même jour une frégate conduisit à Elseneur le commissaire Vansittart, chargé, conjointement avec M. Drumond, de remettre l'*ultimatum* du gouvernement anglais. Le 24, ils revinrent à bord de la flotte, et donnèrent des nouvelles de tout ce qui se passait à Copenhague et dans la Baltique. La flotte russe était encore à Revel, et celle suédoise à Carlscrona. Les Anglais craignaient leur réunion. Le cabinet anglais avait donné pour instructions à l'amiral Parker, de détacher le Danemarck de l'alliance des deux puissances, en agissant par la crainte ou par l'effet d'un bombardement. Le Danemarck ainsi neutralisé, la flotte combinée se trouvait de beaucoup diminuée, et les Anglais avaient l'entrée libre de la Baltique. Il paraît que le conseil hésita sur la question de savoir s'il devait passer le Sund ou le grand Belt. Le Sund, entre Cronembourg et la côte suédoise, a 2300 toises; la plus grande profondeur est à 1500 toises des batteries d'Elseneur et à 800 de la côte de Suède. Si donc les deux côtes avaient été également armées, les vaisseaux anglais auraient été obligés de passer à la distance de 1100 toises de ces batteries. A Elseneur et à Cronembourg, on comptait plus de 100 pièces ou mortiers en batterie. On conçoit les dommages qu'une escadre doit éprouver dans un pareil passage, tant par la perte des mâts, vergues, que par les accidents des bombes. D'un autre côté, le passage par les Belts était très-difficile, et les officiers, opposés à ce projet, annonçaient que l'escadre danoise pouvait alors sortir de Copenhague, pour aller se joindre aux flottes française et hollandaise.

Cependant, l'amiral Parker se décida pour ce passage, et le 26 mai, toute la flotte fit voile pour le grand Belt. Mais quelques bâtiments légers, qui éclairaient la flotte, ayant touché sur les roches, elle revint le même jour à son ancrage. L'amiral prit alors la résolution de passer par le Sund; et après s'être assuré des intentions qu'avait le commandant de Cronembourg de défendre le passage, la flotte, profitant d'un vent favorable, le 30, se dirigea dans le Sund. La flottille de bombardes s'approcha d'Elseneur pour faire diversion, en bombardant la ville et le château; mais bientôt la flotte s'étant aperçue que les batteries de la Suède ne tiraient pas, appuya sur cette côte, et passa le détroit, hors de la portée des batteries danoises, qui firent pleuvoir une grêle de bombes et de boulets. Tous les projectiles tombèrent à plus de 100 toises de la flotte, qui ne perdit pas un seul homme.

Les Suédois, pour se justifier de la déloyauté de leur conduite, ont allégué que, pendant l'hiver, il n'avait pas été possible d'élever des batteries, ni même d'augmenter celle de 6 canons qui existait; que d'ailleurs, le Danemarck n'avait pas paru le desirer, dans la crainte probablement que la Suède ne fît de nouveau valoir ses anciennes prétentions, en voulant prendre la moitié du droit, que le Danemarck perçoit sur tous les bâtiments qui passent le détroit. Leur nombre est annuellement de 10 à 12,000; ce qui rapporte à cette puissance de 2 millions 500 mille, à 3 millions. On voit combien ces raisons sont futiles. Il ne fallait que peu de jours pour placer une centaine de bouches à feu en batteries; et les préparatifs que l'Angleterre faisait, depuis plusieurs mois, pour cette expédition, et en dernier lieu, la station de plusieurs jours de la flotte dans le Cattégàt, avait donné à la Suède bien au-delà du temps qu'il lui fallait.

Le même jour 30 mars, la flotte mouilla entre l'île de Huen et Copenhague. Aussitôt les amiraux anglais et les principaux officiers s'embarquèrent dans un schooner, pour reconnaître la position des Danois.

Lorsque l'on a passé le Sund, on n'est pas encore dans la Baltique. A 10 lieues d'Elseneur est Copenhague. Sur la droite de ce port, se trouve l'île d'Amack, et à 2 lieues de cette île, en avant, est le rocher de Saltholm. Il faut passer dans ce détroit, entre Saltholm et Copenhague, pour entrer dans la Baltique. Cette passe est encore divisée en 2 canaux, par un banc, appelé le Middle-Ground, qui est situé vis à vis Copenhague; le canal royal est celui qui passe sous les murs de cette ville. La passe entre l'île d'Amak et Saltholm, n'est bonne que pour des vaisseaux de 74; ceux à 3 ponts la franchissent difficilement, et sont même obligés de s'alléger d'une partie de leur artillerie. Les Danois avaient placé leur ligne d'embossage entre le banc et la ville, afin de s'opposer au mouillage des bombardes et chaloupes canonnières, qui auraient pu passer au-dessus du banc. Les Danois croyaient ainsi mettre Copenhague à l'abri du bombardement.

La nuit du 30 fut employée par les Anglais à sonder le banc ; et le 31, les amiraux montèrent sur une frégate, avec les officiers d'artillerie, afin de reconnaître de nouveau la ligne ennemie et l'emplacement pour le mouillage des bombardes. Il fut reconnu que, si l'on pouvait détruire la ligne d'embossage, des bombardes pourraient se placer pour bombarder le port et la ville ; mais que, tant que la ligne d'embossage existerait, cela serait impossible. La difficulté, pour attaquer cette ligne, était très-grande. On en était séparé par le banc de Middle-Ground, et le peu d'eau qui restait au-dessus de ce banc, ne permettait pas aux vaisseaux de haut bord de le franchir. Il n'y avait donc de possibilité qu'en le doublant et venant ensuite, en le rasant par stribord, se placer entre lui et la ligne danoise, opération fort hasardeuse. 1° Car, on ne connaissait pas bien le gisement et la longueur du banc, et l'on n'avait que des pilotes anglais qui n'avaient navigué dans ces mers qu'avec des bâtiments de commerce. On sait d'ailleurs que les pilotes les plus habiles ne peuvent se guider, en pareilles circonstances, que par les bouées; mais les Danois, avec raison, les avaient ôtées, ou mal placées exprès. 2° Les vaisseaux anglais, en doublant le banc, étaient exposés à tout le feu des Danois, jusqu'à ce qu'ils eussent pris leur ligne de bataille. 3° Chaque vaisseau désemparé serait un vaisseau perdu, parce qu'il s'échouerait sur le banc, et cela sous le feu de la ligne et des batteries danoises.

Les personnes les plus prudentes croyaient qu'il ne fallait pas entreprendre une attaque qui pouvait entraîner la ruine de la flotte. Nelson pensa différemment, et fit adopter le projet d'attaquer la ligne d'embossage et de s'emparer des batteries de la couronne, au moyen de 900 hommes de troupes. Appuyé à ces îles, le bombardement de Copenhague devenait facile, et le Danemarck pouvait être considéré comme soumis. Le commandant en chef ayant approuvé cette attaque, détacha, le 1er avril, Nelson avec 12 vaisseaux de ligne et toutes les frégates et bombardes. Celui-ci mouilla le soir à Draco-Pointe, près du banc, qui le séparait de la ligne ennemie, et si près d'elle, que les mortiers de l'île d'Amak, qui tirèrent quelques coups, envoyèrent leurs bombes au milieu de l'escadre mouillée. Le 2, les circonstances du temps étant favorables, l'escadre anglaise doubla le banc, et le rangeant à stribord, vint prendre la ligne entre lui et les Danois. Un vaisseau anglais de 74 toucha, avant d'avoir doublé le banc, et 2 autres s'échouèrent après l'avoir doublé. Ces 3 vaisseaux dans cette position, étaient exposés au feu de la ligne ennemie, qui leur envoya bon nombre de boulets.

La ligne d'embossage des Danois était appuyée, à sa gauche, *aux batteries de la couronne*, îles factices à 600 toises de Copenhague, armées de 70 bouches à feu, et défendues par 1500 hommes d'élite; et sa droite se prolongeait sur l'île d'Amack. Pour défendre l'entrée du port, sur la gauche des trois couronnes, on avait placé 4 vaisseaux de ligne, dont 2 entièrement armés et équipés.

Le but de la ligne d'embossage étant de garantir le port et la ville d'un bombardement, et de rester maître de toute la rade comprise entre le Middle-Ground et la ville; cette ligne avait été placée le plus près possible du banc. Sa droite était très en avant de l'île d'Amack; la ligne entière avait plus de trois mille toises d'étendue, et était formée par vingt bâtiments. C'étaient de vieux vaisseaux rasés, ne portant que la moitié de leur artillerie, ou des frégates et autres bâtiments, installés en batteries flottantes, portant une douzaine de canons. Pour l'effet qu'elle devait produire, cette ligne était suffisamment forte et parfaitement placée; aucune bombarde ou chaloupe canonnière ne pouvait l'approcher. Pour les raisons ci-dessus énoncées, les Danois ne craignaient pas d'être attaqués par les vaisseaux de haut bord. Lors donc qu'ils virent la manœuvre de Nelson, et qu'ils prévirent ce qu'il allait entreprendre, leur étonnement fut grand. Ils comprirent que leur ligne n'était pas assez forte, et qu'il aurait fallu la former, non de carcasses de bâtiments, mais au contraire des meilleurs vaisseaux de leur escadre; qu'elle avait trop d'étendue, pour le nombre de bâtiments qui y étaient employés; qu'enfin la droite n'était pas suffisamment appuyée; que s'ils eussent rapproché cette ligne de Copenhague, elle n'eût eu que 15 à 1800 toises; qu'alors la droite aurait pu être soutenue par de fortes batteries, élevées sur l'île d'Amack, qui auraient battu en avant de la droite, et flanqué toute la ligne. Il est probable que, dans ce cas, Nelson eût échoué dans son attaque; car il lui aurait été impossible de passer entre la ligne et la terre, ainsi garnie de canons. Mais il était trop tard, ces réflexions étaient inutiles, et les Danois ne songèrent plus qu'à se défendre avec vigueur. Les premiers succès qu'ils obtinrent, en voyant échouer 3 des plus forts vaisseaux ennemis, leur permettaient de concevoir les plus hautes espérances. Le manque de ces trois vaisseaux obligea Nelson, pour ne point trop disséminer ses forces, à dégarnir son extrême droite. Dès lors, le principal objet de son attaque, qui était la prise des trois couronnes, se trouva abandonné. Aussitôt que Nelson eut doublé le banc, il s'approcha jusqu'à 100 toises de la ligne d'embossage, et se trouvant par 4 brasses d'eau, ses pilotes mouillèrent. La canonnade était engagée avec une extrême vigueur; les Danois montrèrent la plus grande intrépidité; mais les forces des Anglais étaient doubles en canons.

Une ligne d'embossage présente une force immobile contre une force mobile : elle ne peut donc surmonter ce désavantage, qu'en tirant appui des batteries de terre, surtout pour les flancs. Mais, ainsi qu'on l'a dit plus haut, les Danois n'avaient pas flanqué leur droite.

Les Anglais appuyèrent donc sur la droite et sur le centre, qui n'étaient pas flanqués, en éteignirent le feu, et obligèrent cette partie de la ligne d'amener, après une vive résistance de plus de 4 heures. La gauche de la ligne, étant bien soutenue par les batteries de la couronne, resta entière. Une division de frégates espérant, à elle seule, remplacer les vaisseaux qui avaient dû attaquer ces batteries, osa s'engager avec elles, comme si elle était soutenue par le feu des vaisseaux. Mais elle souffrit considérablement, et, malgré tous ses efforts, fut obligée de renoncer à cette entreprise, et de s'éloigner.

L'amiral Parker, qui était resté avec l'autre partie de la flotte au-dehors du banc, voyant la vive résistance des Danois, comprit que la plupart des bâtiments anglais seraient dégréés par suite d'un combat aussi opiniâtre; qu'ils ne pourraient plus manœuvrer, et s'échoueraient tous sur le banc, ce qui eut lieu en partie. Il fit le signal de cesser le combat, et de prendre une position en arrière; mais cela même était très-difficile. Nelson aima mieux continuer l'action. Il ne tarda pas à être convaincu de la sagesse du signal de l'amiral, et il se décida enfin à lever l'ancre et à s'éloigner du combat. Mais, voyant qu'une partie de la ligne danoise était réduite, il eut l'idée, avant de prendre ce parti extrême, d'envoyer un parlementaire proposer un arrangement. Il écrivit, à cet effet, une lettre adressée aux braves frères des Anglais, les Danois, et conçue en ces termes: « Le vice-amiral Nelson a ordre de mé-
« nager le Danemarck; ainsi il ne doit résister
« plus long-temps. La ligne de défense, qui

« couvrait ses rivages, a amené au pavillon an-
« glais. Cessez donc le feu, qu'il puisse pren-
« dre possession de ses prises, ou il les fera
« sauter en l'air avec leurs équipages, qui les
« ont si noblement défendues. Les braves Da-
« nois sont les frères et ne seront jamais les
« ennemis des Anglais. » Le prince de Danemarck, qui était au bord de la mer, reçut
ce billet, et, pour avoir des éclaircissements
à ce sujet, il envoya l'adjudant-général Lin-
dholm auprès de Nelson, avec qui il conclut
une suspension d'armes. Le feu cessa bientôt
partout, et les Danois blessés furent remis sur
le rivage. Cette suspension avait à peine eu
lieu, que trois vaisseaux anglais, y compris
celui que montait Nelson, s'échouèrent sur
le banc. Ils furent en perdition, et ils n'auraient jamais pu s'en relever, si les batteries
avaient continué le feu. Ils durent donc leur salut à cet armistice.

Cet évènement sauva l'escadre anglaise. Nelson se rendit, le 4 avril, à terre. Il traversa la
ville au milieu des cris et des menaces de toute
la populace ; et, après plusieurs conférences
avec le prince régent, on signa la convention
suivante : « Il y aura un armistice de 3 mois
« et demi, entre les Anglais et le Danemarck ;
« mais uniquement pour la ville de Copenha-

« gue et le Sund. L'escadre anglaise, maîtresse
« d'aller où elle voudra, est obligée de se tenir
« à la distance d'une lieue des côtes du Da-
« nemarck, depuis sa capitale jusqu'au Sund.
« La rupture de l'armistice devra être dénoncée
« quinze jours avant la reprise des hostilités.
« Il y aura *statu quo* parfait sous tous les autres
« rapports, en sorte que rien n'empêche l'es-
« cadre de l'amiral Parker de se porter vers
« quelque autre point des possessions danoises,
« vers les côtes du Jutland, vers celles de la
« Norwège; que la flotte anglaise qui doit être
« entrée dans l'Elbe, peut attaquer la forteresse
« danoise de Glukstadt; que le Danemarck con-
« tinue à occuper Hambourg et Lubeck, etc.

Les Anglais perdirent, dans cette bataille, 943 hommes tués ou blessés. Deux de leurs vaisseaux furent tellement maltraités, qu'il ne fut plus possible de les réparer ; l'amiral Parker fut obligé de les renvoyer en Angleterre. La perte des Danois fut évaluée un peu plus haut que celle des Anglais. La partie de la ligne d'embossage, qui tomba au pouvoir de ces derniers, fut brûlée, au grand déplaisir des officiers anglais, dont cela lésait les intérêts. Lors de la signature de l'armistice, les bombardes et chaloupes canonnières étaient en position de prendre une ligne pour bombarder la ville.

§ XI.

L'évènement de Copenhague ne remplit pas entièrement les intentions du gouvernement britannique ; il avait espéré détacher et soumettre le Danemarck , et il n'était parvenu qu'à lui faire signer un armistice, qui paralysait les forces danoises pendant 14 semaines.

L'escadre suédoise et l'escadre russe s'armaient avec la plus grande activité, et présentaient des forces considérables. Mais l'appareil militaire était désormais devenu inutile ; la confédération des puissances du nord se trouvait dissoute par la mort de l'empereur Paul, qui en était à la fois l'auteur, le chef et l'ame. Paul Ier avait été assassiné, dans la nuit du 23 au 24 mars ; et la nouvelle de sa mort arriva à Copenhague, au moment où l'armistice venait d'être signé !

Lord Withworth était ambassadeur à sa cour ; il était fort lié avec le comte de P..... le général B......., les S.... les O...., et autres personnes authentiquement reconnues pour être les auteurs et acteurs de cet horrible parricide. Ce monarque avait indisposé contre lui, par un caractère irritable et très-susceptible, une partie de la noblesse russe. La haine de la révolution française avait été

le caractère distinctif de son règne. Il considérait comme une des causes de cette révolution, la familiarité du souverain et des princes français, et la suppression de l'étiquette à la cour. Il établit donc à la sienne une étiquette très-sévère, et exigea des marques de respect peu conformes à nos mœurs et qui révoltaient généralement. Etre habillé d'un frac, avoir un chapeau rond, ne point descendre de voiture, quand le czar ou un des princes de sa maison passait dans les rues ou promenades; enfin, la moindre violation des moindres détails de son étiquette excitait toute son animadversion; et par cela seul on était jacobin. Depuis qu'il s'était rapproché du premier consul, il était revenu sur une partie de ces idées; et il est probable que, s'il eût vécu encore quelques années, il eût reconquis l'opinion et l'amour de sa cour, qu'il s'était aliénés. Les Anglais mécontents, et même extrêmement irrités du changement qui s'était opéré en lui depuis un an, n'oublièrent rien pour encourager ses ennemis intérieurs. Ils parvinrent à accréditer l'opinion qu'il était fou, et enfin nouèrent une conspiration pour attenter à sa vie. L'opinion générale est que....................
....

La veille de sa mort, Paul étant à souper avec

sa maîtresse et son favori, reçut une dépêche, où on lui détaillait toute la trame de la conspiration; il la mit dans sa poche, en ajournant la lecture au lendemain. Dans la nuit il périt.

L'exécution de cet attentat n'éprouva aucun obstacle : P..... avait tout crédit au palais; il passait pour le favori et le ministre de confiance du souverain. Il se présente à deux heures du matin à la porte de l'appartement de l'empereur, accompagné de B......., S.... et O.... Un Cosaque affidé, qui était à la porte de sa chambre, fit des difficultés pour les laisser pénétrer chez lui; ils le massacrèrent aussitôt. L'empereur s'éveilla au bruit, et se jeta sur son épée; mais les conjurés se précipitèrent sur lui, le renversèrent et l'étranglèrent : B....... fut celui qui lui donna le dernier coup; il marcha sur son cadavre. L'impératrice, femme de Paul, quoiqu'elle eût beaucoup à se plaindre des galanteries de son mari, témoigna une vraie et sincère affliction; et tous ceux qui avaient pris part à cet assassinat furent constamment dans sa disgrace...............................
....

Bien des années après, le général Benigsen commandait encore.....................
Quoi qu'il en soit, cet horrible évènement glaça d'horreur toute l'Europe, qui fut surtout scan-

dalisée de l'affreuse franchise, avec laquelle les Russes en donnaient des détails dans toutes les cours. Il changea la position de l'Angleterre et les affaires du monde. Les embarras d'un nouveau règne,......................
....
....
donnèrent une autre direction à la politique de la cour de Russie. Dès le 5 avril, les matelots anglais, qui avaient été faits prisonniers de guerre par suite de l'embargo, et envoyés dans l'intérieur de l'empire, furent rappelés. La commission qui avait été chargée de la liquidation des sommes dues par le commerce anglais, fut dissoute. Le comte Pahlen, qui continua à être le principal ministre, fit connaître aux amiraux anglais, le 20 avril, que la Russie accédait à toutes les demandes du cabinet anglais; que l'intention de son maître était que, d'après la proposition du gouvernement britannique de terminer le différend à l'amiable par une convention, on cessât toute hostilité jusqu'à la réponse de Londres. Le desir d'une prompte paix avec l'Angleterre fut hautement manifesté, et tout annonça le triomphe de cette puissance. Après l'armistice de Copenhague, l'amiral Parker s'était porté vers l'île de Moën, pour observer les flottes russe et suédoise. Mais la déclaration

du comte de Pahlen le rassura à cet égard; et il revint à son mouillage de Kioge, après avoir fait connaître à la Suède, qu'il laisserait passer librement ses bâtiments de commerce.

Le Danemarck cependant continuait à se mettre en état de défense. Sa flotte restait tout entière, et n'avait éprouvé aucune perte; elle consistait en seize vaisseaux de guerre. Les détails de cet armement, et les travaux nécessaires pour mettre les batteries de la couronne et celles de l'île d'Amack dans le meilleur état de défense, occupaient entièrement le prince royal. Mais, à Londres et à Berlin, les négociations étaient dans la plus grande activité, et lord Saint-Hélens était parti d'Angleterre, le 4 mai, pour Saint-Pétersbourg. Bientôt l'Elbe fut ouverte au commerce anglais. Le 20 mai, Hambourg fut évacué par les Danois, et le Hanovre par les Prussiens.

Nelson avait succédé à l'amiral Parker dans le commandement de l'escadre; et dès le 8 mai, il s'était porté vers la Suède, et avait écrit à l'amiral suédois que, s'il sortait de Carlscrona avec la flotte, il l'attaquerait. Il s'était ensuite dirigé, avec une partie de l'escadre, sur Revel, où il arriva le 12. Il espérait y rencontrer l'escadre russe, mais elle avait quitté ce port dès le 9. Il n'est pas douteux que, si Nelson eût trouvé la flotte russe dans ce port, dont les batteries étaient en très-mauvais état, il ne l'eût attaquée et détruite. Le 16, Nelson quitta Revel, et se réunit à toute sa flotte, sur les côtes de Suède. Cette puissance ouvrit ses ports aux Anglais le 19 mai. L'embargo sur leurs bâtiments fut levé en Russie le 20 mai. La Prusse se trouvait déja en communication avec l'Angleterre, depuis le 16. Cependant lord Saint-Hélens était arrivé à Saint-Pétersbourg, le 29 mai, et le 17 juin, il signa le fameux traité, qui mit fin aux différends survenus entre les puissances maritimes du nord et l'Angleterre. Le 15, le comte de Bernstorf, ambassadeur extraordinaire de la cour de Copenhague, était arrivé à Londres, pour y traiter des intérêts de son souverain; et le 17, le Danemarck leva l'embargo sur les navires anglais.

Ainsi, trois mois après la mort de Paul, la confédération du nord fut dissoute, et le triomphe de l'Angleterre assuré.

Le premier consul avait envoyé son aide-de-camp Duroc à Pétersbourg, où il était arrivé le 24 mai; il avait été parfaitement accueilli, et reçu avec toute espèce de protestation de bienveillance. Il avait cherché à faire comprendre la conséquence qui résulterait pour l'honneur et l'indépendance des nations, et pour la prospérité future des puissances de la Baltique, du moindre acte de faiblesse, acte que la circonstance ne pourrait justifier. L'Angleterre, disait-il, avait en Egypte la plus grande partie de ses forces de terre, et avait besoin de plusieurs escadres, pour les couvrir et empêcher celles de Brest, de Cadix, de Toulon, d'aller porter des secours à l'armée française d'Orient. Il fallait que l'Angleterre eût une escadre de quarante à cinquante vaisseaux pour observer Brest, et plus de vingt-cinq vaisseaux dans la Méditerranée; en outre, elle devait tenir des forces considérables devant Cadix et le Texel. Il ajoutait que la Russie, la Suède et le Danemarck pouvaient lui opposer plus de trente-six vaisseaux de haut bord bien armés; que le combat de Copenhague n'avait eu pour résultat que la destruction de quelques carcasses, mais n'avait en rien diminué la puissance des Danois; que même, loin de changer leurs dispositions, il n'avait fait que porter l'irritation au dernier point; que les glaces allaient obliger les Anglais à quitter la Baltique; que, pendant l'hiver, il serait possible d'arriver à une pacification générale; que, si la cour de Russie était décidée, comme il paraissait par les démarches déja faites, à conclure la paix, il fallait au moins ne faire que des sacrifices temporaires, mais se garder d'altérer en rien les principes reconnus sur les droits des neutres et l'indépendance des mers; que déja le Danemarck, menacé par une escadre nombreuse, et luttant seul contre elle, avait, au mois d'août de l'année dernière, consenti à ne point convoyer ses bâtiments, jusqu'à ce que cette affaire eût été discutée; que la Russie pourrait suivre la même marche, gagner du temps en concluant des préliminaires et en renonçant au droit de convoyer, jusqu'à ce qu'on eût trouvé des moyens définitifs de conciliation.

Ces raisonnements, exprimés dans plusieurs notes, avaient paru faire de l'effet sur le jeune empereur. Mais il était lui-même sous l'influence d'un parti qui avait commis un grand crime, et qui, pour faire diversion, voulait, à quelque prix que ce fût, faire jouir la Baltique des bienfaits de la paix, afin de rendre plus odieuse la mémoire de leur victime et de donner le change à l'opinion.

L'Europe vit avec étonnement le traité ignominieux que signa la Russie, et que, par contre, dûrent adopter le Danemarck et la Suède. Il équivalait à une déclaration de l'esclavage des mers, et à la proclamation de la souveraineté du parlement britannique. Ce traité fut tel, que l'Angleterre n'avait rien à souhaiter de plus, et qu'une puissance du troisième ordre eût rougi de le signer. Il causa d'autant plus de surprise, que l'Angleterre, dans l'embarras où elle se trouvait, se fût contentée de toute autre convention, qui l'en eût tirée. Enfin la Russie eut la honte, qui lui sera éternellement reprochée, d'avoir consenti la première au déshonneur de son pavillon. Il y fut dit 1° que le pavillon ne couvrait plus la marchandise ; que la propriété ennemie était confiscable sur un bâtiment neutre ; 2° que les bâtiments neutres convoyés seraient également soumis à la visite des croiseurs ennemis, hormis par les corsaires et les armateurs ; ce qui, loin d'être une concession faite par l'Angleterre, était dans ses intérêts et demandé par elle: car les Français, étant inférieurs en force, ne parcouraient plus les mers qu'avec des corsaires.

Ainsi l'empereur Alexandre consentit à ce qu'une de ses escadres de cinq à six vaisseaux de 74, escortant un convoi, fût détournée de sa route, perdît plusieurs heures, et souffrît qu'un brick anglais lui enlevât une partie de ses bâtiments convoyés. Le droit de blocus se trouva seul bien défini ; les Anglais attachaient peu d'importance à empêcher les neutres d'entrer dans un port, lorsqu'ils avaient le droit de les arrêter partout, en déclarant que la cargaison appartenait en tout ou en partie à un négociant ennemi. La Russie voulut faire valoir, comme une concession en sa faveur, que les munitions navales n'étaient pas comprises parmi les objets de contrebande! Mais il n'y a plus de contrebande, lorsque tout peut le devenir par la suspicion du propriétaire, et tout est contrebande, quand le pavillon ne couvre plus la marchandise.

Nous avons dit dans ce chapitre, que les principes des droits des neutres sont : 1° que le pavillon couvre la marchandise ; 2° que le droit de visite ne consiste qu'à s'assurer du pavillon, et qu'il n'y a point d'objet de contrebande; 3° que les objets de contrebande sont les seules munitions de guerre; 4° que tout bâtiment marchand, convoyé par un bâtiment de guerre, ne peut être visité; 5° que le droit de blocus ne peut s'entendre que des ports réellement bloqués. Nous avons ajouté que ces principes avaient été défendus par tous les jurisconsultes et par toutes les puissances, et reconnu dans tous les traités. Nous avons prouvé qu'ils étaient en vigueur en 1780, et furent respectés par les Anglais; qu'ils l'étaient encore en 1800, et furent l'objet de la quadruple alliance, signée le 16 décembre de cette année. Aujourd'hui il est vrai de dire que la Russie, la Suède, le Danemarck, ont reconnu des principes différents.

Nous verrons, dans la guerre, qui suivit la rupture du traité d'Amiens, que l'Angleterre alla plus loin, et que ce dernier principe qu'elle avait reconnu, elle le méconnaissait, en établissant celui du blocus, appelé blocus sur le papier.

La Russie, la Suède et le Danemarck ont déclaré, par le traité du 17 janvier 1801, que les mers appartenaient à l'Angleterre ; et par là, ils ont autorisé la France, partie belligérante, à ne reconnaître aucun principe de neutralité sur les mers. Ainsi, dans le temps même où les propriétés particulières et les hommes non combattants sont respectés dans les guerres de terre, on poursuit dans les guerres de mer, les propriétés des particuliers, non-seulement sous le pavillon ennemi, mais encore sous le pavillon neutre; ce qui donne lieu de penser que, si l'Angleterre seule eût été législateur dans les guerres de terre, elle eût établi les mêmes lois qu'elle a établies dans les guerres de mer. L'Europe serait alors retombée dans la barbarie, et les propriétés particulières auraient été saisies comme les propriétés publiques.

MÉMOIRES DE NAPOLÉON.

BATAILLE NAVALE D'ABOUKIR.

Ce que l'on pense à Londres de l'expédition qui se prépare dans les ports de France. — Mouvement des escadres anglaises dans la Méditerranée, en mai, juin et juillet. — Chances pour et contre les armées navales françaises et anglaises, si elles se fussent rencontrées en route. — L'escadre française reçoit l'ordre d'entrer dans le port vieux d'Alexandrie. Elle s'embosse dans la rade d'Aboukir. — Napoléon apprend qu'elle est restée à Aboukir. Son étonnement. — L'escadre française embossée est reconnue par une frégate anglaise. — Bataille d'Aboukir. —

§ Ier.

L'on apprit tout à la fois en Angleterre qu'un armement considérable se préparait à

Brest, Toulon, Gênes, Civita-Vecchia; que l'escadre espagnole de Cadix s'armait avec activité; et que des camps nombreux se formaient sur l'Escaut, sur les côtes du Pas-de-Calais, de Normandie et de Bretagne. Napoléon, nommé général en chef de l'armée d'Angleterre, parcourait toutes les côtes de l'océan, et s'arrêtait dans tous les ports. Il avait réuni près de lui, à Paris, tout ce qui restait des anciens officiers de marine, qui avaient acquis un nom pendant la guerre d'Amérique, tels que Buhor, Marigny, etc. Ils ne justifièrent pas leur réputation. Les intelligences que la France avait avec les Irlandais-unis, ne pouvaient être tellement secrètes, que le gouvernement anglais n'en sût quelque chose. La première opinion du cabinet de Saint-James, fut que tous ces préparatifs se dirigeaient contre l'Angleterre et l'Irlande; et que la France voulait profiter de la paix, qui venait d'être rétablie sur le continent, pour terminer cette longue lutte par une guerre corps à corps. Ce cabinet pensait que les armements, qui avaient lieu en Italie, ne se faisaient que pour donner le change; que la flotte de Toulon passerait le détroit, opérerait sa jonction avec la flotte espagnole à Cadix; qu'elles arriveraient ensemble devant Brest, et conduiraient une armée en Angleterre et une autre en Irlande. Dans cette incertitude, l'amirauté anglaise se contenta d'équiper, en toute hâte, une nouvelle escadre; et aussitôt qu'elle apprit que Napoléon était parti de Toulon, elle expédia l'amiral Roger avec dix vaisseaux de guerre, pour renforcer l'escadre anglaise devant Cadix, où commandait l'amiral lord Saint-Vincent, qui, par ce renfort, se trouva avoir une escadre de vingt-huit à trente vaisseaux. Une autre d'égale force était devant Brest.

L'amiral Saint-Vincent tenait, dans la Méditerranée, une escadre légère de trois vaisseaux, qui croisait entre les côtes d'Espagne, de Provence et de Sardaigne, afin de recueillir des renseignements, et de surveiller cette mer. Le 24 mai, il détacha dix vaisseaux de devant Cadix, et les envoya dans la Méditerranée, avec ordre de se réunir à ceux que commandait Nelson, et de lui former ainsi une flotte de treize vaisseaux, pour bloquer Toulon, ou suivre l'escadre française, si elle en était sortie. Lord Saint-Vincent resta devant Cadix avec dix-huit vaisseaux, pour surveiller la flotte espagnole, dans la crainte surtout que celle de Toulon n'échappât à Nelson et ne passât le détroit.

Dans les instructions que cet amiral envoyait à Nelson, et qui ont été imprimées, on voit qu'il avait tout prévu, excepté une expédition contre l'Égypte. Le cas où l'expédition française irait soit au Brésil, soit dans la mer Noire, soit à Constantinople, était indiqué. Plus de 150,000 hommes campaient sur les côtes de l'océan; ce qui produisit des mouvements et des alarmes continuels dans toute l'Angleterre.

§ II.

Nelson, avec les trois vaisseaux détachés de lord Saint-Vincent, croisait entre la Corse, la Provence et l'Espagne, lorsque, dans la nuit du 19 mai, il essuya un coup de vent, qui endommagea ses vaisseaux, et démâta celui qu'il montait. Il fut obligé de se faire remorquer. Il voulait mouiller dans le golfe d'Ostand, en Sardaigne; mais il ne put y parvenir, et gagna la rade des îles Saint-Pierre, où il répara ses avaries.

Dans cette même nuit du 19, l'escadre française appareilla de Toulon; le 10 juin, elle arriva devant Malte, après avoir doublé le cap Corse et le cap Bonara. Nelson ayant été joint par les dix vaisseaux de lord Saint-Vincent, et ayant reçu le commandement de cette escadre, croisait devant Toulon, le 1er juin. Il ignorait alors que l'escadre française en fut sortie. Il vint, le 15, reconnaître la rade de Tagliamon, sur les côtes de Toscane, qu'il supposait être le rendez-vous de l'expédition française. Il parut, le 20, devant Naples. Là, il apprit du gouvernement que l'escadre française avait débarqué à Malte, et que l'ambassadeur de la république Garat avait laissé entendre que l'expédition était destinée pour l'Égypte. Nelson arriva, le 22, devant Messine. La nouvelle que l'escadre française s'était emparée de Malte, lui fut confirmée; il apprit aussi qu'elle se dirigeait sur Candie. Il passa aussitôt le phare, et se rendit sur Alexandrie, où il arriva le 29 juillet.

La première nouvelle de l'existence d'une escadre anglaise dans la Méditerranée, fut donnée à l'escadre française, à la hauteur du cap Bonara, par un bâtiment qu'elle rencontra; et le 25, comme l'escadre reconnaissait les côtes de Candie, elle fut jointe par la frégate *la Justice*, qui venait de croiser devant Naples, et qui donna la nouvelle positive de l'existence d'une escadre anglaise dans ces parages. Napoléon ordonna alors qu'au lieu de se diriger directement sur Alexandrie, on manœuvrât pour attaquer l'Afrique au cap d'Azé, à vingt-cinq lieues d'Alexandrie, et de ne se présenter devant cette ville, que lorsqu'on en aurait reçu des nouvelles·

Le 29, on signala la côte d'Afrique et le cap d'Azé. Nelson arrivait alors devant Alexandrie; n'y ayant appris aucune nouvelle de l'escadre française, il se dirigea sur Alexandrette et de là à Rhodes. Il parcourut ensuite les îles de l'Archipel, vint reconnaître l'entrée de l'Adriatique, et fut obligé de mouiller, le 18, à Syracuse, pour faire de l'eau. Il n'avait encore acquis aucun renseignement sur la marche Napoléon. Il appareilla à Syracuse, et vint mouiller, le 28 juillet, au cap Coron, à l'extrémité de la Morée. Ce ne fut que là, qu'il apprit que l'armée française avait, depuis un mois, débarqué en Égypte. Il supposa que l'escadre française avait déja fait son retour sur Toulon; mais il se dirigea sur Alexandrie, afin de pouvoir rendre un compte positif à son gouvernement, et laisser devant cette place, des forces nécessaires pour la bloquer.

§ III.

L'escadre française était composée, à son départ de Toulon, de treize vaisseaux de ligne, de six frégates et d'une douzaine de bricks, corvettes ou avisos. L'escadre anglaise était forte de treize vaisseaux, dont un de 50 canons, tous les autres de 74. Ils avaient été armés très à la hâte, et étaient en mauvais état. Nelson n'avait pas de frégates. On comptait, dans l'escadre française, un vaisseau de 120 canons et trois de 80. Un convoi de plusieurs centaines de voiles, était sous l'escorte de cette escadre. Il était particulièrement sous la garde de deux vaisseaux de 64, de quatre frégates de 18, de construction vénitienne, et d'une vingtaine de bricks ou avisos. L'escadre française, profitant du grand nombre de bâtiments légers qu'elle avait, s'éclairait très au loin; de sorte que le convoi n'avait rien à craindre, et pouvait, aussitôt qu'on aurait reconnu l'ennemi, prendre la position la plus convenable, pour rester éloigné du combat. Chaque vaisseau français avait à son bord 500 vieux soldats, parmi lesquels une compagnie d'artillerie de terre. Depuis un mois qu'on était embarqué, on avait, deux fois par jour, exercé les troupes de passage à la manœuvre du canon. Sur chaque vaisseau de guerre, il y avait des généraux, qui avaient du caractère, l'habitude du feu, et étaient accoutumés aux chances de la guerre.

L'hypothèse d'une rencontre avec les Anglais, était l'objet de toutes les conversations. Les capitaines de vaisseaux avaient l'ordre, en ce cas, de considérer, comme signal permanent et constant, celui de prendre part au combat et de soutenir ses voisins.

L'escadre de Nelson était une des plus mauvaises que l'Angleterre eût mises en mer dans ces derniers temps.

§ IV.

L'escadre française reçut l'ordre d'entrer à Alexandrie; elle était nécessaire à l'armée et aux projets ultérieurs du général en chef. Lorsque les pilotes turcs déclarèrent qu'ils ne pouvaient faire entrer des vaisseaux de 74, et à plus forte raison de 80 canons, dans le port vieux, l'étonnement fut grand. Le capitaine Barré, officier de marine très-distingué, chargé de vérifier les passes, déclara positivement le contraire. Les vaisseaux de 64 et les frégates entrèrent sans difficulté; mais l'amiral et plusieurs officiers de marine persistèrent à penser qu'il fallait faire une nouvelle vérification, avant d'y exposer toute l'escadre. Comme les vaisseaux de guerre avaient à bord l'artillerie et les munitions de l'armée, et que la brise était assez forte, l'amiral proposa de tout débarquer à Aboukir, déclarant que trente-six heures suffiraient pour cela, tandis qu'il lui faudrait cinq à six jours pour faire cette opération, en restant à la voile.

Napoléon, en partant d'Alexandrie pour marcher à la rencontre des Mamelucks, réitéra, à l'amiral l'ordre d'entrer dans le port d'Alexandrie, et, dans le cas où il le croirait impossible, de se rendre à Corfou, où il recevrait de Constantinople, des ordres du ministre français Talleyrand, et de se porter de là à Toulon, si ces ordres tardaient trop à lui arriver.

L'escadre pouvait entrer dans le port vieux d'Alexandrie. Il fut reconnu qu'un vaisseau tirant vingt-un pieds d'eau, le pouvait sans danger. Ceux de 74, qui tirent vingt-trois pieds, n'auraient donc été obligés que de s'alléger de deux pieds; les vaisseaux de 80, tirant vingt-quatre pieds et demi, se seraient allégés de trois pieds et demi; et, enfin, le vaisseau à trois ponts, tirant vingt-sept pieds, aurait dû s'alléger de six pieds. Ces allégements pouvaient avoir lieu sans inconvénient, soit en jetant l'eau à la mer, soit en diminuant l'artillerie. Un vaisseau de 74 peut être réduit à un tirant d'eau de....., en ôtant seulement son eau et ses vivres, et à celui de....., en ôtant son artillerie. Ce moyen fut proposé par les officiers de marine à l'amiral. Il répondit que, si tous les treize vaisseaux étaient de 74, il aurait recours à cet expédient; mais qu'ayant un vaisseau de 120 canons et trois de 80, il courrait les chances, une fois entré dans le port, de n'en pouvoir plus sortir, et d'être bloqué par une escadre de huit ou neuf vaisseaux anglais, puisqu'il lui serait impossible d'installer les trois vaisseaux de 80 et *l'Orient*, de manière à ce qu'ils pussent combattre, étant réduits au tirant d'eau, qui leur permettait de traverser les passes. Cet inconvénient en lui-même était léger ; les vents qui règnent dans ces parages rendaient impossible un blocus rigoureux, et il suffisait que l'escadre eût vingt-quatre heures devant elle, après la sortie des passes, pour pouvoir compléter son armement. Il y avait d'ailleurs un moyen naturel. C'était de construire à Alexandrie quatre demi-chameaux propres à faire gagner deux pieds aux vaisseaux de 80 et quatre à celui de 120. La construction de ces quatre chameaux, pour obtenir un si petit résultat, n'exigeait pas de grands travaux. *Le Rivoli*, construit à Venise, est sorti tout armé du Malomoko, sur un chameau, qui lui a fait gagner sept pieds, de sorte qu'il ne tirait plus que seize pieds. Peu de jours après sa sortie, il s'est battu aussi-bien que possible contre un vaisseau et une corvette anglaise. Il y avait dans Alexandrie des vaisseaux, des frégates et quatre cents bâtiments de transport; ce qui offrait tous les matériaux dont on pouvait avoir besoin. L'on avait un bon nombre d'ingénieurs de la marine, entre autres M. Leroy, qui a passé sa vie dans les chantiers de construction.

Lorsque la commission chargée de vérifier le rapport du capitaine Barré eut terminé cette opération, l'amiral en envoya le rapport au général en chef. Mais il ne put arriver assez à temps pour en avoir la réponse, les communications ayant été interceptées pendant un mois, jusqu'à la prise du Caire. Si le général en chef avait reçu ce rapport, il aurait réitéré l'ordre d'entrer dans le port en s'allégeant, et prescrit, à Alexandrie, les ouvrages nécessaires pour la sortie de l'escadre. Mais enfin, puisque l'amiral avait ordre, en cas qu'il ne pût entrer dans le port, de se rendre à Corfou, il se trouvait juge compétent et arbitre de sa conduite. Corfou avait une bonne garnison française et des magasins de biscuit et de viande pour six mois; l'amiral eût touché la côte d'Albanie, d'où il aurait tiré des vivres; et enfin ses instructions l'autorisaient à se rendre de là à Toulon, où il y avait 5 à 6,000 hommes appartenant aux régiments qui étaient en Égypte. C'étaient des soldats rentrés de permission ou des hôpitaux, et différents détachements qui avaient rejoint cette place après le départ de l'expédition.

Brueis ne fit rien de tout cela : il s'embossa dans la rade d'Aboukir, et envoya à Rosette demander du riz et des vivres. On varie beaucoup sur les causes qui portèrent cet amiral à s'obstiner à rester dans cette mauvaise rade. Quelques personnes ont pensé qu'après avoir jugé qu'il lui était impossible de faire entrer son escadre à Alexandrie, il desirait, avant de quitter l'armée de terre, d'être assuré de la prise du Caire, et de n'avoir plus d'inquiétude sur la position de cette armée. Brueis était fort attaché au général en chef; les communications avaient été interceptées; et, comme c'est l'ordinaire en pareille circonstance, il courait les bruits les plus fâcheux sur les derrières de l'armée. Cependant cet amiral avait appris le succès de la bataille des Pyramides et l'entrée triomphante des Français au Caire le 29 juillet. Il paraît qu'alors, ayant attendu un mois, il voulut encore attendre quelques jours et recevoir des nouvelles directes du général en chef. Les ordres qu'avait l'amiral étant positifs, de tels motifs n'étaient pas suffisants pour justifier sa conduite. Il ne devait, dans aucun cas, garder une position où son escadre n'était pas en sûreté. Il eût concilié les sollicitudes que lui causaient les faux bruits sur l'armée, et ce qu'il devait à la sûreté de son escadre, en croisant entre les côtes d'Égypte et de Caramanie, et en envoyant prendre des renseignements sur celles de Damiette, ou sur tout autre point, d'où il eût pu avoir des nouvelles de l'armée et d'Alexandrie.

§ V.

Aussitôt que l'amiral eut débarqué l'artillerie et ce qu'il avait à l'armée de terre, ce qui fut l'affaire de quarante-huit heures, il devait lever l'ancre, et se tenir à la voile, soit qu'il attendît de nouveaux renseignements pour entrer dans le port d'Alexandrie, soit qu'il attendît des nouvelles de l'armée avant de quitter ces parages. Mais il se méprit entièrement sur sa position. Il employa plusieurs jours à rectifier sa ligne d'embossage ; il appuya sa gauche derrière la petite île d'Aboukir ; et, la croyant inattaquable, il y plaça ses plus mauvais vaisseaux, *le Guerrier* et *le Conquérant*. Ce dernier, le plus vieux de toute l'escadre, ne portait, à sa batterie basse, que du 18. Il fit occuper la petite île, et construire une batterie de deux pièces de 12. Il plaça, au centre, ses meilleurs vaisseaux, *l'Orient*, *le Francklin*, *le Tonnant*, et à l'extrémité de sa droite, *le Généreux*, un des meilleurs et des mieux commandés de l'escadre. Craignant pour sa droite, il la fit soutenir par le *Guillaume-Tell*, son troisième vaisseau de 80.

L'amiral Brueis, dans cette position, ne craignait pas d'être attaqué par sa gauche, qui était appuyée par l'île; il craignait davantage pour sa droite. Mais, si l'ennemi se portait sur elle, il perdait le vent. Dans ce cas, il paraît que l'intention de Brueis était d'appareiller avec son centre et sa gauche. Il considéra cette gauche comme tellement à l'abri de toute attaque, qu'il ne jugea pas nécessaire de la faire protéger par le feu de l'île. La faible batterie qu'il y fit établir, n'avait d'autre but que d'empêcher l'ennemi d'y débarquer. Si l'amiral avait mieux connu sa situation, il eût établi, dans cette île, une vingtaine de pièces de 36 et huit ou dix mortiers; il eût fait mouiller sa gauche auprès d'elle; il eût rappelé d'Alexandrie les deux vaisseaux de 64, qui auraient fait deux excellentes batteries flottantes, et qui, tirant moins d'eau que les autres vaisseaux, auraient encore pu s'approcher davantage de l'île; enfin il eût tiré d'Alexandrie 3,000 matelots du convoi, qu'il eût distribués sur ses vaisseaux, pour en renforcer les équipages. Il eut recours, il est vrai, à cette ressource; mais ce ne fut qu'au dernier moment, et lorsque le combat était engagé; de sorte que cela ne fit qu'accroître le désordre. Il se fit une illusion complète sur la force de sa ligne d'embossage.

§ VI.

Après le combat de Rhamanieh, les Arabes du Baïré interceptèrent toutes les communications d'Alexandrie avec l'armée : ce ne fut qu'à la nouvelle de la bataille des Pyramides et de la prise du Caire, que, craignant le ressentiment de l'armée française, ils se soumirent. Le 27 juillet, surlendemain de son entrée au Caire, Napoléon reçut, pour la première fois, des dépêches d'Alexandrie et la correspondance de l'amiral. Son étonnement fut grand d'apprendre que l'escadre n'était pas en sûreté, qu'elle ne se trouvait ni dans le port d'Alexandrie, ni dans celui de Corfou, ni même en chemin pour Toulon ; mais qu'elle était dans la rade d'Aboukir, exposée aux attaques d'un ennemi supérieur. Il expédia, de l'armée, son aide de camp Julien à l'amiral, pour lui faire connaître tout son mécontentement, et lui prescrire d'appareiller sur le champ et d'entrer à Alexandrie, ou de se rendre à Corfou. Il lui rappelait que toutes les ordonnances de la marine défendent de recevoir le combat dans une rade ouverte. Le chef d'escadron Julien partit le 27, à sept heures du soir, il n'aurait pu arriver que le 3 ou 4 août; la bataille eut lieu du 1er au 2. Cet officier étant parvenu près de Téramée, un parti d'Arabes surprit *la d'Jerme* sur laquelle il était, et ce brave jeune homme fut massacré, en défendant courageusement les dépêches dont il était porteur, et dont il connaissait l'importance.

§ VII.

L'amiral Brueis restait inactif dans la mauvaise position où il s'était placé. Une frégate anglaise, détachée depuis vingt jours de l'escadre de Nelson, et qui le cherchait, se présenta devant Alexandrie, vint à Aboukir reconnaître toute la ligne d'embossage, et le fit impunément; pas un vaisseau, pas un brick, pas une frégate n'était à la voile. Cependant l'amiral avait plus de trente bâtiments légers dont il aurait pu couvrir la mer; tous étaient à l'ancre. Les principes de la guerre voulaient qu'il restât à la voile avec son escadre entière, quels que fussent ses projets ultérieurs. Mais au moins devait-il tenir à la voile une escadre légère de deux ou trois vaisseaux de guerre, de huit ou dix frégates ou avisos, pour empêcher aucun bâtiment léger anglais de l'observer, et pour être instruit d'avance de l'arrivée de l'ennemi. La fatalité l'entraînait.

§ VIII.

Le 31 juillet, Nelson détacha deux de ses vaisseaux, qui vinrent reconnaître la ligne d'embossage française, sans être inquiétés. Le 1ᵉʳ août, l'escadre anglaise apparut vers les trois heures après midi, avec toutes voiles dehors. Il ventait grand frais des vents, qui sont constants dans cette saison. L'amiral Brueis était à dîner, une partie des équipages à terre, le branle-bas n'était fait sur aucun vaisseau. L'amiral fit sur-le-champ le signal de se préparer au combat. Il expédia un officier à Alexandrie pour demander les matelots du convoi : peu après, il fit le signal de se tenir prêt à mettre à la voile; mais l'escadre ennemie arriva avec tant de rapidité, qu'on eut à peine le temps de faire le branle-bas; et on le fit avec une négligence extrême. Sur *l'Orient* même, que montait l'amiral, des cabanes, construites sur les dunettes pour loger des officiers de terre pendant la traversée, ne furent pas détruites; on les laissa remplies de matelas et de sceaux de peinture et de goudron. Sur *le Guerrier* et sur *le Conquérant*, une seule batterie fut dégagée. Celle du côté de terre fut encombrée de tout ce dont l'autre avait été débarrassée, de sorte que, lorsqu'ils furent tournés, ces batteries ne purent faire feu. Cela surprit tellement les Anglais, qu'ils envoyèrent reconnaître la raison de cette contradiction; ils voyaient le pavillon français flotter, sans qu'aucune pièce fît feu.

La partie des équipages qui avait été détachée, eut à peine le temps de retourner à bord. L'amiral, jugeant que l'ennemi ne serait à la portée du canon que vers six heures, supposa qu'il n'attaquerait que le lendemain, d'autant plus qu'il ne découvrait que onze vaisseaux de 74; les deux autres avaient été détachés sur Alexandrie, et ne rejoignirent Nelson que sur les huit heures du soir. Brueis ne crut point que les Anglais l'attaquassent le jour même, et avec onze vaisseaux seulement. L'on pense que d'abord il eut le projet d'appareiller, mais qu'il tarda d'en donner l'ordre, jusqu'à ce que les matelots qu'il attendait d'Aboukir fussent embarqués. Alors la canonnade était engagée, et un vaisseau anglais avait échoué sur l'île, ce qui donnait à Brueis un nouveau degré de confiance. Les matelots demandés à Alexandrie, n'arrivèrent que vers huit heures; on se canonnait déja sur plusieurs vaisseaux. Dans le tumulte, l'obscurité, un grand nombre d'entre eux restèrent sur le rivage et ne s'embarquèrent point. Le projet de l'amiral anglais était d'attaquer de vaisseau à vaisseau, chaque bâtiment anglais jetant l'ancre par l'arrière, et se plaçant en travers de la proue des Français. Le hasard changea cette disposition. *Le Culloden*, destiné à attaquer *le Guerrier*, voulant passer entre sa gauche et l'île, échoua. Si l'île avait été armée de quelques grosses pièces, ce vaisseau était pris. *Le Goliath*, qui le suivait, manœuvrant pour se mouiller en travers de la proue du *Guerrier*, fut entraîné par le vent et le courant, et ne jeta l'ancre qu'après avoir dépassé et tourné ce vaisseau. S'apercevant alors que la batterie gauche du *Conquérant* ne tirait pas, par le motif expliqué plus haut, il se plaça bord à bord avec lui, et le désempara en peu de temps. *Le Zélé*, deuxième vaisseau anglais, suivit le mouvement du *Goliath*, et, se mouillant bord à bord du *Guerrier*, qui ne pouvait pas répondre à son feu, il le démâta promptement. *L'Orion*, troisième vaisseau anglais, exécuta la même manœuvre; mais, dans son mouvement, il fut retardé par l'attaque d'une frégate française, et vint se mouiller entre *le Francklin* et le *Peuple souverain*. *Le Vanguard*, vaisseau amiral anglais, jeta l'ancre par le travers du *Spartiate*, troisième vaisseau français. *La Défense*, *le Bellero-*

phon, *le Majestueux* et *le Minotaure* suivirent le même mouvement, et engagèrent le centre de la ligne française jusqu'au *Tonnant*, son huitième vaisseau. L'amiral et ses deux matelots formaient une ligne de trois vaisseaux fort supérieurs à ceux des Anglais. Le feu fut terrible, *le Bellerophon* dégréé, démâté et obligé d'amener. Plusieurs autres bâtiments anglais furent obligés de s'éloigner ; et si, dans ce moment, le contre-amiral Villeneuve, qui commandait l'aile droite française, eût coupé ses câbles, et fût tombé sur la ligne anglaise, avec les cinq vaisseaux, qui étaient sous ses ordres, *l'Heureux*, *le Timoléon*, *le Mercure*, *le Guillaume-Tell*, *le Généreux*, et les frégates *la Diane* et *la Justice*; elle eût été détruite. *Le Culloden* était échoué sur le banc de *Béquières*, et *le Léandre* occupé à tâcher de le relever. *L'Alexandre*, *le Switsfure* et deux autres vaisseaux anglais, voyant que notre droite ne bougeait pas, et que le centre de la ligne anglaise était maltraité, s'y portèrent. *L'Alexandre* remplaça *le Bellerophon*, et *le Switsfure* attaqua *le Francklin*. *Le Léandre*, qui jusque alors avait été occupé à relever *le Culloden*, appelé par le danger que courait le centre, s'y porta pour le renforcer. La victoire n'était rien moins que décidée. *Le Guerrier* et *le Conquérant* ne tiraient plus, mais c'étaient les plus mauvais vaisseaux de l'escadre; et, du côté des Anglais, *le Culloden* et *le Bellerophon*, étaient hors de service. Le centre de la ligne française avait occasioné, par la grande supériorité de son feu, beaucoup plus de dommage aux vaisseaux opposés, qu'il n'en avait reçu. Les Anglais n'avaient que des vaisseaux de 74 et de petit modèle. Il était présumable, que le feu se soutenant ainsi toute la nuit, l'amiral Villeneuve appareillerait enfin au jour; et l'on pouvait encore espérer les plus heureux résultats de l'attaque de cinq bons vaisseaux, qui n'avaient encore tiré ni reçu aucun coup de canon. Mais, à onze heures, le feu prit à *l'Orient*, et ce bâtiment sauta en l'air. Cet accident imprévu décida de la victoire. Son épouvantable explosion suspendit, pendant un quart-d'heure, le combat. Notre ligne recommença le feu, sans se laisser abattre par ce cruel spectacle. *Le Francklin, le Tonnant, le Peuple souverain, le Spartiate, l'Aquilon*, soutinrent le feu jusqu'à trois heures du matin. De trois à cinq heures, il se ralentit de part et d'autre. Entre cinq et six heures, il redoubla et devint terrible. Qu'eût-ce été, si *l'Orient* n'avait point sauté? Enfin, à midi, le combat durait encore, et ne se termina qu'à deux heures. Ce fut alors seulement que Villeneuve parut se réveiller et s'apercevoir que l'on se battait depuis vingt heures. Il coupa ses câbles et prit le large, emmenant *le Guillaume-Tell* qu'il montait, *le Généreux* et les frégates *la Diane* et *la Justice*. Les trois autres vaisseaux de son aile se jetèrent à la côte sans se battre. Ainsi, malgré le terrible accident de *l'Orient*, malgré la singulière inertie de Villeneuve, qui empêcha cinq vaisseaux de tirer un seul coup de canon, la perte et le désordre des Anglais furent tels que, vingt-quatre heures après la bataille, le pavillon tricolore flottait encore sur *le Tonnant;* Nelson n'avait plus aucun vaisseau en état de l'attaquer. Non-seulement *le Guillaume-Tell* et *le Généreux*, ne furent suivis par aucun vaisseau anglais, mais encore les ennemis, dans l'état de délabrement où ils étaient, les virent partir avec plaisir. L'amiral Brueis défendit avec opiniâtreté l'honneur du pavillon français; plusieurs fois blessé, il ne voulut point descendre à l'ambulance. Il mourut sur son banc de quart, en donnant des ordres. Casabianca, Thevenard et du Petit-Thouars acquirent de la gloire dans cette malheureuse journée. Le contre-amiral Villeneuve, au dire de Nelson et des Anglais, pouvait décider la victoire, même après l'accident de *l'Orient*. A minuit encore, s'il eût appareillé et pris part au combat avec les vaisseaux de son aile, il pouvait anéantir l'escadre anglaise; mais il resta paisible spectateur du combat!

Le contre-amiral Villeneuve étant brave et bon marin, on se demande la raison de cette singulière conduite? Il attendait des ordres!... On assure que l'amiral français lui donna celui d'appareiller, et que la fumée l'empêcha de l'apercevoir. Mais fallait-il donc un ordre pour prendre part au combat et secourir ses camarades?...

L'Orient a sauté à onze heures; depuis ce temps, jusqu'à deux heures après midi, c'est-à-dire pendant treize heures, on s'est battu. C'était alors Villeneuve qui commandait; pourquoi donc n'a-t-il rien fait? Villeneuve était d'un caractère irrésolu et sans vigueur.

§ IX.

Les équipages des trois vaisseaux qui s'échouèrent, et des deux frégates, débarquèrent sur la plage d'Aboukir. Une centaine d'hommes se sauvèrent de *l'Orient*, et un grand nombre de matelots des autres vaisseaux se refugièrent à terre, au moment où l'affaire était décidée, en profitant du désordre des ennemis. L'armée se recruta par-là de 3,500 hommes; on en forma une légion nautique forte de trois bataillons, et qui fut portée à 1,800 hommes. Les autres recrutèrent l'artillerie, l'infanterie et la cavalerie. Le sauvetage se fit avec activité; on retira beaucoup de pièces d'artillerie, des munitions, des mâts et d'autres pièces de bois, qui furent utiles dans l'arsenal d'Alexandrie. Il nous resta dans le port, les deux vaisseaux le *Causse* et le *Dubois,* quatre frégates de construction vénitienne, trois frégates de construction française, tous les bâtiments légers et tous ceux du convoi. Quelques jours après la bataille, Nelson appareilla et quitta les parages d'Alexandrie, laissant deux vaisseaux de guerre pour bloquer le port. Quarante bâtiments napolitains du convoi sollicitèrent et obtinrent du commandant d'Alexandrie la permission de retourner chez eux; le commandant de la croisière anglaise les réunit autour de lui, en retira les équipages et mit le feu aux bâtiments. Cette violation du droit des gens tourna contre les Anglais : les équipages des convois italien et français virent qu'ils n'avaient plus de ressources que dans le succès de l'armée française, et prirent leur parti avec résolution. Nelson fut reçu en triomphe dans le port de Naples.

La perte de la bataille d'Aboukir eut une grande influence sur les affaires d'Égypte, et même sur celles du monde. La flotte française sauvée, l'expédition de Syrie n'éprouvait point d'obstacle; l'artillerie de siége se transportait sûrement et facilement au-delà du désert, et Saint-Jean-d'Acre n'arrêtait point l'armée française. La flotte française détruite, le divan s'enhardit à déclarer la guerre à la France. L'armée perdit un grand appui, sa position en Égypte changea totalement, et Napoléon dut renoncer à l'espoir d'assurer à jamais la puissance française dans l'Occident, par les résultats de l'expédition d'Égypte.

§ X.

Depuis que les moindres vaisseaux que l'on met en ligne sont ceux de 74, les armées navales de la France, de l'Angleterre, de l'Espagne, n'ont pas été composées de plus de trente vaisseaux. Il y en a eu cependant qui, momentanément, ont été plus considérables. Une escadre de trente vaisseaux de ligne est, sur mer, ce que serait, sur terre, une armée de 120,000 hommes. Une armée de 120,000 hommes est une grande armée, quoiqu'il y en ait eu de plus fortes. Une escadre de trente vaisseaux a tout au plus le cinquième d'hommes d'une armée de 120,000 hommes. Elle a cinq fois plus d'artillerie et d'un calibre très-supérieur. Le matériel occasionne à peu près les mêmes dépenses. Si l'on compare le matériel de toute l'artillerie de 120,000 hommes, des charrois, des vivres, des ambulances, avec celui de trente vaisseaux, les deux dépenses sont égales ou à peu près. En calculant, dans l'armée de terre, 20,000 hommes de cavalerie, et 20,000 d'artillerie ou des équipages, l'entretien de cette armée est incomparablement plus dispendieux que celui de l'armée navale.

La France pouvait avoir trois flottes de trente vaisseaux, comme trois armées de 120,000 hommes.

La guerre de terre consomme en général plus d'hommes que celle de mer; elle est plus périlleuse. Le soldat de mer, sur une escadre, ne se bat qu'une fois dans une campagne, le soldat de terre se bat tous les jours. Le soldat de mer, quels que soient les fatigues et les dangers attachés à cet élément, en éprouve beaucoup moins que celui de terre : il ne souffre jamais de la faim, de la soif, il a toujours avec lui son logement, sa cuisine, son hôpital et sa pharmacie. Les armées de mer, dans les services de France et d'Angleterre, où la discipline maintient la propreté, et où l'expérience a fait connaître toutes les mesures qu'il fallait prendre pour conserver la santé, ont moins de malades que les armées de terre. Indépendamment du péril des combats, le soldat de mer a celui des tempêtes; mais l'art a tellement diminué ce dernier, qu'il ne peut être comparé à ceux de terre, tels qu'émeutes populaires, assassinats partiels, surprises de troupes légères ennemies.

Un général commandant en chef une armée navale, et un général commandant en chef une armée de terre, sont des hommes qui ont besoin de qualités différentes. On naît avec les qualités propres pour commander une armée de terre, tandis que les qualités nécessaires pour commander une armée navale, ne s'acquièrent que par expérience.

Alexandre, Condé, ont pu commander dès leur plus jeune âge; l'art de la guerre de terre est un art de génie, d'inspiration; mais ni Alexandre, ni Condé, à l'âge de 22 ans, n'eussent commandé une armée navale. Dans celle-ci, rien n'est génie, ni inspiration; tout y est positif et expérience. Le général de mer n'a besoin que d'une science, celle de la navigation. Celui de terre a besoin de toutes, ou d'un talent qui équivaut à toutes, celui de profiter de toutes les expériences et de toutes les connaissances. Un général de mer n'a rien à deviner, il sait où est son ennemi, il connaît sa force. Un général de terre ne sait jamais rien certainement, ne voit jamais bien son ennemi, ne sait jamais positivement où il est. Lorsque les armées sont en présence, le moindre accident de terrain, le moindre bois cache une partie de l'armée. L'œil le plus exercé ne peut pas dire s'il voit toute l'armée ennemie, ou seulement les trois quarts. C'est par les yeux de l'esprit, par l'ensemble de tout le raisonnement, par une espèce d'inspiration, que le général de terre voit, connaît et juge. Le général de mer n'a besoin que d'un coup d'œil exercé; rien des forces de l'ennemi ne lui est caché. Ce qui rend difficile le métier de général de terre, c'est la nécessité de nourrir tant d'hommes et d'animaux; s'il se laisse guider par les administrateurs, il ne bougera plus, et ses expéditions échoueront. Celui de mer n'est jamais gêné; il porte tout avec lui. Un général de mer n'a point de reconnaissance à faire, ni de terrain à examiner, ni de champ de bataille à étudier. Mer des Indes, mer d'Amérique, Manche, c'est toujours une plaine liquide. Le plus habile n'aura d'avantage sur le moins habile, que par la connaissance des vents qui règnent dans tels ou tels parages, par la prévoyance de ceux qui doivent régner, ou par les signes de l'atmosphère; qualités qui s'acquièrent par l'expérience, et par l'expérience seulement.

Le général de terre ne connaît jamais le champ de bataille où il doit opérer. Son coup d'œil est celui de l'inspiration, il n'a aucun renseignement positif. Les données, pour arriver à la connaissance du local, sont si éventuelles que l'on n'apprend presque rien par expérience. C'est une facilité de saisir tout d'abord les rapports qu'ont les terreins, selon la nature des contrées ; c'est enfin un don qu'on appelle coup d'œil militaire, et que les grands généraux ont reçu de la nature. Cependant les observations qu'on peut faire sur des cartes topographiques, la facilité que donnent l'éducation et l'habitude de lire sur ces cartes, peuvent être de quelque secours.

Un général en chef de mer dépend plus de ses capitaines de vaisseau, qu'un général en chef de terre de ses généraux. Ce dernier a la faculté de prendre lui-même le commandement direct des troupes, de se porter sur tous les points et de remédier aux faux mouvements par d'autres. Le général de mer n'a personnellement d'influence que sur les hommes du vaisseau où il se trouve; la fumée empêche les signaux d'être vus. Les vents changent, ou ne sont pas les mêmes sur tout l'espace que couvre sa ligne. C'est donc de tous les métiers celui où les subalternes doivent le plus prendre sur eux.

Il faut attribuer à trois causes les pertes de nos batailles navales : 1° à l'irrésolution et au manque de caractère des généraux en chef; 2° aux vices de la tactique; 3° au défaut d'expérience et de connaissances navales des capitaines de vaisseau, et à l'opinion où sont ces officiers, qu'ils ne doivent agir que d'après des signaux. Les combats d'Ouessant, ceux de la révolution dans l'Océan et dans la Méditerranée en 93, 94, ont tous été perdus par ces différentes raisons. L'amiral Villaret, brave de sa personne, était sans caractère, et n'avait pas même d'attachement à la cause pour laquelle il se battait. Martin était un bon marin, mais de peu de résolution. Ils étaient d'ailleurs influencés tous deux par les représentants du peuple, qui n'ayant aucune expérience, autorisaient de fausses opérations.

Le principe de ne faire aucun mouvement que d'après un signal de l'amiral, est un principe d'autant plus erroné, qu'un capitaine de vaisseau est toujours maître de trouver des raisons pour se justifier d'avoir mal exécuté les signaux qu'il a reçus. Dans toutes les sciences nécessaires la guerre, la théorie est bonne pour donner des idées générales, qui forment l'esprit; mais leur stricte exécution est toujours dangereuse. Ce sont les axes qui doivent servir à tracer la courbe. D'ailleurs, les règles mêmes obligent à raisonner, pour juger si l'on doit s'écarter des règles, etc.

Souvent en force supérieure aux Anglais, nous n'avons pas su les attaquer, et nous avons laissé échapper leurs escadres, parce qu'on a perdu son temps à de vaines manœuvres. La première loi de la tactique maritime doit être, qu'aussitôt que l'amiral a donné le signal qu'il veut attaquer, chaque capitaine ait à faire les mouvements nécessaires pour attaquer un vaisseau ennemi, prendre part au combat et soutenir ses voisins.

Ce principe est celui de la tactique anglaise dans ces derniers temps. S'il avait été adopté en France, l'amiral Villeneuve, à Aboukir, ne se serait pas cru innocent de rester inactif vingt-quatre heures, avec cinq ou six vaisseaux, c'est-à-dire la moitié de l'escadre, pendant que l'ennemi écrasait l'autre aile.

La marine française est appelée à acquérir de la supériorité sur la marine anglaise. Les Français entendent mieux la construction, et les vaisseaux français, de l'aveu même des Anglais, sont tous meilleurs que les leurs. Les pièces sont supérieures en calibre d'un quart aux pièces anglaises. Cela forme deux grands avantages.

Les Anglais ont plus de discipline. Les escadres de Toulon et de l'Escaut avaient adopté les mêmes pratiques et usages que les Anglais, et arrivaient à une discipline aussi sévère, avec la différence que comportait le caractère des deux nations. La discipline anglaise est une discipline d'esclaves; c'est le patron devant le serf. Elle ne se maintient que par l'exercice de la plus épouvantable terreur. Un pareil état de choses dégraderait et avilirait le caractère français, qui a besoin d'une discipline paternelle, plus fondée sur l'honneur et les sentiments.

Dans la plupart des batailles que nous avons perdues contre les Anglais, ou nous étions in-inférieurs, ou nous étions réunis avec des vaisseaux espagnols qui, étant mal organisés, et dans ces derniers temps dégénérés, affaiblissaient notre ligne au lieu de la renforcer; ou bien enfin, les généraux commandant en chef, qui voulaient la bataille et marchaient à l'ennemi, jusqu'à ce qu'ils fussent en présence, hésitaient alors, se mettaient en retraite sous différents prétextes, et compromettaient ainsi les plus braves.

QUELQUES NOTES SUR MALTE.

1re NOTE.

Les îles de Malte, du Gozo et du Canius sont trois petites îles voisines les unes des autres. Il est peu de pays plus ingrats. Tout est rocher, la terre y est rare; on en a fait venir de Sicile pour accroître la culture et faire des jardins. La principale production de ces îles est le coton : c'est le meilleur du levant; elles en font pour quelques millions. Tout ce qui est nécessaire à la vie, vient de Sicile. La population des trois îles est de cent mille ames, elles ne pourraient pas en nourrir dix mille. Le port est un des plus beaux et des plus sûrs de la Méditerranée. La capitale, Lavalette, est une ville de 30 mille ames; il y a de belles maisons, de grandes rues, de superbes fontaines, des quais, magasins, etc. Les fortifications sont bien entendues, très-considérables, mais entassées les unes sur les autres en pierres de taille. Tout y est casematé et à l'abri de la bombe. Caffarelly-Dufalga, qui commandait le génie, dit plaisamment en faisant la reconnaissance : « Il est bien heureux « que nous ayons trouvé quelqu'un dedans pour nous ouvrir « les portes. » Il faisait allusion au grand nombre de fossés qu'il eût fallu traverser et d'escarpes qu'il eût fallu gravir. La maison du grand-maître est peu de chose, ce serait sur le continent celle d'un particulier de 100 mille livres de rente. Il y a de très-beaux orangers, un grand nombre de jardins inférieurs et de maisons appartenant aux baillis, commandeurs, etc. L'oranger en est le principal ornement.

2ᶜ NOTE.

L'ordre de Malte possédait des biens en Espagne, Portugal, France, Italie, Allemagne. A la suppression de l'ordre des Templiers, celui de Malte hérita de la plus grande partie de leurs biens. Ces biens avaient la même origine que ceux des moines, c'étaient des donations faites par les fidèles aux hospitaliers de St.-Jean de Jérusalem et aux chevaliers du Temple, chargés d'escorter les pélerins et de les garantir des insultes des Arabes. L'intention des donataires était que ces biens fussent employés contre les infidèles. Si l'ordre de Malte avait rempli cette intention et que tous les biens qu'il possédait dans les différents états chrétiens, eussent été employés à faire la guerre aux barbaresques et à protéger les côtes de la chrétienté contre les pirates d'Alger, Maroc, Tunis et Tripoli, l'ordre eût mieux mérité, à Malte, de la chrétienté que dans la guerre de Syrie et des croisades. Il pouvait entretenir une escadre de huit à dix vaisseaux de 74, et une douzaine de bonnes frégates et corvettes, et eût pu bloquer constamment Alger, etc. et contenir Maroc. Il est hors de doute que ces barbaresques auraient cessé leurs pirateries, et se seraient contentés des gains du commerce et de la culture du pays.

Malte aurait alors été peuplé par des vieillards, dont la vie aurait été passée au métier de la guerre, et par une nombreuse jeunesse aguerrie. Mais, au lieu de cela, les chevaliers s'imaginèrent, à l'exemple des autres moines, que tant de biens ne leur avaient été donnés que pour leur bien-être particulier. Il y eut, par toute la chrétienté, des baillis, commandeurs, etc. qui employèrent toutes les richesses de l'ordre, à soutenir un état de maison, où régnaient le luxe et toutes les commodités de la vie. Ils en employaient le surplus à enrichir leurs familles. Les moines au moins disaient des messes, prêchaient et administraient les sacrements, ils cultivaient la vigne du Seigneur; mais les chevaliers ne faisaient rien de tout cela. Ainsi ces immenses propriétés tournèrent au profit de quelques individus, et devinrent un débouché pour les cadets des grandes familles. De tant de revenus, peu de chose arrivait à Malte, et les chevaliers qui étaient tenus de séjourner deux ans dans cette île pour leurs caravanes, y vivaient dans des auberges qui portaient le nom de leur nation, et y étaient avec peu d'aisance.

L'ordre n'avait pas d'escadre; seulement 4 à 5 galères continuaient à se promener dans la Méditerranée tous les ans, allant mouiller dans les ports d'Italie, et évitant les barbaresques. Ces ridicules promenades sur des bâtiments, qui n'étaient plus propres à combattre contre les frégates et les gros corsaires d'Alger, avaient pour résultat de donner quelques fêtes et bals dans les ports de Livourne, Naples et de Sardaigne. Il n'y avait, à Malte, aucun chantier de construction, aucun arsenal. Il s'y trouvait cependant un mauvais vaisseau de 64 et 2 frégates, qui ne sortaient jamais. Les jeunes chevaliers avaient fait leurs caravanes sans avoir tiré un seul coup de canon, ni de fusil, sans avoir vu un ennemi. Lors de la révolution, quand les biens des moines furent décrétés nationaux, législation qui gagna l'Italie à mesure que l'administration française s'y étendit, il n'y eut aucune réclamation en faveur de l'ordre, même de la part des ports de mer, Gênes, Livourne, Malte. Il y en eut plus pour les chartreux, bénédictins, dominicains, que pour cet ordre de chevalerie qui ne rendait aucun service.

On a peine à comprendre comment les papes, qui étaient les supérieurs de cet ordre, et les conservateurs naturels de ses statuts, qui en étaient les réformateurs, qui étaient d'autant plus intéressés à le maintenir que leurs côtes étaient exposées aux pirates ; on a peine à comprendre, disons-nous, comment ils n'ont pas tenu la main à ce que cet ordre remplît sa destination. Rien ne montre mieux la décadence où était tombée la cour de Rome elle-même.

NOTE SUR ALEXANDRIE.

Alexandrie a été bâtie par Alexandre. Elle s'était accrue sous les Ptolémée, au point de donner de la jalousie à Rome. Elle était sans contredit la deuxième ville du monde. Sa population s'élevait à plusieurs millions. Au VIIe siècle, elle fut prise par Amroug, dans la première année de l'hégire, après un siége de 14 mois. Les Arabes y perdirent 28,000 hommes. Son enceinte avait 12 milles de tour ; elle contenait 4,000 palais, 4,000 bains, 400 théâtres, 12,000 boutiques, plus de 50,000 Juifs. L'enceinte fut rasée dans les guerres des Arabes et de l'empire romain. Cette ville, depuis, a toujours été en décadence. Les Arabes rétablirent une nouvelle enceinte, c'est celle qui existe encore ; elle n'a plus que 3,000 toises de tour, ce qui suppose encore une grande ville. La cité est maintenant toute sur l'isthme. Le phare n'est plus une île ; sur l'isthme, qui le joint au continent, est la ville actuelle. Elle est fermée par une muraille qui barre l'isthme, et n'a que 600 toises. Elle a deux bons ports (neuf et vieux). Le vieux peut contenir à l'abri du vent, et d'un ennemi supérieur, des escadres de guerre quelque nombreuses qu'elles soient. Aujourd'hui le Nil n'arrive à Alexandrie qu'au moment des inondations. On conserve ses eaux dans de vastes citernes ; leur aspect nous frappa. La vieille enceinte arabe est couverte par le lac

Maréotis, qui s'étend jusque auprès de la tour des Arabes, en sorte qu'Alexandrie n'est plus attaquable que du côté d'Aboukir. Le lac Maréotis laisse aussi un peu à découvert un partie de l'enceinte de la ville, au-delà de celle des Arabes. La colonne de Pompée, située en dehors et à 300 toises de l'enceinte arabe, était jadis au centre de la ville.

Le général en chef passa plusieurs jours à arrêter les principes des fortifications de la ville. Tout ce qu'il prescrivit fut exécuté avec la plus grande intelligence par le colonel Crétin, l'officier du génie le plus habile de France. Le général ordonna de rétablir toute l'enceinte des Arabes, le travail n'était pas considérable. On appuya cette enceinte en occupant le fort triangulaire, qui en formait la droite et qui existait encore. Le centre et le côté d'Aboukir furent soutenus chacun par un fort. Ils furent établis sur des monticules de décombres qui avaient un commandement d'une vingtaine de toises sur toute la campagne et en arrière de l'enceinte des Arabes. Celle de la ville actuelle fut mise en état comme réduit; mais elle était dominée en avant par un gros monticule de décombres. Il fut occupé par un fort que l'on nomma Caffarelly. Ce fort et l'enceinte de la ville actuelle, formaient un système complet, susceptible d'une longue défense, lorsque tout le reste aurait été pris. Il fallait de l'artillerie pour occuper promptement et solidement ces trois hauteurs. La conception et la direction de ces travaux furent confiées à Crétin.

En peu de mois et avec peu de travaux, il rendit ces trois hauteurs inexpugnables; il établit des maçonneries présentant des escarpes de 18 à 20 pieds, qui mettaient les batteries entièrement à l'abri de toute escalade, et il couvrit ces maçonneries par des profils qu'il sut ménager dans la hauteur; en sorte qu'elles n'étaient vues de nulle part. Il eût fallu des millions et des années pour donner la même force a ces trois forts avec un ingénieur moins habile. Du coté de la mer, on occupa la tour du Marabout, du Phare. On établit de fortes batteries de côté qui firent un merveilleux effet, toutes les fois que les Anglais se présentaient pour bombarder la ville. La colonne de Pompée frappe l'imagination comme tout ce qui est sublime. Les aiguilles de Cléopatre sont encore dans le même emplacement. En fouillant dans le tombeau, où a été enterré Alexandre, on a trouvé une petite statue de 10 à 12 pouces en terre cuite, habillée à la grecque; ses cheveux sont bouclés avec beaucoup d'art et se réunissent sur le chignon: c'est un petit chef-d'œuvre. Il y a à Alexandrie de grandes et belles mosquées, des couvents de copthes, quelques maisons à l'européenne appartenant au consulat.

D'Alexandrie à Aboukir, il y a 4 lieues. La terre est sablonneuse et couverte de palmiers. A l'extrémité du promontoire d'Aboukir est un fort en pierre; à 600 toises est une petite île. Une tour et une trentaine de bouches à feu dans cette île, assureraient le mouillage pour quelques vaisseaux de guerre, à peu près comme à l'île d'Aix.

Pour aller à Rosette, on passe le lac Madié à son embouchure dans la mer, qui a 100 toises de largeur; des bâtiments de guerre, tirant 8 ou 10 pieds d'eau peuvent y entrer. C'est dans ce lac que jadis une des sept branches du Nil avait son embouchure. Si l'on veut aller à Rosette sans passer le lac, il faut le tourner; ce qui augmente le chemin de 3 à 4 lieues.

MÉMOIRES DE NAPOLÉON.

ÉGYPTE.

Le Nil. — Ses Inondations. — Population ancienne et moderne. — Division et productions de l'Égypte. — Son commerce. — Alexandrie. — Des différentes races qui habitent l'Égypte. — Désert, ses habitants. — Gouvernement et importance de l'Égypte. — Politique de Napoléon.

§ Ier.

Le Nil prend sa source dans les montagnes de l'Abyssinie, coule du sud au nord, et se jette dans la Méditerranée, après avoir parcouru l'Abyssinie, les déserts de la Nubie, et l'Égypte. Son cours est de huit cents lieues, dont deux cents sur le territoire égyptien. Il y entre à la hauteur de l'île d'Elfilé ou d'Éléphantine, et fertilise les déserts arides qu'il traverse. Ses inondations sont régulières et productives : régulières, parce que ce sont les pluies du tropique qui les causent; productives, parce que ces pluies, tombant par torrents sur les montagnes de l'Abyssinie, couvertes de bois, entraînent avec elles un limon fécondant que le Nil dépose sur les terres. Les vents du nord règnent pendant la crue de ce fleuve, et, par une circonstance favorable à la fertilité, en retiennent les eaux.

En Égypte il ne pleut jamais. La terre n'y produit que par l'inondation régulière du Nil. Lorsqu'elle est haute, l'année est abondante; lorsqu'elle est basse, la récolte est médiocre.

Il y a cent cinquante lieues de l'île d'Éléphantine au Caire, et cette vallée, qu'arrose le Nil, a une largeur moyenne de cinq lieues. Après le Caire, ce fleuve se divise en deux branches, et forme une espèce de triangle qu'il couvre de ses débordements. Ce triangle a soixante lieues de base, depuis la tour des Arabes jusqu'à Péluse, et cinquante lieues de la mer au Caire; un de ses bras se jette dans la Méditerranée, près de Rosette; l'autre, près de Damiette. Dans des temps plus reculés, il avait sept embouchures.

Le Nil commence à s'élever au solstice d'été ; l'inondation croît jusqu'à l'équinoxe, après quoi elle diminue progressivement. C'est donc entre septembre et mars, que se font tous les travaux de la campagne. Le paysage est alors ravissant; c'est le temps de la floraison et celui de la moisson. La digue du Nil se coupe au Caire, dans le courant de septembre, quelquefois dans les premiers jours d'octobre. Après le mois de mars, la terre se gerce si profondément, qu'il est dangereux de traverser les plaines à cheval, et qu'on ne le peut faire à pied qu'avec une extrême fatigue. Un soleil ardent, qui n'est jamais tempéré ni par des nuages, ni par de la pluie, brûle toutes les herbes et les plantes, hormis celles qu'on peut arroser. C'est à cela que l'on attribue la salubrité des eaux stagnantes, qui se conservent en ce pays dans les bas-fonds. En Europe, de pareils marais donneraient la mort par leurs exhalaisons; en Égypte, il ne causent pas même de fièvres.

§ II.

La surface de la vallée du Nil, telle qu'elle vient d'être décrite, équivaut à un sixième de l'ancienne France; ce qui ne supposerait, dans un état de prospérité, que quatre à cinq millions de population. Cependant les historiens arabes assurent que, lors de la conquête par Amroug, l'Égypte avait vingt millions d'habitants et plus de vingt mille villes. Ils y comprenaient, il est vrai, indépendamment de la vallée du Nil, les (1) Oasis et les déserts appartenant à l'Égypte.

Cette assertion des historiens arabes, ne doit pas être rangée au nombre de ces anciennes traditions qu'une critique judicieuse désavoue. Une bonne administration et une population nombreuse pouvaient étendre beaucoup le bienfait de l'inondation du Nil. Sans doute, si la vallée offrait une surface de même nature que celles de nos terres de France, elle ne pourrait nourrir plus de quatre à cinq millions d'individus. Mais il y a en France, des montagnes, des sables, des bruyères, et des terres incultes, tandis qu'en Égypte, tout produit. A cette considération il faut ajouter que la vallée du Nil, fécondée par les eaux, le limon et la chaleur du climat, est plus fertile que nos bonnes terres, et que les deux tiers ou les trois quarts de la

---

(1) Les Oasis sont des parties du désert où l'on trouve un peu de végétation. Ce sont comme des îles dans une mer de sable.

France sont de peu de rapport. Nous sommes d'ailleurs fondés à penser que le Nil fécondait plusieurs Oasis.

Si l'on suppose que tous les canaux, qui saignent le Nil pour en porter les eaux sur les terres, soient mal entretenus ou bouchés, son cours sera beaucoup plus rapide, l'inondation s'étendra moins, une plus grande masse d'eau arrivera à la mer, et la culture des terres sera fort réduite. Si l'on suppose au contraire, que tous les canaux d'irrigation soient parfaitement saignés, aussi nombreux, aussi longs, et profonds que possible, et dirigés par l'art, de manière à arroser en tout sens une plus grande étendue de désert, on conçoit que très-peu des eaux du Nil se perdront dans la mer, et que les inondations fertilisant un terrain plus vaste, la culture s'augmentera dans la même proportion. Il n'est donc aucun pays où l'administration ait plus d'influence qu'en Égypte sur l'agriculture, et par conséquent sur la population. Les plaines de la Beauce et de la Brie sont fécondées par l'arrosement régulier des pluies; l'effet de l'administration y est nul sous ce rapport. Mais, en Égypte, où les irrigations ne peuvent être que factices, l'administration est tout. Bonne, elle adopte les meilleurs règlements de police sur la direction des eaux, l'entretien et la construction des canaux d'irrigation. Mauvaise, partiale ou faible, elle favorise des localités ou des propriétés particulières, au détriment de l'intérêt public, ne peut réprimer les dissensions civiles des provinces, quand il s'agit d'ouvrir de grands canaux, ou enfin, les laisse tous se dégrader ; il en résulte que l'inondation est restreinte, et par suite l'étendue des terres cultivables. Sous une bonne administration, le Nil gagne sur le désert; sous une mauvaise, le désert gagne sur le Nil. En Égypte, le Nil ou le génie du bien, le désert ou le génie du mal, sont toujours en présence; et l'on peut dire que les propriétés y consistent moins dans la possession d'un champ, que dans le droit fixé par les réglements généraux d'administration, d'avoir, à telles époques de l'année et par tel canal, le bienfait de l'inondation.

Depuis deux cents ans, l'Égypte a sans cesse décru. Lors de l'expédition des Français, elle avait encore de 2,500,000 à 2,800,000 habitants. Si elle continue à être régie de la même manière, dans cinquante ans elle n'en aura plus que 1,5000,000.

En construisant un canal pour dériver les eaux du Nil dans la grande Oasis, on acquerrait un vaste royaume. Il est raisonnable d'admettre que du temps de Sésostris et de Ptolémée, l'Égypte ait pu nourrir douze à quinze millions d'habitants, sans le secours de son commerce et par sa seule agriculture.

§ III.

L'Égypte se divise en haute, moyenne et basse Égypte. La haute, appelée Saïde, forme deux provinces, savoir : Thèbes et Girgeh ; la moyenne, nommée Ouestanich, en forme quatre : Benisouf, Siout, Fayoum et Daifih ; la basse, appelée Bahireh, en a neuf : Baïhreh, Rosette, Garbieh, Menouf, Damiette, Mansourah, Charkieh, Kelioub et Gizeh.

L'Égypte comprend, en outre, la grande Oasis, la vallée du Fleuve-sans-Eau, et l'Oasis de Jupiter-Ammon.

La grande Oasis est située, parallèlement au Nil, sur la rive gauche ; elle a cent cinquante lieues de long. Ses points les plus éloignés de ce fleuve en sont à soixante lieues, les plus rapprochés à vingt.

La vallée du Fleuve-sans-Eau, près de laquelle sont les lacs Natrons, objets d'un commerce de quelque importance, est à quinze lieues de la branche de Rosette. Jadis cette vallée a été fertilisée par le Nil. L'Oasis de Jupiter-Ammon est à quatre-vingts lieues, sur la rive droite du fleuve.

Le territoire égyptien s'étend vers les frontières de l'Asie jusqu'aux collines que l'on trouve entre El-Arisch, El-Kanonès et Refah, à environ quarante lieues de Péluse, d'où la ligne de démarcation traverse le désert de l'Égarement, passe à Suèz, et longe la mer Rouge, jusqu'à Bérénice. Le Nil coule parallèlement à cette mer; ses points les plus éloignés en sont à cinquante lieues, les plus rapprochés à trente. Un seul de ses coudes en est à vingt-deux lieues, mais il en est séparé par des montagnes impraticables. La superficie carrée de l'Égypte est de deux cents lieues de long, sur cent dix à cent vingt de large.

L'Égypte produit en abondance du blé, du riz et des légumes. Elle était le grenier de Rome, elle est encore aujourd'hui celui de Constantinople. Elle produit aussi du sucre, de l'indigo, du séné, de la casse, du natron, du lin, du chanvre; mais elle n'a ni bois, ni charbon, ni huile. Elle manque aussi de tabac, qu'elle tire de Syrie, et de café, que l'Arabie lui fournit. Elle nourrit de nombreux troupeaux, indépendamment de ceux du désert, et une multitude de volaille. On fait éclore les poulets dans des fours, et l'on s'en procure ainsi une quantité immense.

Ce pays sert d'intermédiaire à l'Afrique et à

l'Asie. Les caravanes arrivent au Caire comme des vaisseaux sur une côte, au moment où on les attend le moins, et des contrées les plus éloignées. Elles sont signalées à Gizeh, et débouchent par les Pyramides. Là, on leur indique le lieu où elles doivent passer le Nil, et celui où elles doivent camper près du Caire. Les caravanes ainsi signalées, sont celles des pèlerins ou négociants de Maroc, de Fez, de Tunis, d'Alger ou de Tripoli, allant à la Mecque, et apportant des marchandises qu'elles viennent échanger au Caire. Elles sont ordinairement composées de plusieurs centaines de chameaux, quelquefois même de plusieurs milliers, et escortées par des hommes armés. Il vient aussi des caravanes de l'Abyssinie, de l'intérieur de l'Afrique, de Tangoust et des lieux qui se trouvent en communication directe avec le cap de Bonne-Espérance et le Sénégal. Elles apportent des esclaves, de la gomme, de la poudre d'or, des dents d'éléphants, et généralement tous les produits de ces pays, qu'elles viennent échanger contre les marchandises d'Europe et du Levant. Il en arrive enfin de toutes les parties de l'Arabie et de la Syrie, apportant du charbon, du bois, des fruits, de l'huile, du café, du tabac, et, en général, ce que fournit l'intérieur de l'Inde.

§ IV.

De tout temps l'Égypte a servi d'entrepôt pour le commerce de l'Inde. Il se faisait anciennement par la mer Rouge. Les marchandises étaient débarquées à Bérénice, et transportées à dos de chameau, pendant quatre-vingts lieues, jusqu'à Thèbes, ou bien elles remontaient par eau de Bérénice à Cosseïr : ce qui augmentait la navigation de quatre-vingts lieues, mais réduisait le portage à trente. Parvenues à Thèbes, elles étaient embarquées sur le Nil, pour être ensuite répandues dans toute l'Europe. Telle a été la cause de la grande prospérité de Thèbes aux cent portes. Les marchandises remontaient aussi au-delà de Cosseïr, jusqu'à Suèz, d'où on les transportait à dos de chameau jusqu'à Memphis et Péluse, c'est-à-dire l'espace de trente lieues. Du temps de Ptolémée, le canal de Suèz au Nil fut ouvert. Dès lors, plus de portage pour les marchandises ; elles arrivaient par eau à Baboust et Péluse, sur les bords du Nil et de la Méditerranée.

Indépendamment du commerce de l'Inde, l'Égypte en a un qui lui est propre. Cinquante années d'une administration française accroîtraient sa population dans une grande proportion. Elle offrirait à nos manufactures un débouché, qui amènerait un développemeut dans toute notre industrie; et bientôt nous serions appelés à fournir à tous les besoins des habitants des déserts de l'Afrique, de l'Abyssinie, de l'Arabie, et d'une grande partie de la Syrie. Ces peuples manquent de tout; et qu'est-ce que Saint-Domingue et toutes nos colonies, auprès de tant de vastes régions?

La France tirerait à son tour de l'Égypte du blé, du riz, du sucre, du natron, et toutes les productions de l'Afrique et de l'Asie.

Les Français établis en Égypte, il serait impossible aux Anglais de se maintenir long-temps dans l'Inde. Des escadres construites sur les bords de la mer Rouge, approvisionnées des produits du pays, équipées et montées par nos troupes stationnées en Égypte, nous rendraient infailliblement maîtres de l'Inde, au moment où l'Angleterre s'y attendrait le moins.

En supposant même le commerce de ce pays libre comme il l'a été jusque ici entre les Anglais et les Français, les premiers seraient hors d'état de soutenir la concurrence. La possibilité de la reconstruction du canal de Suèz étant un problème résolu, et le travail qu'elle exigerait, étant de peu d'importance, les marchandises arriveraient si rapidement par ce canal et avec une telle économie de capitaux, que les Français pourraient se présenter sur les marchés avec des avantages immenses; le commerce de l'Inde, par l'océan, en serait infailliblement écrasé.

§ V.

Alexandre s'est plus illustré en fondant Alexandrie et en méditant d'y transporter le siége de son empire, que par ses plus éclatantes victoires. Cette ville devait être la capitale du monde. Elle est située entre l'Asie et l'Afrique, à portée des Indes et de l'Europe. Son port est le seul mouillage des cinq cents lieues de côtes, qui s'étendent depuis Tunis, ou l'ancienne Carthage, jusqu'à Alexandrette; il est à l'une des anciennes embouchures du Nil. Toutes les escadres de l'univers pourraient y mouiller; et, dans le vieux-port, elles sont à l'abri des vents et de toute attaque. Des vaisseaux tirant vingt-un pieds d'eau y sont entrés sans difficulté. Ceux du tirage de vingt-trois pieds, le pourraient; et, avec des travaux peu considérables, on rendrait cette passe facile, même pour les vaisseaux à trois ponts. Le premier consul avait fait construire à Toulon douze vaisseaux de 74, ne tirant que vingt-un pieds d'eau, d'après le système anglais; et l'on n'a pas eu à se plaindre de leur marche, lorsqu'ils ont navigué dans nos escadres. Seulement ils sont moins propres au service de l'Inde, parce qu'ils ne peuvent porter qu'une plus faible quantité d'eau et de provisions.

La dégradation des canaux du Nil empêche ses eaux d'arriver jusqu'à Alexandrie. Elles n'y viennent plus que du temps de l'inondation, et l'on est obligé d'avoir des citernes pour les conserver. A côté du port de cette ville, est la rade d'Aboukir, que l'on pourrait rendre sûre pour quelques vaisseaux; Si l'on construisait un fort sur l'île d'Aboukir, ils y seraient comme au mouillage de l'île d'Aix.

Rosette, Bourlos et Damiette ne peuvent recevoir que de petits bâtiments, les barres n'ayant que six à sept pieds d'eau. Péluse, El-Arich et Gaza n'ont jamais dû avoir de port; et les lacs Bourlos et Menzaleh, qui communiquent avec la mer, ne permettent l'entrée qu'à des bâtiments d'un tirant d'eau de six à sept pieds.

§ VI.

A l'époque de l'expédition d'Égypte, il s'y trouvait trois races d'hommes; les Mamelucks ou Circassiens, les Ottomans, ou janissaires et spahis, et les Arabes ou naturels du pays.

Ces trois races n'ont ni les mêmes principes, ni les mêmes mœurs, ni la même langue. Elles n'ont de commun que la religion. La langue habituelle des Mamelucks et des Ottomans est le turc; les naturels parlent la langue arabe. A l'arrivée des Français, les Mamelucks gouvernaient le pays et possédaient les richesses et la force. Ils avaient pour chefs vingt-trois beys, égaux entre eux et indépendants; car ils n'étaient soumis qu'à l'influence de celui qui, par son talent et sa bravoure savoir captiver tous les suffrages.

La maison d'un bey se compose de quatre cents à huit cents esclaves, tous à cheval, et ayant chacun, pour les servir, deux ou trois fellahs. Ils ont divers officiers pour le service d'honneur de leur maison. Les katchefs sont les lieutenants des beys; ils commandent, sous eux, cette milice, et sont seigneurs des villages. Les beys ont des terres dans les provinces et une habitation au Caire. Un corps-de-logis principal leur sert de logement, ainsi qu'à leur harem; autour des cours, sont ceux des esclaves, gardes et domestiques.

Les beys ne peuvent se recruter qu'en Circassie. Les jeunes Circassiens sont vendus par leurs mères, ou volés par des gens qui en font le métier, et vendus au Caire par les marchands de Constantinople. On admet quelquefois des noirs ou des Ottomans; mais ces exceptions sont rares.

Les esclaves faisant partie de la maison d'un bey sont adoptés par lui, et composent sa famille. Intelligents et braves, ils s'élèvent successivement de grade en grade, et parviennent à celui de katchef et même de bey.

Les Mamelucks ont peu d'enfants, et ceux qu'ils ont, ne vivent pas aussi long-temps que les naturels du pays. Il est rare qu'ils se soient propagés au-delà de la troisième génération. On a voulu attribuer la stérilité des mariages des Mamelucks à leur goût anti-physique. Les femmes arabes sont grosses, lourdes; elles affectent de la mollesse, peuvent à peine marcher, et restent des jours entiers immobiles sur un divan. Un jeune Mameluck de quatorze à quinze ans, leste, agile, déployant beaucoup d'adresse et de graces en exerçant un beau coursier, excite les sens d'une manière différente. Il est constant, que tous les beys, les katchefs, avaient d'abord servi aux plaisirs de leurs maîtres; et que leurs jolis esclaves leur servaient à leur tour; eux-mêmes ne le désavouent pas.

On a accusé les Grecs et les Romains du même vice. De toutes les nations, celle qui donne le moins dans cette inclination monstrueuse, est, sans contredit, la nation française. On en attribue la raison à ce que, de toutes, il n'en est aucune chez laquelle les femmes charment davantage par leur taille svelte, leur tournure élégante, leur vivacité et leurs graces.

On pouvait compter en Egypte 60 à 70,000 individus de race circassienne.

Les Ottomans se sont établis en Egypte, lors de la conquête par Sélim, dans le seizième siècle. Ils forment le corps des janissaires et spahis, et ont été augmentés de tous les Ottomans inscrits dans ces compagnies, selon l'usage de l'empire. Ils sont environ 200,000, constamment avilis et humiliés par les Mamelucks.

Les Arabes composent la masse de la population; ils ont pour chefs les grands-scheiks, descendants de ceux des Arabes, qui, du temps du prophète, au commencement de l'hégire, conquirent l'Égypte. Ils sont à la fois, les chefs de la noblesse et les docteurs de la loi; ils ont des villages, un grand nombre d'esclaves, et ne vont jamais que sur des mules. Les mosquées sont sous leur inspection; celle de Jemil-Azar a seule soixante grands-scheiks. C'est une espèce de Sorbonne, qui prononce sur toutes les affaires de religion, et sert même d'université. On y enseigne la philosophie d'Aristote, l'histoire et la morale du Koran; elle est la plus renommée de l'Orient. Ses scheiks sont les principaux du pays: les Mamelucks les craignaient; la Porte même avait des ménagements pour eux.

On ne pouvait influer sur le pays et le remuer que par eux. Quelques-uns descendent du prophète, tel que le scheik el Békry ; d'autres de la deuxième femme du prophète, tel que le scheik el Sadda. Si le sultan de Constantinople était au Caire, à l'époque des deux grandes fêtes de l'empire, il les célébrerait chez l'un de ces scheiks. C'est assez faire connaître la haute considération qui les environne. Elle est telle, qu'il n'est aucun exemple qu'on leur ait infligé une peine infamante. Lorsque le gouvernement juge indispensable d'en condamner un, il le fait empoisonner, et ses funérailles se font avec tous les honneurs dûs à son rang, et comme si sa mort avait été naturelle.

Tous les Arabes du désert sont de la même race que les scheiks, et les vénèrent. Les fellahs sont Arabes, non que tous soient venus au commencement de l'hégire avec l'armée qui conquit l'Égypte ; on ne pense pas que, par la suite de la conquête, il s'en soit établi plus de 100,000. Mais comme, à cette époque, tous les indigènes embrassèrent la foi mahométane, ils sont confondus de même que les Francs et les Gaulois. Les scheiks sont les hommes de la loi et de la religion ; les Mamelucks et les janissaires sont les hommes de la force et du gouvernement. La différence entre eux est plus grande qu'elle ne l'est en France entre les militaires et les prêtres; car ce sont des familles et des races tout-à-fait distinctes.

Les Cophtes sont catholiques, mais ne reconnaissent pas le pape; on en compte 150,000 à peu près en Égypte. Ils y ont le libre exercice de leur religion. Ils descendent des familles, qui, après la conquête des califes, sont restées chrétiennes. Les catholiques syriens sont peu nombreux. Les uns veulent qu'ils soient les descendants des croisés; les autres, que ce soient des originaires du pays, chrétiens au moment de la conquête, comme les Cophtes, et qui ont conservé des différences dans la religion. C'est un autre secte catholique. Il y a peu de Juifs et de Grecs. Ces derniers ont pour chef le patriarche d'Alexandrie, qui se croit égal à celui de Constantinople et supérieur au pape. Il demeure dans un couvent, au vieux Caire, et a l'existence d'un chef d'ordre religieux de l'Europe, qui aurait trente mille livres de rentes. Les Francs sont peu nombreux : ce sont des familles anglaises, françaises, espagnoles ou italiennes, établies dans ce pays pour le commerce, ou simplement des commissionnaires de maisons européennes.

§ VII.

Les déserts sont habités par des tribus d'Arabes errants, vivant sous des tentes. On en compte environ soixante, toutes dépendantes de l'Égypte, et formant une population d'à peu près 120,000 ames, qui peut fournir 18 à 20,000 cavaliers. Elles dominent les différentes parties des déserts, qu'elles regardent comme leurs propriétés, et y possèdent une grande quantité de bestiaux, chameaux, chevaux et brebis. Ces Arabes se font souvent la guerre entre eux, soit pour la démarcation des limites de leurs tribus, soit pour le pacage de leurs bestiaux, soit pour tout autre objet. Le désert seul ne pourrait les nourrir, car il ne s'y trouve rien. Ils possèdent des oasis qui, semblables à des îles, ont, au milieu du désert, de l'eau douce, de l'herbe et des arbres. Ils les cultivent, et s'y refugient à certaines époques de l'année. Néanmoins les Arabes sont en général misérables, et ont constamment besoin de l'Égypte. Ils viennent annuellement en cultiver les lisières, y vendent le produit de leurs troupeaux, louent leurs chameaux pour les transports dans le désert, et employent le bénéfice qu'ils retirent de ce trafic, à acheter les objets qui leur sont nécessaires. Les déserts sont des plaines de sable, sans eau et sans végétation, dont l'aspect monotone n'est varié que par des mamelons, des monticules ou des rideaux de sable. Il est rare cependant d'y faire plus de vingt à vingt-quatre lieues sans trouver une source d'eau ; mais elles sont peu abondantes, plus ou moins saumâtres, et exhalent presque toutes une odeur alcaline. On trouve, dans le désert, une grande quantité d'ossements d'hommes et d'animaux, dont on se sert pour faire du feu. On y voit aussi des gazelles et des troupeaux d'autruches, qui ressemblent de loin à des Arabes à cheval.

Il n'y existe aucune trace de chemins; les Arabes s'accoutument, dès l'enfance, à s'y orienter par les sinuosités des collines ou rideaux de sable, par les accidents du terrain ou par les astres. Les vents déplacent quelquefois les monticules de sable mouvant, ce qui rend très-pénible et souvent dangereuse la marche dans le désert. Parfois le sol est ferme ; parfois il enfonce sous les pieds. Il est rare de rencontrer des arbres, excepté autour des puits où se trouvent quelques palmiers. Il y a dans le désert des bas-fonds où les eaux s'écoulent et séjournent plus ou moins long-temps. Auprès de ces mares, naissent des broussailles d'un pied à dix-huit pouces de hauteur, qui servent de nourriture aux chameaux; c'est la partie riche des déserts. Quels que soient les désagréments de la marche dans ces sables, on est souvent obligé de les traverser pour communiquer du sud au nord de l'Égypte; suivre les sinuosités du cours du Nil, triplerait la distance.

§ VIII.

Il y a telle tribu d'Arabes de 1,500 à 2,000 ames, qui a 300 cavaliers, 1,400 chameaux et occupe cent lieues carrées de terrain. Jadis ils redoutaient extrêmement les Mamelucks. Un seul de ces derniers faisait fuir dix Arabes, parce que non-seulement ils avaient sur eux une grande supériorité militaire, mais aussi une supériorité morale. Les Arabes d'ailleurs devaient les ménager, puisqu'ils en avaient besoin pour leur vendre ou louer leurs chameaux, pour obtenir d'eux du grain et la liberté de cultiver la lisière de l'Égypte.

Si la position extraordinaire de l'Égypte, qui ne peut devoir sa prospérité qu'à l'étendue de ses inondations, exige une bonne administration, la nécessité de réprimer 20 à 30,000 voleurs, indépendants de la justice, parce qu'ils se refugient dans l'immensité du désert, n'exige pas moins une administration énergique. Dans ces derniers temps, ils portaient l'audace au point de venir piller des villages et tuer des fellahs, sans que cela donnât lieu à aucune poursuite régulière. Un jour que Napoléon était entouré du divan des grands-scheicks, on l'informa que des Arabes de la tribu des Osnadis avaient tué un fellah et enlevé des troupeaux; il en montra de l'indignation, et ordonna d'un ton animé, à un officier d'état-major, de se rendre de suite dans le Baireh avec 200 dromadaires et 300 cavaliers pour obtenir réparation et faire punir les coupables. Le scheick Elmodi, témoin de cet ordre et de l'émotion du général en chef, lui dit en riant : « Est-ce que ce fellah est ton cousin, pour que sa mort te mette tant en colère ?» — «Oui, répondit Napoléon, tous ceux que je commande sont mes enfants. » — « *Taïb* (1)*!* lui dit le scheik, tu parles là comme le prophète. »

§ IX.

L'Égypte a, de tout temps, excité la jalousie des peuples qui ont dominé l'univers. Octave, après la mort d'Antoine, la réunit à l'empire. Il ne voulut point y envoyer de proconsul, et la

---

(1) Mot dont les Arabes se servent pour exprimer une grande satisfaction.

divisa en douze prétures. Antoine s'était attiré la haine des Romains, parce qu'il avait été soupçonné de vouloir faire d'Alexandrie la capitale de la république. Il est vraisemblable que l'Égypte, du temps d'Octave, contenait 12 à 15,000,000 d'habitants. Ses richesses étaient immenses; elle était le vrai canal du commerce des Indes, et Alexandrie, par sa situation, semblait appelée à devenir le siége de l'empire du monde. Mais divers obstacles empêchèrent cette ville de prendre tous ses développements. Les Romains craignirent que l'esprit national des Arabes, peuple brave, endurci aux fatigues et qui n'avait ni la mollesse des habitants d'Antioche, ni celle des habitants de l'Asie mineure, et dont l'immense cavalerie avait fait triompher Annibal de Rome, ne fît de leur pays un foyer de révolte contre l'empire romain.

Sélim avait bien plus de raisons encore de redouter l'Égypte. C'était la terre sainte, c'était la métropole naturelle de l'Arabie et le grenier de Constantinople. Un pacha ambitieux, favorisé par les circonstances et par un génie audacieux, aurait pu relever la nation arabe, faire pâlir les Ottomans, déjà menacés par cette immense population grecque, qui forme la majorité de Constantinople et des environs. Aussi Sélim ne voulut-il pas confier le gouvernement de l'Égypte à un seul pacha. Il craignit même que la division en plusieurs pachaliks ne fût pas une garantie suffisante, et chercha à s'assurer la soumission de cette province, en confiant son administration à vingt-trois beys, qui avaient chacun une maison composée de 400 à 800 esclaves. Ces esclaves devaient être leurs fils ou originaires de Circassie, mais jamais de l'Arabie ni du pays. Par ce moyen, il créa une milice tout-à-fait étrangère à l'Arabie. Il établit en Égypte le système général de l'empire, des janissaires et des spahis, et mit à la tête de ceux-ci un pacha qui représentait le grand-seigneur, avec une autorité sur toute la province comme vice-roi, mais qui, contenu par les Mamelucks, ne pouvait travailler à s'affranchir.

Les Mamelucks, ainsi appelés au gouvernement de l'Égypte, cherchèrent des auxiliaires. Ils étaient trop ignorants et trop peu nombreux pour exercer l'emploi de percepteurs des finances; mais ils ne voulurent point le confier aux naturels du pays, qu'ils craignaient, par le même esprit de jalousie qui portait le sultan à redouter les Arabes. Ils choisirent les Cophtes et les Juifs. Les Cophtes sont, il est vrai, naturels du pays, mais d'une religion proscrite. Comme chrétiens, ils sont hors de la protection du Koran, et ne peuvent être protégés que par le sabre; ils ne devaient donc causer aucun ombrage aux Mamelucks. Ainsi cette milice de 10 à 12,000 cavaliers, se donna pour agents, pour hommes d'affaires, pour espions, etc., les 200,000 Cophtes qui habitent l'Égypte. Chaque village eût un percepteur Cophte, toute la comptabilité, toute l'administration furent entre les mains des Cophtes.

La tolérance qui règne dans tout l'empire ottoman, et l'espèce de protection accordée aux chrétiens, sont le résultat d'anciennes vues. Le sultan et la politique de Constantinople aiment à défendre une classe d'hommes dont ils n'ont rien à craindre, parce que ces hommes forment une faible minorité dans l'Arménie, dans la Syrie et dans toute l'Asie mineure, parce qu'en outre ils sont dans un état naturel d'opposition contre les gens du pays, et ne pourraient, dans aucun cas, se liguer avec eux pour rétablir la nation syriaque ou arabe. Toutefois, ceci ne peut s'appliquer à la Grèce où les chrétiens sont en nombre supérieur. Les sultans ont fait une grande faute en laissant réunis un nombre si considérable de chrétiens. Tôt ou tard, cette faute entraînera la perte des Ottomans.

La situation morale résultant des différents intérêts, des différentes races qui habitent l'Égypte, n'échappa pas à Napoléon, et c'est sur elle qu'il bâtit son système de gouvernement. Peu curieux d'administrer la justice dans le pays, les Français ne l'eussent pas pu, quand même ils auraient voulu le faire, Napoléon en investit les Arabes, c'est-à-dire les scheicks, et leur donna toute la prépondérance. Dès lors, il parla au peuple par le canal de ces hommes, qui étaient tout à la fois les nobles et les docteurs de la loi, et intéressa ainsi à son gouvernement l'esprit national arabe et la religion du Koran. Il ne faisait la guerre qu'aux Mamelucks; il les poursuivait à outrance, et après la bataille des Pyramides il n'en restait plus que des débris. Il chercha, par la même politique, à s'emparer des Cophtes. Ceux-ci avaient de plus avec lui les liens de la religion, et seuls ils étaient versés dans l'administration du pays. Mais quand même ils n'auraient pas possédé cet avantage, la politique du général français était de le leur donner, afin de ne pas dépendre exclusivement des naturels arabes, et de n'avoir pas à lutter avec 25 ou 30,000 hommes contre la force de l'esprit national et religieux. Les Cophtes, qui voyaient les Mamelucks détruits, n'eurent d'autre parti à prendre que de s'attacher aux Français; et par là, notre armée eut, dans toutes les parties de l'Égypte, des espions, des observateurs, des contrôleurs, des financiers, indépendants et opposés aux nationaux. Quant aux janissaires et aux Ottomans, la politique voulait que l'on ménageât en eux le grand-seigneur; l'étendard du sultan flottait en Égypte, et Napoléon était persuadé que le ministre Talleyrand s'était rendu à Constantinople, et que des négociations sur l'Égypte étaient entamées avec la Porte. Les Mamelucks d'ailleurs s'étaient attachés à humilier, à annuler et désorganiser les milices des janissaires qui étaient leurs rivaux; de l'humiliation de la milice ottomane était née la déconsidération totale du pacha et le mépris de l'autorité de la Porte, à tel point que souvent les Mamelucks refusaient le *miry*; et cette milice se fût même déclarée tout-à-fait indépendante, si l'opposition des scheicks ou des docteurs de la loi ne les eût rattachés à Constantinople par esprit de religion et par inclination. Les scheicks et le peuple préféraient l'influence de Constantinople à celle des Mameluks; souvent même ils y adressaient leurs plaintes, et quelquefois réussissaient à adoucir l'arbitraire des beys.

Depuis la décadence de l'empire ottoman, la Porte a fait des expéditions contre les Mamelucks, mais ceux-ci ont toujours fini par avoir le dessus, et ces guerres se sont terminées par un arrangement qui laissait le pouvoir aux Mamelucks, avec quelques modifications passagères. En lisant avec attention l'histoire des évènements qui se sont passés en Égypte depuis deux cents ans, il est démontré que si le pouvoir, au lieu d'être confié à 12,000 Mamelucks, l'eût été à un pacha, qui, comme celui d'Albanie, se fut recruté dans le pays même, l'empire arabe, composé d'une nation tout-à-fait distincte, qui a son esprit, ses préjugés, son histoire et son langage à part, qui embrasse l'Égypte, l'Arabie et une partie de l'Afrique, fût devenu indépendant comme celui de Maroc.

MÉMOIRES DE NAPOLÉON.

ÉGYPTE. — BATAILLE DES PYRAMIDES.

Marche de l'armée sur le Caire. — Tristesse et plaintes des soldats. — Position et forces des ennemis. — Manœuvre de l'armée française. — Charge impétueuse de Mourad-Bey, repoussée. — Prise du camp retranché. — Quartier-général français à Gizeh. — Prise de l'île de Rodah. — Reddition du Caire. — Description de cette ville.

§ Ier.

Le soir du combat de Chebreiss (13 juillet 1798), l'armée française alla coucher à Chabour. Cette journée était très-forte : on marcha en ordre de bataille et au pas accéléré, dans l'espérance de couper quelques bâtiments de la flottille ennemie. En effet, les Mamelucks furent contraints d'en brûler plusieurs. L'armée bivouaqua à Chabour, sous de beaux sycomores, et trouva des champs pleins de pastèques, espèce de melons d'eau qui forment une nourriture saine et rafraîchissante. Jusqu'au Caire nous en rencontrâmes constamment, et le soldat exprimait combien ce fruit lui était agréable, en le nommant, à l'exemple des anciens Egyptiens, *sainte pastèqne.*

Le lendemain, l'armée se mit en marche fort tard ; on s'était procuré quelques viandes qu'il fallait distribuer. Nous attendîmes notre flottille, qui ne pouvait remonter le courant avant que le vent du nord ne fût levé ; et nous couchâmes à Kouncherick. Le jour suivant, nous arrivâmes à Alkam. Là, le général Zayoucheck reçut l'ordre de mettre pied à terre sur la rive droite, avec toute la cavalerie démontée, et de se porter sur Menouf et à la pointe du Delta. Comme il ne s'y trouvait aucun Arabe, il était maître de tous ses mouvements, et nous fut d'un grand secours pour nous procurer des vivres. Il prit position à la tête du Delta, dite *le ventre de la vache.*

Le 17, l'armée campa à Abounochabeck ; le 18, à Wardam. Wardam est un gros endroit ; les troupes y bivouaquèrent dans une grande forêt de palmiers. Le soldat commençait à connaître les usages du pays, et à déterrer les lentilles et autres légumes, que les fellahs ont coutume de cacher dans la terre. Nous faisions de petites marches, en raison de la nécessité où nous nous trouvions de nous procurer des subsistances et afin d'être toujours en état de recevoir l'ennemi. Souvent, dès dix heures du matin, nous prenions position, et le premier soin du soldat était de se baigner dans le Nil. De Wardam nous allâmes coucher à Omedinar, d'où nous aperçûmes les Pyramides. A l'instant, toutes les lunettes furent braquées contre ces monuments les plus anciens du monde. On les prendrait pour d'énormes masses de rochers; mais la régularité et les lignes droites des arêtes décèlent la main des hommes. Les Pyramides bordent l'horizon de la vallée sur la rive gauche du Nil.

§ II.

Nous approchions du Caire, et nous étions instruits, par les gens du pays, que les Mamelucks réunis à la milice de cette ville, et à un nombre considérable d'Arabes, de janissaires, de spahis, nous attendaient entre le Nil et les Pyramides, couvrant Gizeh. Ils se vantaient que là finiraient nos succès.

Nous fîmes séjour à Omedinar. Ce jour de repos servit à réparer les armes et à nous préparer au combat. La mélancolie et la tristesse régnaient dans l'armée. Si les Hébreux, dans le désert de l'*Égarement,* se plaignaient et demandaient avec humeur à Moïse les oignons et les marmites pleines de viande de l'Egypte, les soldats français regrettarent sans cesse les délices de l'Italie. C'est en vain qu'on leur assurait que le pays était le plus fertile du monde, qu'il l'emportait même sur la Lombardie ; le moyen de les persuader ! ils ne pouvaient avoir ni pain ni vin. Nous campions sur des tas immenses de bled, mais il n'y avait dans le pays ni moulin, ni four. Le biscuit apporté d'Alexandrie, était mangé depuis long-temps ; le soldat était réduit à piler le bled entre deux pierres et à faire des galettes cuites sous les cendres. Plusieurs grillaient le bled dans une poêle, après quoi ils le faisaient bouillir. C'était la meilleure manière de tirer parti du grain, mais tout cela n'était pas du pain. Chaque jour, leurs craintes augmentaient, au point qu'une foule d'entre eux disaient qu'il n'y avait pas de grande ville du Caire; que celle qui portait ce nom, était, comme Damanhour, une vaste réunion de huttes, privées de tout ce qui peut nous rendre la vie commode et agréable. Leur imagination était tellement tourmentée que, deux dragons se jetèrent tout habillés dans le Nil et se noyèrent. Il est vrai de dire pourtant que, si on n'avait ni pain, ni vin, les ressources qu'on se procurait avec du bled, des lentilles, de la viande et quelquefois des pigeons, fournissaient du moins à la nourriture de l'armée. Mais le mal était dans l'exaltation des têtes. Les officiers se plaignaient plus haut que les soldats, parce que le terme de comparaison était plus à leur désavantage. Ils ne trouvaient pas en Égypte les logements, les bonnes tables et tout le luxe de l'Italie. Le général en chef, voulant donner l'exemple, avait l'habitude de prendre son bivouac au milieu de l'armée et dans les endroits les moins commodes. Personne n'avait ni tente, ni provisions ; le dîner de Napoléon et de l'état-major consistait dans un plat de lentilles. La soirée du soldat se passait en conversations politiques, en raisonnements et en plaintes ; *Que sommes-nous venus faire ici?* disaient les uns ; *le Directoire nous a déportés. Cafarelli,* disaient les autres, *est l'agent dont on s'est servi pour tromper le général en chef.* Plusieurs s'étant aperçus que partout où il y avait des vestiges d'antiquité, on les fouillait avec soin, se répandaient en invectives contre les savants, qui, *pour faire leur fouilles, avaient*, disaient-ils, *donné l'idée de l'expédition*. Les quolibets pleuvaient sur eux, même en leur présence. Ils appelaient un âne un savant, et disaient de Cafarelli-Dufalga, en faisant allusion à sa jambe de bois, *Il se moque bien de cela, lui, il a un pied en France*; mais Dufalga et les savants ne tardèrent pas à reconquérir l'estime de l'armée.

§ III.

Le 21, on partit de Omedinar, à un heure du matin. Cette journée devait être décisive. A la pointe du jour, on vit, pour la première fois depuis Chebreiss, une avant-garde de Mamelucks d'un millier de chevaux, qui se replièrent avec ordre et sans rien tenter; quelques boulets de notre avant-garde les tinrent en respect. A dix heures, nous aperçûmes Embabeh et les ennemis en bataille. Leur droite était appuyée au Nil, où ils avaient pratiqué un grand camp retranché, armé de quarante pièces de canons, et défendu par une vingtaine de mille hommes d'infanterie, janissaires, spahis et milice du Caire. La ligne de cavalerie des Mamelucks appuyait sa droite au camp retranché, et étendait sa gauche dans la direction des Pyramides, à cheval sur la route de Gizeh. Il y avait environ 9 à 10,000 chevaux, autant qu'on en pouvait juger. Ainsi l'armée entière était de 60,000 hommes, y compris l'infanterie et les hommes à pied qui servaient chaque cavalier. Deux ou trois mille Arabes tenaient l'extrême gauche, et remplissaient l'intervalle des Mamelucks aux Pyramides. Ces dispositions étaient formidables. Nous ignorions quelle serait la contenance des janissaires et des spahis du Caire, mais nous connaissions et redoutions beaucoup l'habileté et l'impétueuse bravoure des Mamelucks. L'armée française fut rangée en bataille, dans le même ordre qu'à Chebreiss, la gauche appuyée au Nil, la droite à un grand village. Le général Desaix commandait la droite, et il lui fallut trois heures pour se former à sa position et prendre un peu haleine. On reconnut le camp retranché des ennemis, et on s'assura bientôt qu'il n'était qu'ébauché. C'était un ouvrage commencé depuis trois jours, après la bataille de Chebreiss. Il se composait de longs boyaux, qui pouvaient être de quelque effet contre une charge de cavalerie, mais non contre une attaque d'infanterie. Nous vîmes aussi, avec de bonnes lunettes, que leurs canons n'étaient point sur affût de campagne, mais que c'étaient de grosses pièces en fer, tirées des bâtiments et servies par les équipages de la flottille.

Aussitôt que le général en chef se fut assuré que l'artillerie n'était point mobile, il fut évident qu'elle ne quitterait point le camp retranché, non plus que l'infanterie; et que, si cette dernière sortait, elle se trouverait sans artillerie. Les dispositions de la bataille devaient être une conséquence de ces données; on résolut de prolonger notre droite, et de suivre le mouvement de cette aîle avec toute l'armée, en passant hors de la portée du canon du camp retranché. Par ce mouvement, nous n'avions affaire qu'aux Mamelucks et à la cavalerie; et nous nous placions sur un terrain où l'infanterie et l'artillerie de l'ennemi ne devaient lui être d'aucun secours.

§ IV.

Mourah-Bey, qui commandait en chef toute l'armée, vit nos colonnes s'ébranler, et ne tarda pas à deviner notre but. Quoique ce chef n'eût aucune habitude de la guerre, la nature l'avait doué d'un grand caractère, d'un courage à toute épreuve et d'un coup d'œil pénétrant. Les trois affaires que nous avions eues avec les Mamelucks, lui servaient déja d'expérience. Il sentit, avec une habileté qu'on pourrait à peine attendre du général européen le plus consommé, que le destin de la journée consistait à ne pas nous laisser exécuter notre mouvement, et à profiter de l'avantage de sa nombreuse cavalerie pour nous attaquer en marche. Il partit avec les deux tiers de ses chevaux (6 à 7,000), laissa le reste pour soutenir le camp retranché et encourager l'infanterie, et vint, à la tête de cette troupe, aborder le général Desaix qui s'avançait par l'extrémité de notre droite. Ce dernier fut un moment compromis ; la charge se fit avec une telle rapidité, que nous crûmes que la confusion se mettait dans les carrés ; le général Desaix, en marche à la tête de sa colonne, était engagé dans un bosquet de palmiers. Toutefois la tête des Mamelucks, qui tomba sur lui, était peu nombreuse. Leur masse n'arriva que quelques minutes après, ce retard suffit. Les carrés étaient parfaitement formés et reçurent la charge avec sang-froid. Le général Régnier appuyait leur gauche ; Napoléon, qui était dans le carré du général Dugua, marcha aussitôt sur le gros des Mamelucks et se plaça entre le Nil et Régnier. Les Mamelucks furent reçus par la mitraille et une vive fusillade ; une trentaine des plus braves vint mourir auprès du général Desaix ; mais la masse, par un instinct naturel au cheval, tourna autour des carrés, et dès lors la charge fut manquée. Au milieu de la mitraille, des boulets, de la poussière, des cris et de la fumée, une partie des Mamelucks rentra dans le camp retranché, par un mouvement naturel au soldat, de faire sa retraite vers le lieu d'où il est parti. Mourah-Bey et les plus habiles se dirigèrent sur Gizeh. Ce commandant en chef se trouva ainsi séparé de son armée. La division Bon et Menou, qui formait notre gauche, se porta alors sur le camp retranché; et le général Rampon, avec deux bataillons, fut détaché pour occuper une espèce de défilé, entre Gizeh et le camp.

§ V.

La plus horrible confusion régnait à Embabeh; la cavalerie s'etait jetée sur l'infanterie, qui, ne comptant pas sur elle, et voyant les Mamelucks battus, se précipita sur les djermes, kaïkes et autres bateaux, pour repasser le Nil. Beaucoup le firent à la nage; les Égyptiens excellent dans cet exercice, que les circonstances particulières de leur pays leur rendent nécessaire. Les quarante pièces de canon, qui défendaient le camp retranché, ne tirèrent pas deux cents coups. Les Mamelucks, s'apercevant bientôt de la fausse direction qu'ils avaient donnée à leur retraite, voulurent reprendre la route de Gizeh; ils ne le purent. Les deux bataillons, placés entre le Nil et Gizeh, et soutenus par les autres divisions, les rejetèrent dans le camp. Beaucoup y trouvèrent la mort, plusieurs milliers essayèrent de traverser le Nil qui les engloutit. Retranchements, artillerie, pontons, bagages, tout tomba en notre pouvoir. De cette armée de plus de 60,000 hommes, il n'échappa que 2,500 cavaliers avec Mourah-Bey; la plus grande partie de l'infanterie se sauva à la nage ou dans des bateaux. On porte à 5,000 les Mamelucks qui furent noyés dans cette bataille. Leurs nombreux cadavres portèrent en peu de jours jusqu'à Damiette et Rosette, et le long du rivage, la nouvelle de notre victoire.

Ce fut au commencement de cette bataille, que Napoléon adressa aux soldats, ces paroles devenues si célèbres : *Du haut de ces pyramides quarante siècles vous contemplent!!!*

Il était nuit lorsque les trois divisions Desaix, Régnier et Dugua revinrent à Gizeh. Le général en chef y plaça son quartier-général dans la maison de campagne de Mourah-Bey.

§ VI.

Les Mamelucks avaient sur le Nil une soixantaine de bâtiments, chargés de toutes leurs richesses. Voyant l'issue inopinée du combat, et nos canons déja placés sur le fleuve au-delà des débouchés de l'île de Rodah, ils perdirent l'espérance de les sauver, et y mirent le feu. Pendant toute la nuit, aux travers des tourbillons de flammes et de fumée, nous apercevions se dessiner les minarets et les édifices du Caire et de la ville des Morts. Ces tourbillons de flammes éclairaient tellement, que nous pouvions découvrir jusqu'aux Pyramides.

Les Arabes, selon leur coutume après une défaite, se rallièrent loin du champ de bataille, dans le désert au-delà des Pyramides.

Durant plusieurs jours, toute l'armée ne fut occupée qu'à pêcher les cadavres des Mamelucks; leurs armes qui étaient précieuses, la quantité d'or qu'ils étaient accoutumés à porter avec eux, rendait le soldat très-zélé pour cette recherche.

Notre flottille n'avait pu suivre le mouvement de l'armée, le vent lui avait manqué. Si nous l'avions eue, la journée n'eût pas été plus décisive, mais nous aurions fait probablement un grand nombre de prisonniers, et pris toutes les richesses qui ont été la proie des flammes. La flottille avait entendu notre canon, malgré le vent du nord qui soufflait avec violence. A mesure qu'il se calma, le bruit du canon allait augmentant, de sorte qu'à la fin il paraissait s'être rapproché d'elle, et que le soir les marins crurent la bataille perdue; mais la multitude de cadavres qui passèrent près de leurs bâtiments, et qui tous étaient Mamelucks, les rassura bientôt.

Ce ne fut que long-temps après sa fuite que Mourah-Bey s'aperçut qu'il n'était suivi que par une partie de son monde, et qu'il reconnut la faute qu'avait faite sa cavalerie, de rester dans le camp retranché. Il essaya plusieurs charges pour lui rouvrir le passage, mais il était trop tard. Les Mamelucks, eux-mêmes, avaient la terreur dans l'ame, et agirent mollement. Les destins avaient prononcé la destruction de cette brave et intrépide milice, sans contredit l'élite de la cavalerie d'Orient. La perte de l'ennemi dans cette journée peut être évaluée à 10,000 hommes restés sur le champ de bataille ou noyés, tant Mamelucks, que janissaires, miliciens du Caire et esclaves des Mamelucks. On fit un millier de prisonniers, et l'on s'empara de huit à neuf cents chameaux et d'autant de chevaux.

§ VII.

Sur les neuf heures du soir, Napoléon entra dans la maison de campagne de Mourah-Bey, à Gizeh. Ces sortes d'habitations ne ressemblent en rien à nos châteaux. Nous eûmes beaucoup de peine à nous y loger, et à reconnaître la distribution des différentes pièces. Mais ce qui frappa le plus agréablement les officiers, ce fut une grande quantité de coussins et de divans couverts des plus beaux damas et des plus belles soieries de Lyon, et ornés de franges d'or. Pour la première fois, nous trouvâmes en Égypte le luxe et les arts de l'Europe. Une partie de la nuit se passa à parcourir dans tous les sens cette singulière maison. Les jardins étaient remplis d'arbres magnifiques, mais ils étaient sans allées, et ressemblaient assez aux jardins de certaines religieuses d'Italie. Ce qui fit le plus de plaisir aux soldats, car chacun y accourut, ce furent de grands berceaux de vignes, chargés des plus beaux raisins du monde. La vendange fut bientôt faite.

Les deux divisions Bon et Menou qui étaient restées dans le camp retranché étaient aussi dans la plus grande abondance. On avait trouvé dans les bagages nombre de cantines remplies d'office, de pots de confiture, des sucreries. On rencontrait à chaque instant des tapis, des porcelaines, des cassolettes et une foule de petits meubles à l'usage des Mamelucks, qui excitaient notre curiosité. L'armée commença alors à se réconcilier avec l'Égypte, et à croire enfin que le Caire n'était pas Damanhour.

§ VIII.

Le lendemain, à la pointe du jour, Napoléon se porta sur la rivière, et s'emparant de quelques barques, il fit passer le général Vial avec sa division dans l'île de Rodah. On s'en rendit maître après avoir tiré quelques coups de fusil. Du moment où l'on eut pris possession de l'île de Rodah et placé un bataillon dans le mékias et des sentinelles le long du canal, le Nil dut être considéré comme passé; on n'était plus séparé de Boulac et du vieux Caire que par un grand canal. On visita l'enceinte de Gizeh, et on travailla sur-le-champ à en fermer les portes. Gizeh était environné d'une muraille assez vaste pour renfermer tous nos établissements et assez forte pour contenir les Mamelucks et les Arabes. Nous attendions avec impatience l'arrivée de la flottille; le vent du nord soufflait comme à l'ordinaire, et cependant elle ne venait pas! Le Nil étant bas, l'eau lui avait manqué, les bâtiments étaient engravés. Le contre-amiral Perré fit dire qu'on ne devait pas compter sur lui et qu'il ne pouvait désigner le jour de son arrivée. Cette contrariété était extrême, car il fallait s'emparer du Caire dans le premier moment de stupeur, au lieu de laisser aux habitants, en perdant quarante-huit heures, le temps de revenir de leur épouvante. Heureusement qu'à la bataille, ce n'était pas les Mamelucks seuls qui avaient été vaincus, les janissaires du Caire et tout ce que cette ville contenait de braves et d'hommes armés y avaient aussi pris part et étaient dans la dernière consternation. Tous les rapports sur cette affaire donnaient aux Français un caractère qui tenait du merveilleux.

§ IX.

Un drogman fut envoyé par le général en chef vers le pacha et le cadi-scheick, iman de la grande mosquée, et les proclamations que Napoléon avait publiées à son entrée en Égypte furent répandues. Le pacha était déjà parti, mais il avait laissé son kiaya. Celui-ci crut de son devoir de venir à Gizeh, puisque le général en chef déclarait que ce n'était pas aux Turcs, mais aux Mamelucks qu'il faisait la guerre. Il eut une conférence avec Napoléon, qui le persuada. C'était d'ailleurs ce que ce kiaya avait de mieux à faire. En cédant à Napoléon, il entrevoyait l'espérance de jouer un grand rôle et de bâtir sa fortune. En refusant, il courait à sa perte. Il se rangea donc sous l'obéissance du général en chef et promit de chercher à persuader à Ibrahim-Bey de se retirer et aux habitants du Caire de se soumettre. Le lendemain une députation des scheicks du Caire vint à Gizeh et fit connaître que Ibrahim-Bey était déja sorti et était allé camper à Birketelhadji, que les janissaires s'étaient assemblés et avaient décidé de se rendre, et que le scheick de la grande mosquée de Jemilazar avait été chargé d'envoyer une députation pour traiter de la reddition de la ville et implorer la clémence du vainqueur. Les députés restèrent plusieurs heures à Gizeh, où on employa tous les moyens qu'on crut les plus efficaces pour les confirmer dans leurs bonnes dispositions et leur donner de la confiance. Le jour suivant, le général Dupuy fut envoyé au Caire comme commandant d'armes et l'on prit possession de la citadelle. Nos troupes passèrent le canal et occupèrent le vieux Caire et Boulac. Le général en chef fit son entrée au Caire le 26 juillet, à quatre heures après midi. Il alla loger sur la place El-Bekir, dans la maison d'Elfy-Bey et y transporta son quartier-général. Cette maison était placée à une des extrémités de la ville et le jardin communiquait avec la campagne.

§ X.

Le Caire est situé à une demie-lieue du Nil ; le vieux Caire et Boulac sont ses ports. Il est traversé par un canal ordinairement à sec ; mais qui se remplit pendant l'inondation, au moment où l'on coupe la digue, opération qui ne se fait que lorsque le Nil est à une certaine hauteur; c'est l'objet d'une fête publique. Alors le canal communique son eau à des canaux nombreux, et la place d'El-Békir, ainsi que la plupart des places et des jardins du Caire, est couverte d'eau. Lors des inondations, on traverse tous ces quartiers avec des bateaux. Le Caire est dominé par une citadelle placée sur un mamelon qui commande toute la ville. Elle est séparée du Mokattam par un vallon. Un aquéduc, ouvrage assez remarquable, porte de l'eau à la citadelle. Il y a, à cet effet, au vieux Caire une énorme tour octogone très-haute qui renferme le réservoir où les eaux du Nil sont élevées par une machine hydraulique et d'où elles entrent dans l'aquéduc. La citadelle tire aussi de l'eau du puits de Joseph, mais cette eau est moins bonne que celle du Nil. Cette forteresse était négligée, sans défense, et tombait en ruines. On s'occupa immédiatement de la réparer, et depuis on y a constamment travaillé. Le Caire est environné de hautes murailles bâties par les Arabes et surmontées de tours énormes; ces murailles étaient en mauvais état et tombaient de vétusté; les Mamelucks ne réparaient rien. La ville est grande ; la moitié de son enceinte confine avec le désert, de sorte qu'on trouve des sables arides en sortant par la porte de Suèz et celles qui sont du côté de l'Arabie.

La population du Caire était considérable, on y comptait 210,000 habitants. Les maisons sont fort élevées et les rues étroites, afin d'être à l'abri du soleil. C'est pour le même motif que les bazards ou marchés publics sont couverts de toiles ou paillassons. Les beys ont de très-beaux palais d'une architecture orientale, qui tient plutôt de celle des Indes que de la nôtre. Les scheicks ont aussi de très-belles maisons. Les okels sont de grands bâtiments carrés qui ont de vastes cours intérieures et où sont renfermées des corporations entières de marchands. Ainsi il y a l'okel du riz du Seur, l'okel des marchands de Suèz, de Syrie. Tous ont à l'extérieur, et donnant sur les rues, de petites boutiques de douze à quinze pieds carrés, où se tient le marchand avec les échantillons de ses marchandises. Le Caire a un grand nombre de mosquées les plus belles du monde; les minarets sont riches et nombreux. Les mosquées servent en général à recevoir les pélerins qui y couchent. Il en est qui contiennent quelquefois jusqu'à 3,000 pélerins ; de ce nombre est celle de Jemilazar, qu'on cite comme la plus grande de l'Orient. Ces mosquées se composent d'ordinaire de cours dont le pourtour est environné de colonnes énormes, couvertes par des terrasses; dans l'intérieur se trouvent une foule de bassins ou réservoirs d'eau pour boire et pour se laver. Il y a dans un quartier quelques familles européennes, c'est le quartier des francs; l'on y rencontre un certain nombre de maisons, comme celles que peut avoir en Europe un négociant de 30 à 40,000 livres de rente; elles sont meublées à l'européenne avec des chaises et des lits; des églises pour les Cophtes, et quelques couvents pour les catholiques syriens.

A côté de la ville du Caire, du côté du désert, se trouve la ville des Morts. Cette ville est plus grande que le Caire même; c'est-là que toutes les familles ont leur sépulture. Une multitude de mosquées, de tombeaux, de minarets et de dômes conservent le souvenir des grands qui y ont été enterrés et qui les ont fait bâtir. Beaucoup de tombeaux ont des gardiens qui y entretiennent des lampes allumées et en font voir l'intérieur aux curieux. Les familles des morts, ou des fondations, pourvoyent à ces dépenses. Le peuple lui-même a des tombeaux distingués par famille ou par quartier, qui s'élèvent à deux pieds de terre.

Il y a au Caire une foule de cafés; on y prend du café, des sorbets ou de l'opium, et on y disserte sur les affaires publiques.

Autour de cette ville, ainsi qu'auprès d'Alexandrie, Rozette, etc., on trouve des monticules assez élevés; ils sont tous formés de ruines et de décombres et s'accroissent tous les jours parce que tous les débris de la ville y sont portés; cela produit un effet désagréable. Les Français avaient établi des lois de police pour arrêter le mal, et l'institut discuta les moyens de le faire entièrement disparaître. Mais il se présenta des difficultés. L'expérience avait prouvé aux gens du pays qu'il était dangereux de jeter ces débris dans le Nil, parce qu'ils encombraient les canaux ou se répandaient dans la campagne avec l'inondation. Ces ruines sont la suite de la décadence du pays dont on aperçoit les marques à chaque pas.

MÉMOIRES DE NAPOLÉON.

ÉGYPTE. — RELIGION.

Du christianisme. — De l'islamisme. — Différence de l'esprit des deux religions. — Haine des califes contre les bibliothèques. — De la durée des empires en Asie. — Polygamie. — Esclavage. — Cérémonies religieuses. — Fête du prophète.

§ Ier.

La religion chrétienne est la religion d'un peuple civilisé, elle est toute spirituelle; la récompense que Jésus-Christ promet aux élus, est de contempler Dieu face à face. Dans cette religion, tout est pour amortir les sens, rien pour les exciter. La religion chrétienne a été trois ou quatre siècles à s'établir, ses progrès ont été lents. Il faut du temps pour détruire, par la seule influence de la parole, une religion consacrée par le temps. Il en faut davantage quand la nouvelle ne sert et n'allume aucune passion.

Les progrès du christianisme furent le triomphe des Grecs sur les Romains. Ces derniers avaient soumis, par la force des armes, toutes les républiques grecques; celles-ci dominèrent leurs vainqueurs par les sciences et les arts. Toutes les écoles de philosophie, d'éloquence, tous les ateliers de Rome étaient tenus par des Grecs. La jeunesse romaine ne croyait pas avoir terminé ses études, si elle n'était allée se perfectionner à Athènes. Différentes circonstances favorisèrent encore la propagation de la religion chrétienne. L'apothéose de César et d'Auguste fut suivie de celles des plus abominables tyrans; cet abus de polythéisme rallia à l'idée d'un seul Dieu créateur et maître de l'univers. Socrate avait déja proclamé cette grande vérité : le triomphe du christianisme, qui la lui emprunta, fut, comme nous l'avons dit plus haut, une réaction des philosophes de la Grèce sur leurs conquérants. Les saints pères étaient presque tous Grecs. La morale qu'ils prêchèrent fut celle de Platon. Toute la subtilité que l'on remarque dans la théologie chrétienne, est due à l'esprit des sophistes de son école.

Les chrétiens, à l'exemple du paganisme, crurent les récompenses d'une vie future insuffisantes pour réprimer les désordres, les vices et les crimes qui naissent des passions ; ils firent un enfer tout physique avec des peines toutes corporelles. Ils enchérirent de beaucoup sur leurs modèles, et donnèrent même à ce dogme tant de prépondérance, que l'on peut dire avec raison que la religion du Christ est une menace.

§ II.

L'islamisme est la religion d'un peuple dans l'enfance ; il naquit dans un pays pauvre et manquant des choses les plus nécessaires à la vie. Mahomet a parlé aux sens, il n'eût point été entendu par sa nation, s'il n'eût parlé qu'à l'esprit. Il promit à ses sectateurs des bains odoriférants, des fleuves de lait, des houris blanches aux yeux noirs, et l'ombre perpétuelle des bosquets. L'Arabe qui manquait d'eau et était brûlé par un soleil ardent, soupirait pour l'ombrage et la fraîcheur, et fit tout pour obtenir une pareille récompense. Ainsi l'on peut dire par opposition au christianisme, que la religion de Mahomet est une promesse.

L'islamisme attaque spécialement les idolâtres ; *il n'y a point d'autre Dieu que Dieu, et Mahomet est son prophète :* voilà le fondement de la religion musulmane ; c'était, dans le point le plus essentiel, consacrer la grande vérité annoncée par Moïse et confirmée par Jésus-Christ. On sait que Mahomet avait été instruit par des juifs et des chrétiens. Ces derniers étaient une espèce d'idolâtres à ses yeux. Il entendait mal le mystère de la trinité, et l'expliquait comme la reconnaissance de trois dieux. Quoi qu'il en soit, il persécuta les chrétiens avec beaucoup moins d'acharnement que les païens. Les premiers pouvaient se racheter en payant un tribut. Le dogme de l'unité de Dieu que Jésus-Christ et Moïse avaient si répandu, le Koran le porta dans l'Arabie, l'Afrique et jusqu'aux extrémités des Indes. Considérée sous ce point de vue, la religion mahométane a été la succession des deux autres ; toutes les trois ont déraciné le paganisme.

§ III.

Né chez un peuple corrompu, assujetti, comprimé, le christianisme prêcha la soumission et l'obéissance, afin de désintéresser les souverains. Il chercha à s'établir par l'insinuation, la persuasion et la patience. Jésus-Christ, simple prédicateur, n'exerça aucun pouvoir sur la terre, *mon règne n'est pas de ce monde*, disait-il. Il le prêchait dans le temple, il le prêchait en particulier à ses disciples. Il leur accorda le don de la parole, fit des miracles, ne se révolta jamais contre la puissance établie, et mourut sur une croix, entre deux larrons, en exécution du jugement d'un simple préteur idolâtre.

La religion mahométane née chez une nation guerrière et libre, prêcha l'intolérance et la destruction des infidèles. A l'opposé de Jésus-Christ, Mahomet fut roi! Il déclara que tout l'univers devait être soumis à son empire, et ordonna d'employer le sabre pour anéantir l'idolâtre et l'infidèle. Les tuer fut une œuvre méritoire. Les idolâtres qui étaient en Arabie furent bientôt convertis ou détruits. Les infidèles qui étaient en Asie, en Syrie, et en Egypte furent attaqués et conquis. Aussitôt que l'islamisme eut triomphé à la Mecque et à Médine, il servit de point de ralliement aux diverses tribus d'Arabes. Toutes furent fanatisées, et une nation entière se précipita sur ses voisins.

Les successeurs de Mahomet régnèrent sous le titre de califes. Ils réunissaient à la fois le glaive et l'encensoir. Les premiers califes prêchaient tous les jours dans la mosquée de Médine ou dans celle de la Mecque, et de là envoyaient des ordres à leurs armées, qui déja couvraient une partie de l'Afrique et de l'Asie. Un ambassadeur de Perse, qui arriva à Médine, fut fort étonné de trouver le calife Omar dormant au milieu d'une foule de mendiants sur le seuil de la mosquée. Dans la suite, lorsque Omar se rendit à Jérusalem, il voyageait sur un chameau qui portait ses provisions, n'avait qu'une tente de toile grossière, et n'était distingué des autres musulmans que par son extrême simplicité. Durant les dix années de son règne, il conquit quarante mille villes, détruisit cinquante mille églises, fit bâtir deux mille mosquées. Le calife Aboubeker qui ne prenait au trésor, pour sa maison, que trois pièces d'or par jour, en donnait cinq cents à chaque Mossen, qui s'était trouvé avec le prophète au combat de Bender.

Les progrès des Arabes furent rapides; leurs armées mues par le fanatisme attaquèrent à la fois l'empire romain et celui de Perse. Ce dernier fut subjugué en peu de temps, et les musulmans pénétrèrent jusqu'aux frontières de l'Oxus, s'emparèrent de trésors innombrables, détruisirent l'empire de Cosroès, et s'avancèrent jusqu'à la Chine. Les victoires qu'ils remportèrent en Syrie, à Aiquadie, à Dyrmonck, leur livrèrent Damas, Alep, Emesse, Césarée, Jérusalem .La prise de Pelouse et d'Alexandrie les rendit maîtres de l'Égypte. Tout ce pays était cophte et fort séparé de Constantinople par les discussions d'hérésie. Kaleb, Derar, Amroug, surnommés les glaives ou les épées du prophète, n'éprouvèrent aucune résistance. Tout obstacle eût été inutile. Au milieu des assauts, au milieu des batailles, ces guerriers voyaient des houris au teint blanc et aux yeux bleus ou noirs, couvertes de chapeaux de diamants, qui les appelaient et leur tendaient les bras; leurs ames s'enflammaient à cette vue, ils s'élançaient en aveugles et cherchaient la mort qui allait mettre ces beautés en leur puissance. C'est ainsi qu'ils se sont rendus maîtres des belles plaines de la Syrie, de l'Égypte et de la Perse; c'est ainsi qu'ils ont soumis le monde.

§ IV.

Un préjugé bien répandu et cependant démenti par l'histoire, c'est que Mahomet était ennemi des sciences, des arts et de la littérature. On a beaucoup cité le mot du calife Omar, lorsqu'il fit brûler la bibliothèque d'Alexandrie :
« Si cette bibliothèque renferme ce qui se trouve
« dans le Koran, elle est inutile; si elle contient

« autre chose, elle est dangereuse. » Un pareil fait et beaucoup d'autres de cette nature ne doivent point faire oublier ce que l'on doit aux califes arabes. Ils étendirent constamment la sphère des connaissances humaines, et embellirent la société par les charmes de leur littérature. Il est possible néanmoins que dans l'origine, les successeurs de Mahomet aient craint que les Arabes ne se laissassent amollir par les arts et les sciences, qui étaient portés à un si haut point dans l'Égypte, la Syrie et le bas-empire. Ils avaient sous les yeux la décadence de l'empire de Constantin, due en partie à de perpétuelles discussions scholastiques et théologiques. Peut-être ce spectacle les avait-il indisposés contre la plupart des bibliothèques qui dans le fait contenaient en majorité des livres de cette nature. Quoi qu'il en soit, les Arabes ont été pendant cinq cents ans la nation la plus éclairée du monde. C'est à eux que nous devons notre système de numération, les orgues, les cadrans solaires, les pendules et les montres. Rien de plus élégant, de plus ingénieux, de plus moral que la littérature persane, et, en général, tout ce qui est sorti de la plume des littérateurs de Bagdad, et de Bassora.

Les empires ont moins de durée en Asie que dans l'Europe, ce qu'on peut attribuer aux circonstances géographiques. L'Asie est environnée d'immenses déserts, d'où s'élancent tous les trois ou quatre siècles des peuplades guerrières, qui culbutent les plus vastes empires. De là sont sortis les Ottomans, et dans la suite les Tamerlan et les Gengiskan.

Il paraît que les législateurs souverains de ces peuplades se sont toujours attachés à leur conserver des mœurs nationales et une physionomie originaire. C'est ainsi qu'ils empêchèrent que le janissaire d'Égypte ne devînt arabe, que le janissaire d'Andrinople ne devînt grec. Le principe adopté par eux de s'opposer à toute espèce d'innovation dans les habitudes et les mœurs, leur fit proscrire les sciences et les arts. Mais il ne faut attribuer cette mesure ni aux préceptes de Mahomet, ni à la religion du Koran, ni au naturel arabe.

§ V.

Mahomet restreignit à quatre, le nombre des femmes que chaque musulman pouvait épouser. Aucun législateur d'Orient n'en avait permis aussi peu. On se demande pourquoi il ne supprima point la polygamie, comme l'avait fait la religion chrétienne; car il est bien constant que le nombre des femmes, en Orient, n'est nulle part supérieur à celui des hommes. Il était donc naturel de n'en permettre qu'une, afin que tous pussent en avoir.

C'est encore un sujet de méditation que ce contraste entre l'Asie et l'Europe. Chez nous, les législateurs n'autorisent qu'une seule femme; Grecs ou Romains, Gaulois ou Germains, Espagnols ou Bretons, tous enfin ont adopté cet usage. En Asie, au contraire, la polygamie fut constamment permise; Juifs ou Assyriens, Tartares ou Persans, Egyptiens ou Turcomans, purent toujours avoir plusieurs femmes.

Peut-être faut-il chercher la raison de cette différence dans la nature des circonstances géographiques de l'Afrique et de l'Asie. Ces pays étant habités par des hommes de plusieurs couleurs, la polygamie est le seul moyen d'empêcher qu'ils ne se persécutent. Les législateurs ont pensé que pour que les blancs ne fussent pas ennemis des noirs, les noirs des blancs, les cuivrés des uns et des autres, il fallait les faire tous membres d'une même famille, et lutter ainsi contre ce penchant de l'homme, de haïr tout ce qui n'est pas lui. Mahomet pensa que quatre femmes étaient suffisantes pour atteindre ce but, parce que chaque homme pouvait avoir une blanche, une noire, une cuivrée et une femme d'une autre couleur. Sans doute il était aussi dans la nature d'une religion sensuelle de favoriser les passions de ses sectateurs; et en cela la politique et le prophète ont pu se trouver d'accord (1).

Lorsqu'on voudra dans nos colonies donner la liberté aux noirs et y établir une égalité parfaite, il faudra que le législateur autorise la polygamie et permette d'avoir à la fois une femme blanche, une noire et une mulâtre Dès lors les différentes couleurs faisant partie d'une même famille seront confondues dans l'opinion de chacune ; sans cela on n'obtiendra jamais des résultats satisfaisants. Les noirs seront ou plus nombreux ou plus habiles, et alors ils tiendront les blancs dans l'abaissement *et vice versa.*

Par suite de ce principe général de l'égalité des couleurs, qu'a établi la polygamie, il n'y

---

(1) On comprend difficilement la possibilité d'avoir quatre femmes, dans un pays où il n'y a pas plus de femmes que d'hommes. C'est qu'en réalité, les onze douzièmes de la population n'en ont qu'une, parce qu'ils ne peuvent en nourrir qu'une, parce qu'ils n'en trouvent qu'une. Mais cette confusion des races, des couleurs, et des nations que produit la polygamie, existant dans la tête des nations, est suffisante pour établir l'union et la parfaite égalité entre elles..

avait aucune différence entre les individus composant la maison des Mámelucks. Un esclave noir qu'un bey avait acheté d'une caravane d'Afrique, devenait catchef et était égal au beau Mameluck blanc, originaire de Circassie ; et l'on ne soupçonnait même pas qu'il en pût être autrement.

§ VI.

L'esclavage n'est pas et n'a jamais été dans l'Orient ce qu'il fut en Europe. Les mœurs sous ce rapport sont restées les mêmes que celles de l'Écriture. La servante se marie avec le maître.

La loi des Juifs supposait si peu de distinction entre eux, qu'elle prescrit ce que la servante doit devenir, lorsqu'elle épouse le fils de la maison. De nos jours encore, un musulman achète un esclave, l'élève, et s'il lui plaît, l'unit à sa fille et le fait héritier de sa fortune, sans que cela choque en rien les coutumes du pays.

Mourah-Bey, Aly-Bey, avaient été vendus à des beys dans un âge encore tendre, par des marchands qui les avaient achetés eux-mêmes en Circassie. Ils remplirent d'abord les plus bas offices dans la maison de leurs maîtres. Mais leur jolie figure, leur aptitude aux exercices du corps, leur bravoure ou leur intelligence, les firent arriver progressivement aux premières places. Il en est de même chez les pachas, les visirs et les sultans. Leurs esclaves parviennent comme parviendraient leurs fils.

En Europe, au contraire, quiconque était empreint du sceau de l'esclavage, demeurait pour toujours dans le dernier rang de la domesticité. Chez les Romains l'esclave pouvait être affranchi, mais il conservait un caractère déshonnête et bas; jamais il n'était considéré comme un citoyen né libre. L'esclavage des colonies, fondé sur la différence des couleurs, est bien plus rigide et plus avilissant encore.

Les résultats de la polygamie, la manière dont les Orientaux considèrent l'esclavage et traitent leurs esclaves, diffèrent tellement de nos mœurs et de nos idées sur la servitude, que nous concevons difficilement tout ce qui passe chez eux.

Il fallut également beaucoup de temps aux Egyptiens pour comprendre que tous les Français n'étaient pas les esclaves de Napoléon, et encore n'y a-t-il eu que les plus éclairés d'entre eux qui y soient parvenus.

Tout père de famille, en Orient, possède sur sa femme, ses enfants et ses esclaves, un pouvoir absolu que l'autorité publique ne peut modifier. Esclave du grand-seigneur, il exerce au-dedans le despotisme auquel il est lui-même soumis au-dehors; et il est sans exemple qu'un pacha ou un officier quelconque ait pénétré dans l'intérieur d'une famille pour en troubler le chef dans l'exercice de son autorité, c'est une chose qui choquerait les coutumes, les mœurs et le caractère national. Les Orientaux se considèrent comme maîtres dans leurs maisons, et tout agent du pouvoir qui veut exercer sur eux son ministère, attend qu'ils en sortent ou les envoie chercher.

§ VII.

Les mahométans ont beaucoup de cérémonies religieuses et un grand nombre de mosquées où les fidèles vont prier plusieurs fois par jour. Les fêtes sont célébrées par de grandes illuminations dans les temples et dans les rues, et quelquefois par des feux d'artifice.

Ils ont aussi des fêtes pour leur naissance, leur mariage et la circoncision de leurs enfants; cette dernière est celle qu'ils célèbrent avec le plus d'affection. Toutes se font avec plus de pompe extérieure que les nôtres. Leurs funérailles sont majestueuses et leurs tombeaux d'une architecture magnifique.

Aux heures indiquées les musulmans font leurs prières, en quelque lieu qu'ils se trouvent; les esclaves déploient des tapis devant eux, et ils s'agenouillent la face vers l'Orient.

La charité et l'aumône sont recommandées dans tous les chapitres du Koran, comme la manière d'être la plus agréable à Dieu et au prophète. Sacrifier une partie de sa fortune pour des établissements publics, surtout creuser un canal, un puits, élever une fontaine, sont des œuvres méritoires par excellence. L'établissement d'une fontaine, d'un réservoir, se lie fréquemment à celui d'une mosquée ; partout où il y a un temple, il y a de l'eau en abondance. Le prophète paraît l'avoir mise sous la protection de la religion. C'est le premier besoin du désert, il faut la recueillir et la conserver avec soin.

Ali a peu de sectateurs dans l'Arabie, l'empire turc, l'Égypte et la Syrie. Nous n'y avons trouvé que les Mutualis. Mais toute la Perse jusqu'à l'Indus est de la secte de ce calife.

§ VIII.

Le général en chef alla célébrer la fête du prophète chez le scheick El-Bekir. On commença par réciter une espèce de litanie qui comprenait la vie de Mahomet depuis sa naissance jusqu'à sa mort. Une centaine de scheicks assis en cercle sur des tapis et les jambes croisées, en récitaient tous les versets en balançant fortement le corps en avant et en arrière, et tous ensemble.

Après cela on servit un grand dîner, pendant lequel on fut assis sur des coussins, les jambes croisées. Il y avait une vingtaine de tables et cinq ou six personnes à chaque table. Celle du général en chef et du scheick El-Bekir était au milieu; un petit plateau d'un bois précieux et de marqueterie fut placé à dix-huit pouces de terre et couvert successivement d'un grand nombre de plats. C'était des pilaux de riz, des rôtis d'une espèce particulière, des entrées, des pâtisseries, le tout fort épicé. Les scheicks dépeçaient tout avec leurs doigts. Aussi offrit-on pendant le dîner trois fois à laver les mains. On servit pour boisson de l'eau de groseille, de la limonade et plusieurs autres espèces de sorbets, et au dessert beaucoup de compotes et de confitures. Au total, le dîner n'était point désagréable; il n'y avait que la manière de le prendre qui nous parût étrange.

Le soir toute la ville fut illuminée, On alla après le dîner sur la place El-Bekir, dont l'illumination en verres de couleurs était fort belle. Il s'y trouvait un peuple immense. Tous étaient placés en ordre par rangs de vingt à cent personnes, lesquelles debout et les unes contre les autres récitaient les prières et les litanies du prophète avec des mouvements qui allaient toujours en augmentant, au point qu'à la fin ils paraissaient convulsifs et que quelques-uns tombaient en faiblesse.

Dans le courant de l'année, le général en chef accepta souvent des dîners chez le scheick Sadda, chez le cheick Fayonne et chez d'autres principaux Scheicks. C'étaient des jours de fête dans tout le quartier. Partout on était servi avec la même magnificence et à peu près de la même manière.

MÉMOIRES DE NAPOLÉON.

ÉGYPTE. — USAGES, SCIENCES ET ARTS.

Femmes. — Enfants. — Mariages. — Habillements des hommes, des femmes. — Harnachement des chevaux. — Maisons. — Harems. — Jardins. — Arts et sciences. — Artisans. — Navigation du Nil et des canaux. — Transports. — Chameaux. — Dromadaires. — Anes, chevaux. — Institut d'Égypte. — Travaux de la commission des savants. — Hôpitaux, diverses maladies, peste. — Lazarets. — Travaux faits au Caire. — Anecdote.

§ 1er.

LES femmes en Orient vont voilées ; un morceau de toile leur couvre le nez et surtout les lèvres et ne laisse voir que leurs yeux. Lorsque, par l'effet d'un accident, quelques Égyptiennes se sont trouvées surprises sans leur voile, et couvertes seulement de cette longue chemise bleue qui compose le vêtement des femmes de fellahs, elles prenaient le bas de leur chemise pour cacher leur figure, aimant mieux découvrir le milieu et le bas de leur corps.

Le général en chef eut plusieurs fois occasion d'observer quelques femmes des plus distinguées du pays, auxquelles il accorda des audiences. C'étaient ou des veuves de beys ou de katchefs, ou leurs épouses, qui, pendant leur absence, venaient implorer sa protection. La richesse de leur habillement, la noblesse de leur démarche, de petites mains douces, de beaux yeux, un maintien noble et gracieux et des manières très-élégantes dénotaient en elles des femmes d'un rang et d'une éducation au-dessus du vulgaire. Elles commençaient toujours par baiser la main du *sultan Kébir* (1) qu'elles portaient ensuite à leur front, puis à leur estomac. Plusieurs exprimaient leurs demandes avec une grace parfaite, un son de voix enchanteur, et développaient tous les talents, toute l'aménité des plus spirituelles Eu-

---

(1) Les Arabes désignaient ainsi Napoléon; le mot *Kébir* veut dire *Grand*.

ropéennes. La décence de leur maintien, la modestie de leurs vêtements y ajoutaient des graces nouvelles; et l'imagination se plaisait à deviner des charmes qu'elles ne laissaient pas même entrevoir.

Les femmes sont sacrées chez les Orientaux, et dans les guerres intestines on les épargne constamment. Celles des Mamelucks conservèrent leurs maisons au Caire, pendant que leurs maris faisaient la guerre aux Français. Napoléon envoya Eugène son beau-fils complimenter la femme de Mourah-Bey qui avait sous ses ordres une cinquantaine d'esclaves appartenant à ce chef mameluck et à des katchefs. C'était une espèce de couvent de religieuses dont elle était l'abbesse. Elle reçut Eugène sur son grand divan, dans le harem, où il entra par exception, et comme envoyé du *sultan Kébir*. Toutes les femmes voulurent voir le jeune et joli Français, et les esclaves eurent beaucoup de peine à contenir leur curiosité et leur impatience. L'épouse de Mourah-Bey était une femme de cinquante ans, et avait la beauté et les graces que comporte cet âge. Elle fit, suivant l'usage, apporter du café et des sorbets dans de très-riches services et avec un appareil somptueux. Elle ôta de son doigt une bague de mille louis qu'elle donna au jeune officier. Souvent elle adressa des réclamations au général en chef, qui lui conserva ses villages et la protégea constamment. Elle passait pour une femme d'un mérite distingué. Les femmes passent de bonne heure en Égypte ; et l'on y trouve plus de brunes que de blondes. Généralement, leur visage est un peu coloré, et elles ont une teinte de cuivre. Les plus belles sont des Grecques ou des Circassiennes, dont les bazars des négociants qui font ce commerce sont toujours abondamment pourvus. Les caravanes de Darfour et de l'intérieur de l'Afrique amènent un grand nombre de belles noires.

§ II.

Les mariages se font sans que les époux se soient vus ; la femme peut bien avoir aperçu l'homme, mais celui-ci n'a jamais aperçu sa fiancée, ou du moins les traits de son visage.

Ceux des Égyptiens qui avaient rendu des services aux Français, quelquefois même des scheicks, venaient prier le général en chef de leur accorder pour femme, telle personne qu'ils désignaient. La première demande de ce genre fut faite par un aga des janissaires, espèce d'agent de police qui avait été fort utile aux Français, et qui desirait épouser une veuve très-riche; cette proposition parut singulière à Napoléon. Mais vous aime-t-elle? — Non. — Le voudra-t-elle? — Oui, si vous lui ordonnez. En effet, aussitôt qu'elle connut la volonté du *sultan Kébir,* elle accepta, et le mariage eut lieu. Par la suite cela se répéta fréquemment.

Les femmes ont leurs privilèges. Il est des choses que les maris ne sauraient leur refuser sans être des barbares, des monstres, sans soulever tout le monde contre eux; tel est, par exemple, le droit d'aller au bain. Ce sont des bains de vapeur où les femmes se réunissent; c'est là que se trament toutes les intrigues politiques ou autres; c'est là que s'arrangent les mariages. Le général Menou ayant épousé une femme de Rosette, la traita à la française. Il lui donnait la main pour entrer dans la salle à manger; la meilleure place à table, les meilleurs morceaux étaient pour elle. Si son mouchoir tombait, il s'empressait de le ramasser. Quand cette femme eut conté ces circonstances dans le bain de Rosette, les autres conçurent une espérance de changement dans les mœurs, et signèrent une demande au *sultan Kébir* pour que leurs maris les traitassent de la même manière.

§ IV.

L'habillement des Orientaux n'a rien de commun avec le nôtre. Au lieu de chapeau, ils se couvrent la tête d'un turban, coiffure beaucoup plus élégante, plus commode, et qui étant susceptible d'une grande différence dans la forme, la couleur et l'arrangement, permet de remarquer au premier coup-d'œil la diversité des peuples et des rangs. Leur col est libre ainsi que leurs jarrets; un Oriental peut rester des mois entiers dans son habillement, sans s'y trouver fatigué. Les différents peuples et les différents états sont comme de raison habillés de manières différentes; mais tous ont de commun la largeur des pantalons, des manches et de toutes les formes de leur habillement. Pour se mettre à l'abri du soleil, ils se couvrent de schalls. Il entre dans les vêtements des hommes comme dans celui des femmes beaucoup de soieries, d'étoffes des Indes et de cachemires. Ils ne portent point de linge. Les fellahs ne sont couverts que d'une seule chemise bleue liée au milieu du corps. Les chefs des Arabes qui parcourent les déserts dans le fort de la canicule, sont couverts de schalls de toutes couleurs qui mettent les différentes parties de leur corps à l'abri du soleil et qu'ils drapent par-dessus leur tête. Au lieu de souliers, les hommes et les femmes ont des pantoufles qu'ils laissent en entrant dans les appartements sur le bord des tapis.

§ V.

Les harnachements de leurs chevaux sont extrêmement élégants. La tenue de l'état-major français, quoique couvert d'or et étalant tout le luxe de l'Europe, leur paraissait mesquine, et était effacée par la majesté de l'habillement oriental. Nos chapeaux, nos culottes étroites, nos habits pincés, nos cols qui nous étranglent, étaient pour eux un objet de risée et d'aversion. Les Orientaux n'ont pas besoin de changer de costume pour monter à cheval; ils ne se servent point d'éperons, et mettent leurs pieds dans de larges étriers qui leur rendent inutiles les bottes et la toilette spéciale que nous sommes obligés de faire pour cet exercice. Les Francs ou les chrétiens qui habitent l'Égypte, vont sur des mules ou sur des ânes, à moins que ce ne soient des personnes d'un rang élevé.

§ VI.

L'architecture des Égyptiens approche plus

de celle de l'Asie que de la nôtre. Les maisons ont toutes une terrasse, sur laquelle on se promène; il y en a même où l'on prend des bains. Elles ont plusieurs étages. Au rez-de-chaussée, est une espèce de parloir où le maître de la maison reçoit les étrangers et donne à manger. Au premier, est ordinairement le harem, avec lequel on ne communique que par des escaliers dérobés. Le maître a dans son appartement une petite porte qui y conduit. D'autres petits escaliers de ce genre sont pour le service. On ne sait ce que c'est qu'un escalier d'apparat.

Le harem consiste dans une grande salle en forme de croix; vis-à-vis règne un corridor où se trouvent un grand nombre de chambres. Autour du salon sont des divans plus ou moins riches, et au milieu un petit bassin en marbre d'où s'échappe un jet d'eau. Souvent ce sont des eaux de rose ou d'autres essences qui en jaillissent et parfument l'appartement. Toutes les fenêtres sont couvertes d'une espèce de jalousie en treillages. Il n'y a point de lits dans les maisons, les Orientaux couchent sur des divans ou sur des tapis. Quand ils n'ont point d'étrangers, ils mangent dans leur harem, ils y dorment et y passent leurs moments de repos. Aussitôt que le maître arrive, les femmes s'empressent à le servir: l'une lui présente sa pipe, l'autre son coussin, etc. Tout est là pour le service du maître.

Les jardins n'ont point d'allées, ce sont des berceaux de gros arbres où l'on peut prendre le frais et fumer assis. L'Égyptien, comme tous les Orientaux, emploie à ce dernier passe-temps une grande partie de la journée; cela lui sert d'occupation et de contenance.

§ VII.

Les arts et les sciences sont dans leur enfance en Égypte. A Jemilazar on enseigne la philosophie d'Aristote, les règles de la langue arabe, l'écriture et un peu d'arithmétique, on explique et discute les différents chapitres du Koran, et l'on montre la partie de l'histoire des califes, nécessaire pour connaître et juger les différentes sectes de l'islamisme. Du reste, les Arabes ignorent complètement les antiquités de leur pays, et leurs notions sur la géographie et la sphère sont très-superficielles et très-fausses. Il y avait au Caire quelques astronomes dont la science se bornait à pouvoir rédiger l'almanach.

Par suite de cette ignorance, ils ont peu de curiosité. La curiosité n'existe que chez les peuples assez avancés pour distinguer ce qui est naturel de ce qui est extraordinaire. Les ballons ne firent point sur eux l'effet que nous avions supposé. Les Pyramides n'ont été intéressantes pour eux que parce qu'ils se sont aperçus de l'intérêt qu'elles excitent dans les étrangers. Ils ne savent qui les a bâties, et tout le peuple, hormis les plus instruits, les regarde comme une production de la nature; les plus éclairés d'entre eux, nous y voyant attacher tant d'importance, se sont imaginé qu'elles ont été construites par un ancien peuple dont les Francs sont descendus. C'est ainsi qu'ils expliquent la curiosité des Européens. La science qui leur serait le plus utile, c'est la mécanique hydraulique. Les machines leur manquent: cependant ils en ont une ingénieuse pour verser les eaux d'un fossé ou d'un puits sur un terrain plus élevé; le mobile en est le bras ou le cheval. Ils ne connaissent que les moulins à manège; nous n'avons pas trouvé dans toute l'Égypte un seul moulin à eau, ou à vent. L'emploi de ces derniers moulins pour élever les eaux, serait pour eux une grande conquête et pourrait avoir de grands résultats en Égypte. Conté leur en a établi un.

Tous les artisans du Caire sont très-intelligents; ils exécutaient parfaitement ce qu'ils voyaient faire. Pendant la révolte de cette ville, ils fondirent des mortiers et des canons, mais d'une manière grossière et qui rappelait ce qui se faisait dans le treizième siècle.

Les métiers à toile leur étaient connus; ils en avaient même pour broder le tapis de la Mecque. Ce tapis est somptueux et fait avec art. A un dîner du général en chef chez le scheick El-Fayoum, on parlait du Koran : « toutes les « connaissances humaines s'y trouvent », disaient les scheicks. — Y voit-on l'art de fondre les canons et de faire la poudre? demanda Napoléon. Oui, répondirent-ils, mais il faut savoir le lire : distinction scholastique dont toutes les religions ont fait plus ou moins d'usage.

§ VIII.

La navigation du Nil est très-active et très-facile; on le descend avec le courant, on le remonte à l'aide de la voile et du vent du nord qui est constant pendant une saison. Quand celui du sud règne, il faut quelquefois attendre long-temps. Les bâtiments dont on se sert sont appelés djermes. Ils sont plus haut mâtés et voilés que les bâtiments ordinaires, à peu près un tiers de plus, ce qui tient à la nécessité de recevoir les vents par-dessus les monticules qui bordent la vallée.

Le Nil était constamment couvert de ces

djermes; les unes servaient au transport des marchandises, les autres à celui des voyageurs. Il y en a de grandeurs différentes. Les unes naviguent dans les grands canaux du Nil, les autres sont construites pour aller dans les petits. Le fleuve, auprès du Caire, est toujours couvert d'une grande quantité de voiles qui montent ou descendent. Les officiers d'état-major, qui se servaient des djermes pour aller porter des ordres, éprouvaient souvent des accidents. Les tribus arabes, en guerre avec nous, venaient les attendre aux sinuosités du fleuve où le vent leur manquait. Quelquefois aussi en descendant, ces bâtiments s'engravaient et les officiers qu'ils portaient étaient massacrés. Les caïques sont de petites chaloupes ou péniches légères et étroites qui servent pour passer le Nil et pour naviguer, non-seulement sur les canaux, mais aussi sur tout le pays quand il est inondé. Le nombre de bâtiments légers qui couvrent le Nil est plus considérable que sur aucun fleuve du monde, attendu que, pendant plusieurs mois de l'année, on est obligé de se servir de ces embarcations pour communiquer d'un village à l'autre.

§ IX.

Il n'y a en Égypte ni voiture ni charrette. Les transports par eau y sont si multipliés et si faciles, que peut-être les voitures sont moins nécessaires là que partout ailleurs. On citait comme une chose fort remarquable un carrosse qu'Ibrahim-Bey avait reçu de France (1).

On se sert de chevaux pour parcourir la ville, excepté les hommes de loi et les femmes, qui vont sur des mulets ou sur des ânes. Les uns et les autres sont environnés d'un grand nombre d'officiers et de domestiques en uniforme et tenant en main de grands bâtons.

On emploie spécialement les chameaux pour les transports ; ils servent aussi de monture. Les plus légers, qui n'ont qu'une bosse, s'appellent dromadaires. Lorsqu'on le veut monter, l'animal est dressé à se grouper sur ses genoux. Le cavalier se place sur une espèce de bât, les jambes croisées, et conduit le dromadaire par

---

(1) César, cocher de Napoléon, étonnait fort les Égyptiens par son adresse à conduire sa voiture, attelée de six beaux chevaux, dans les rues étroites du Caire et de Boulac. Cette voiture a traversé tout le désert de Syrie jusqu'à Saint-Jean-d'Acre; c'était une des curiosités du pays.

un bridon attaché à un anneau passé dans ses narines. Cette partie du chameau étant très-sensible, l'anneau produit sur lui le même effet que le mors sur le cheval. Il a le pas très-allongé; son allure ordinaire est un grand trot, qui fait sur le cavalier la même impression que le roulis. Il peut faire ainsi facilement une vingtaine de lieues dans un jour.

On met ordinairement de chaque côté des chameaux deux paniers dans lesquels deux personnes se placent, et qui reçoivent aussi des fardeaux. Telle est la manière de voyager des femmes. Il n'est aucune caravane de pélerins où il n'y ait un grand nombre de chameaux équipés pour elles de cette manière. Ces animaux portent jusqu'à mille livres, mais communément six cents. Leur lait et leur chair sont bons à manger.

Comme le chameau, le dromadaire boit peu, et peut même supporter la soif plusieurs jours. Il trouve, jusque dans les lieux les plus arides, quelque chose pour se nourrir. C'est l'animal du désert.

Il y a en Égypte une quantité immense d'ânes, ils sont grands et d'une belle race; au Caire ils tiennent en quelque sorte lieu de fiacres : les soldats, moyennant un petit nombre de paras, en avaient un à leur disposition pour toute une journée. Lors de l'expédition de Syrie, on en comptait dans l'armée plus de 8000. Ils rendirent les plus grands services.

Les chevaux des déserts qui touchent à l'Égypte sont les plus beaux du monde. Les étalons de cette race ont servi à améliorer toutes celles d'Europe. Les Arabes portent un grand soin à maintenir la race pure. Ils ont la généalogie de leurs juments et étalons.

Ce qui distingue le cheval arabe, est la vîtesse et surtout le moelleux et la douceur de ses allures. Il ne boit qu'une fois par jour, trotte rarement, et va presque toujours au pas ou au galop. Il peut s'arrêter brusquement sur ses jambes de derrière, ce qu'il serait impossible d'obtenir de nos chevaux.

§ X.

L'institut d'Égypte fut composé de membres de l'institut de France, et des savants et artistes de la commission étrangers à ce corps. Ils se réunirent et s'adjoignirent plusieurs officiers d'artillerie, d'état-major et autres qui avaient cultivé les sciences ou les lettres.

L'institut fut placé dans un des palais des beys. La grande salle du harem, au moyen de quelques changements qu'on y fit, devint le lieu des séances, et le reste du palais servit d'habitation aux savants. Devant ce bâtiment était un vaste jardin qui donnait dans la campagne, et près duquel on éleva sur un monticule le fort dit de l'Institut.

On avait apporté de France un grand nombre de machines et instruments de physique, d'astronomie et de chimie. Ils furent distribués dans les diverses salles, qui se remplirent aussi successivement de toutes les curiosités du pays, soit du règne animal, soit du règne végétal, soit du règne minéral.

Le jardin devint jardin de botanique.

Un laboratoire de chimie fut placé au quartier-général; plusieurs fois par semaine Berthollet y faisait des expériences, auxquelles assistaient Napoléon et un grand nombre d'officiers.

L'établissement de l'institut excita vivement la curiosité des habitants du Caire. Instruits que ces assemblées n'avaient pour objet aucune affaire religieuse, ils se persuadèrent que c'étaient des réunions d'alchimistes, où l'on cherchait le moyen de faire de l'or.

Les mœurs simples des savants, leurs constantes occupations, les égards que leur témoignait l'armée, leur utilité pour la fabrication des objets d'art et de manufacture pour lesquels ils se trouvaient en relation avec les artistes du pays, leur acquirent bientôt la considération et le respect de toute la population.

§ XI.

Les membres de l'institut furent aussi employés dans l'administration civile. Monge et Berthollet furent nommés commissaires près du grand-divan, le mathématicien Fourrier près du divan du Caire. Costaz fut mis à la tête de la rédaction d'un journal ; les astronomes Nourris et Noël parcoururent les points principaux de l'Égypte pour en fixer la position géographique et surtout celle des anciens monuments. On voulait par-là réaccorder la géographie ancienne avec la nouvelle.

L'ingénieur des ponts et chaussées, Lepeyre, fut chargé de niveler et de faire le projet du canal de Suèz, et l'ingénieur Girard d'étudier le système de navigation du Nil.

Un des membres de l'institut eut la direction de la monnaie du Caire. Il fit fabriquer une grande quantité de paras, petite monnaie de cuivre. C'était une opération avantageuse, le trésor y gagnait plus de 60 pour cent. Les paras se répandaient, non-seulement en Égypte, mais encore en Afrique et dans les déserts d'Arabie; et au lieu de gêner la circulation et de nuire au change, inconvénient des monnaies de cuivre, elles les favorisaient. Conté établit plusieurs manufactures et usines.

Les fours pour faire éclore les poulets, que l'Égypte possède de toute antiquité, excitèrent vivement l'attention de l'institut : Dans plusieurs autres pratiques que ce pays tenait de tradition, on reconnut des traces qui furent précieusement recueillies comme utiles à l'histoire des arts, et pouvant faire retrouver d'anciens procédés perdus.

Le général Andréossy reçut la mission scientifique et militaire de reconnaître les lacs Menzaleh, Bourlos et Natron. Geoffroy s'occupa de l'histoire naturelle. Les dessinateurs Dutertre et Rigolo dessinaient tout ce qui pouvait donner une idée des coutumes et des monuments de l'antiquité. Ils firent les portraits de tous les hommes du pays qui s'étaient dévoués au général en chef; cette distinction les flattait beaucoup.

Le général Caffarelly, le colonel Sukolski, lurent souvent à l'institut, des mémoires curieux qui ont été recueillis parmi ceux de cette société.

Lorsque la haute Égypte fut conquise, ce qui n'eut lieu que dans la seconde année, toute la commission des savants s'y rendit pour s'occuper de la recherche des antiquités.

Ces divers travaux ont donné lieu au magnifique ouvrage sur l'Égypte, rédigé et gravé dans les quinze premières années de ce siècle, et qui a coûté plusieurs millions.

§ XII.

Le climat est sain dans toute l'Égypte ; néanmoins une des premières sollicitudes de l'administration fut la formation des hôpitaux. Tout était à faire sous ce rapport. La maison d'Ibraïm-Bey, située au bord du canal de Rodah, à un quart de lieue du Caire, fut destinée au grand hôpital. On le rendit capable de recevoir cinq cents malades. Au lieu de bois de lit, on se servit de grands paniers d'osier, sur lesquels on plaçait des matelas de coton ou de laine, et des paillasses que l'on fit avec de la paille de blé et celle de maïs qui, ne manquait pas. En peu de temps cet hospice fut abondamment fourni de tout. On en établit de semblables à Alexandrie, ainsi qu'à Rosette et à Damiette, et l'on donna une grande étendue aux hôpitaux régimentaires.

Les maux d'yeux ont fort incommodé l'armée française en Égypte ; plus de la moitié des soldats en a été atteinte. Cette maladie provient, dit-on, de deux causes; des sels qui se trouvent dans le sable et la poussière, et affectent nécessairement la vue, et de l'irritation que produit le défaut de transpiration pendant des nuits très-fraîches qui succèdent à des jours brûlants. Quoiqu'il en soit de cette explication, ces ophthalmies résultent évidemment du climat. Saint Louis, de retour de son expédition du Levant, ramena une foule d'aveugles; et c'est ce qui donna lieu à l'établissement de l'hospice des Quinze-Vingts à Paris.

§ XIII.

La peste arrive toujours des côtes et jamais de la haute Égypte. On plaça des lazarets à Alexandrie, à Rosette et à Damiette; on en construisit aussi un très-beau dans l'île de Rodah; et lorsque la peste parut, on mit en vigueur tout le système des lois sanitaires de Marseille. Ces précautions nous furent très-utiles. Elles étaient tout-à-fait inconnues aux habitants, qui s'y soumirent d'abord avec répugnance, mais qui finirent par en sentir l'utilité. C'est pendant l'hiver que la peste a lieu; en juin elle disparaît entièrement. On a fort souvent agité la question de savoir si cette maladie est endémique à l'Égypte. Ceux qui sont pour l'affirmative, croient avoir remarqué qu'elle se déclare à Alexandrie ou sur les côtes de Damiette, pendant les années où, par exception, il pleut dans ces pays. Aussi est-il sans exemple qu'elle ait commencé au Caire et dans la haute Égypte où il ne pleut jamais. Les personnes qui pensent qu'elle vient de Constantinople ou des autres points de l'Asie, se fondent également sur ce que les premiers symptômes se manifestent toujours le long des côtes.

§ XIV.

On fit à la maison d'Elfy-Bey, qu'occupait le général en chef sur la place d'El-Bekir, divers travaux qui avaient pour objet de l'accommoder à notre usage. On commença par la construction d'un grand escalier qui conduisait au premier étage, le rez-de-chaussée ayant été laissé pour les bureaux et l'état-major. Le jardin subit aussi des changements. Il ne s'y trouvait aucune allée; on en pratiqua un grand nombre, ainsi que des bassins de marbre et des jets d'eau. Les Orientaux aiment peu la promenade; marcher quand on peut être assis, leur paraissait un contre-sens qu'ils n'expliquaient que par la pétulance du caractère français.

Des entrepreneurs établirent dans le jardin du Caire une espèce de Tivoli où l'on trouvait, comme à celui de Paris, des illuminations, des feux d'artifice et des promenades. Le soir c'était le rendez-vous de l'armée et des gens du pays.

On construisit, du Caire à Boulac, une chaussée de communication qui pouvait servir en tout temps, même pendant l'inondation. On éleva un théâtre, et un grand nombre de maisons furent arrangées et adaptées à nos usages comme celle du général en chef. Une manutention fut établie (1). On bâtit, à la pointe de l'île de Roda, plusieurs moulins à vent pour faire de la farine; et on commençait à en employer pour faire monter les eaux et pour servir à l'arrosement des terres. On avait fondé plusieurs écluses et préparé tout ce qui était nécessaire pour commencer les travaux du canal de Suèz; mais les fortifications et les bâtiments militaires occupèrent dans cette première année, tous les bras et toute l'activité de l'armée.

---

(1) **Les Égyptiens chauffent leurs fours, partie avec des roseaux**, partie avec de la fiente de chameau ou de cheval, séchée au soleil, et qui sert alors de combustible.

§ XV.

Napoléon donnait souvent à dîner aux scheicks. Quoique nos usages fussent fort différents des leurs, ils trouvaient très-commodes la chaise, la fourchette, les couteaux. A la fin d'un de ces dîners, il demanda un jour au cheick El-Mondi : « Depuis six mois que je suis avec vous, que vous ai-je appris qui vous paraisse le plus utile ? Ce que vous m'avez appris de plus utile, répondit le scheick, moitié sérieux, moitié riant, c'est de boire en mangeant. » L'usage des Arabes est de ne boire qu'à la fin du repas.

NOTE SUR LA SYRIE.

L'Arabie a la figure d'un trapèze. Un de ses côtés, borné par la mer rouge et l'isthme de Suez, a cinq cents lieues. Celui qui s'étend depuis le détroit de Babel-Mandel jusqu'au cap de Razelgate en a quatre cent cinquante. Le troisième, qui, de Razelgate, traverse le golfe Persique et l'Euphrate, et s'étend jusqu'aux montagnes qui avoisinent Alep et bornent la Syrie, a six cents lieues; c'est le plus grand. Le quatrième, qui est le moins considérable, a cent cinquante lieues depuis Raffa, limite de l'Égypte, jusqu'au-delà d'Alexandrette et des monts Rosas; il sépare l'Arabie de la Syrie. Cette dernière contrée a, dans toute la longueur dont nous parlons, ses terres cultivées sur trente lieues de largeur; et le désert qui en fait partie, s'étend l'espace de trente lieues jusqu'à Palmyre. La Syrie est bornée au nord par l'Asie mineure, à l'occident par la Méditerranée, au midi par l'Égypte, et à l'orient par l'Arabie; ainsi elle est le complément de ce pays, et forme avec lui une grande île, comprise entre la Méditerranée, la mer Rouge, l'Océan, le golfe Persique et l'Euphrate. La Syrie diffère totalement de l'Égypte par sa population, son climat et son sol. Celle-ci est une seule plaine formée par la vallée d'un des plus grands fleuves du monde; l'autre est la réunion d'un grand nombre de vallées. Les cinq sixièmes du terrain sont des collines ou des montagnes, dont une chaîne traverse toute la Syrie, et suit parallèlement les côtes de la Méditerranée à la distance de dix lieues. A droite, elle verse ses eaux dans deux rivières qui coulent dans la direction qu'elle suit elle-même, le Jourdain et l'Oronte. Ces fleuves prennent leur source au mont Liban, qui est le centre de la Syrie et le point le plus élevé de cette chaîne. De là, l'Oronte se dirige entre les montagnes et l'Arabie, du sud au nord, et, après un cours de soixante lieues, se jette dans la mer près du golfe d'Antioche. Comme cette rivière coule très-près du pied des montagnes, elle ne reçoit qu'un petit nombre d'affluents. Le Jourdain, qui prend naissance à vingt lieues de l'Oronte sur l'Anti-Liban, coule du nord au sud. Il reçoit une dixaine d'affluents de la chaîne de montagnes qui traversent la Syrie. Après soixante lieues de cours, il va se perdre dans la mer morte.

Près des sources de l'Oronte, du côté de Balbeck, prennent naissance deux petites rivières. L'une, appelée la Baradée, arrose la plaine de Damas, et va mourir dans le lac de Bahar-el-Margi; l'autre, qui a trente lieues de cours, a également sa source sur les hauteurs de Balbeck, et se jette dans la Méditerranée près de Sour ou Tyr. Le pays d'Alep est baigné par plusieurs ruisseaux qui, partis de l'Asie mineure, viennent se réunir à l'Oronte. Le Koik, qui passe à Alep, vient mourir dans un lac près de cette ville.

Il pleut en Syrie à peu près autant qu'en Europe. Ce pays est très-sain, et offre les sites les plus agréables. Comme il est composé de vallées et de petites montagnes, très-favorables au pâturage, on y élève une grande quantité de bestiaux. On y voit aussi des arbres de toute espèce, et surtout une grande quantité d'oliviers. La Syrie serait très-propre à la culture de la vigne, tous les villages chrétiens y font d'excellent vin.

Cette province est partagée en cinq pachalics; celui de Jérusalem, qui comprend l'ancienne Terre-Sainte; et ceux d'Acre, de Tripoli, de Damas et d'Alep. Alep et Damas sont incomparablement les deux plus grandes villes. Sur les cent cinquante lieues de côtes que présente la Syrie, on trouve la ville de Gaza (située à une lieue de la mer, sans trace de rade ni de port); un très-beau plateau de deux lieues de tour désigne l'emplacement qu'avait cette ville dans sa prospérité. Aujourd'hui elle n'a que peu d'importance. Jaffa ou Joppé est le port le plus voisin de Jérusalem, dont il est à quinze lieues. Outre le port pour les bâtiments, il s'y trouve une rade foraine. Césarée n'offre plus que des ruines. Acre a une rade foraine; mais la ville est peu de chose, on y compte dix ou douze mille habitants. Sour ou Tyr n'est plus qu'un village. Said, Baîrout, Tripoli, sont de petites villes. Le point le plus important de toute cette côte, est le golfe d'Alexandrette situé à vingt lieues d'Alep, à trente de l'Euphrate et à trois cents d'Alexandrie. Il s'y trouve un mouillage pour les plus grandes escadres. Tyr, que le commerce a porté autrefois à un si haut degré de splendeur, et qui a été la métropole de Carthage, paraît avoir dû, en partie, sa prospérité au commerce des Indes qui se faisait, en remontant le golfe Persique et l'Euphrate, en passant par Palmyre, Émesse, et en se dirigeant, selon les différentes époques, sur Tyr ou sur Antioche.

Le point le plus élevé de toute la Syrie est le mont Liban, qui n'est qu'une montagne du troisième ordre, couverte d'énormes pins; et dans la Palestine, c'est le mont Thabor. L'Oronte et le Jourdain, qui sont les plus grands fleuves de ces deux contrées, sont l'un et l'autre de petites rivières.

La Syrie a été le berceau de la religion de Moïse et de celle de Jésus; l'islamisme est né en Arabie. Ainsi le même coin de terre a produit les trois cultes qui ont détruit le polythéisme, et porté sur tous les points du globe, la connaissance d'un seul Dieu créateur.

Presque toutes les guerres des croisés, des XIe, XIIe et XIIIe siècles, ont eu lieu en Syrie; et Saint-Jean d'Acre, Ptolémaïs, Joppé et Damas en ont été principalement le théâtre. L'influence de leurs armes, et leur séjour, qui s'y est prolongé pendant plusieurs siècles, y a laissé dans la population des traces qui s'aperçoivent encore.

Il y a en Syrie beaucoup de juifs, qui accourent de toutes les parties du monde pour mourir en la terre sainte de Japhet. Il s'y trouve aussi beaucoup de chrétiens, dont les uns descendent des croisés, et les autres sont des indigènes qui n'embrassèrent point le mahométisme, lors de la conquête des Arabes. Ils sont confondus ensemble, et il n'est plus possible de les distinguer. Chefamer, Nazareth, Bethléem et une partie de Jérusalem ne sont peuplés que de chrétiens. Dans les pachalics d'Acre et de Jérusalem ils sont, avec les juifs, supérieurs en nombre aux musulmans. Sur le revers du mont Liban, sont les Druses, nation dont la religion se rapproche beaucoup de celle des chrétiens. A Damas et à Alep, les mahométans sont en grande majorité; il y existe cependant un grand nombre de chrétiens syriaques. Les Mutualis, mahométans de la secte d'Ali, qui habitent les bords de la rivière qui, du Liban, coule vers Tyr, étaient autrefois nombreux et puissants; mais, lors de l'expédition des Français en Syrie, ils étaient fort déchus; les cruautés et vexations de Djezzar pacha en avaient détruit un grand nombre. Cependant ceux qui restaient nous rendirent de grands services et se distinguèrent par une rare intrépidité. Toutes les traditions que nous avons sur l'ancienne Égypte, portent sa population très-haut. Mais la Syrie ne peut, sous ce rapport, avoir dépassé les proportions connues en Europe; car là, comme dans les pays que nous habitons, il y a des rochers et des terres incultes.

Au reste, la Syrie, comme tout l'empire turc, n'offre presque partout que des ruines.

NOTE

SUR LES MOTIFS DE L'EXPÉDITION DE SYRIE.

Le principal but de l'expédition des Français en Orient était d'abaisser la puissance anglaise. C'est du Nil que devait partir l'armée qui allait donner de nouvelles destinées aux Indes. L'Égypte devait remplacer Saint-Domingue et les Antilles, et concilier la liberté des noirs avec les intérêts de nos manufactures; la conquête de cette province entraînait la perte de tous les établissements anglais en Amérique et dans la presqu'île du Gange. Les Français une fois maîtres des ports d'Italie, de Corfou, de Malte et d'Alexandrie, la Méditerranée devenait un lac français.

La révolution des Indes devait être plus ou moins prochaine, selon les chances plus ou moins heureuses de la guerre; et les dispositions des habitants de l'Arabie et de l'Égypte plus ou moins favorables, suivant la politique qu'aurait adoptée la Porte dans ces nouvelles circonstances; le seul objet dont on dût s'occuper immédiatement était de conquérir l'Égypte et d'y former un établissement solide; aussi les moyens pour y réussir étaient-ils les seuls prévus. Tout le reste était considéré comme une conséquence nécessaire, on n'en avait que pressenti l'exécution. L'escadre française, réarmée dans les ports d'Alexandrie, approvisionnée et montée par des équipages exercés, suffisait pour imposer à Constantinople. Elle pouvait, si on le jugeait nécessaire, débarquer un corps de troupes à Alexandrette; et l'on se serait trouvé, dans la même année, maître de l'Égypte, de la Syrie, du Nil et de l'Euphrate. L'heureuse issue de la bataille des Pyramides, la conquête de l'Égypte sans essuyer aucune perte sensible, les bonnes dispositions des habitants, le dévouement des chefs de la loi, semblaient d'abord assurer la prompte exécution de ces grands projets. Mais bientôt la destruction de l'escadre française à Aboukir, le contre-ordre donné par le directoire à l'expédition d'Irlande, et l'influence des ennemis de la France sur la Porte, rendirent tout plus difficile.

Cependant deux armées turques se réunissaient, l'une à Rhodes et l'autre en Syrie, pour attaquer les Français en Égypte. Il paraît qu'elles devaient agir simultanément dans le courant de mai, la première en débarquant à Aboukir et la seconde en traversant le désert qui sépare la Syrie de l'Égypte. On apprit dans les premiers jours de janvier que Djezzar pacha venait d'être nommé seraskier de l'armée de Syrie; que son avant-garde, sous les ordres d'Abdalla, était déja arrivée à El-Arisch, s'en était emparée et s'occupait à réparer ce fort qui peut être considéré comme la clef de l'Égypte du côté de la Syrie. Un train d'artillerie de quarante bouches à feu, servi par 1,200 canonniers, les seuls de l'empire qui fussent exercés à l'européenne, venait de débarquer à Jaffa; des magasins considérables se formaient en cette ville, et un grand nombre de bâtiments de transport, dont une partie arrivait de Constantinople, étaient employés à cet effet. A

Gaza, on avait emmagasiné des outres; la renommée voulait qu'il y en eût assez pour mettre une armée de 60,000 hommes à même de traverser le désert.

Si les Français restaient tranquilles en Égypte, ils allaient être attaqués à la fois par les deux armées ; de plus il était à craindre qu'un corps de troupes européennes ne se joignît à elles, et que le moment de l'agression ne coïncidât avec des troubles intérieurs. Dans ce cas, lors même que les Français auraient été vainqueurs, il ne leur était pas possible de profiter de la victoire. Par mer, ils n'avaient point de flotte; par terre, le désert de soixante-quinze lieues qui sépare la Syrie de l'Égypte n'était point praticable pour une armée dans la saison des grandes chaleurs.

Les règles de la guerre prescrivaient donc au général français de prévenir ses ennemis, de traverser le grand désert pendant l'hiver, de s'emparer de tous les magasins que l'ennemi avait formés sur les côtes de la Syrie, d'attaquer et de détruire les troupes au fur et à mesure qu'elles se rassemblaient.

D'après ce plan, les divisions de l'armée de Rhodes étaient obligées d'accourir au secours de la Syrie; et l'Égypte restait tranquille, ce qui nous permettait d'appeler successivement la plus grande partie de nos forces en Syrie. Les Mamelucks de Mourah-Bey et d'Ibraïm-Bey, les Arabes du désert de l'Égypte, les Druses du mont Liban, les Mutualis, les Chrétiens de Syrie, tout le parti du cheick d'Ayer en Syrie, pouvaient se réunir à l'armée maîtresse de cette contrée, et la commotion se communiquait à toute l'Arabie. Les provinces de l'empire ottoman qui parlent arabe, appelaient de leurs vœux un grand changement, et attendaient un homme. Avec des chances heureuses on pouvait se trouver sur l'Euphrate, au milieu de l'été, avec 100,000 auxiliaires, qui auraient eu pour réserve 25,000 vétérans français des meilleures troupes du monde, et des équipages d'artillerie nombreux. Constantinople alors se trouvait menacée; et si l'on parvenait à rétablir des relations amicales avec la Porte, on pouvait traverser le désert et marcher sur l'Indus à la fin de l'automne.

NOTE SUR JAFFA.

Jaffa, ville de 7 à 8,000 habitants, qui était l'apanage de la sultane Validé, est située à seize lieues de Gaza, et à une lieue de la petite rivière de Maar, qui, à son embouchure, n'est pas guéable. L'enceinte, du côté de la terre, est formée par un demi-hexagone; un des côtés regarde Gaza, l'autre le Jourdain, le troisième Acre, et un quatrième longe la mer en forme de demi-cercle concave. Il y a un port, en mauvais état pour les petits bâtiments, et une rade foraine passable. Sur le Koich, est le couvent des Pères de la Terre-Sainte (récollets chaussés), chargés du Nazareth et propriétaires de plusieurs autres communautés en Palestine. L'enceinte de Jaffa consiste en de grandes murailles flanquées de tours, sans fossés, ni contrescarpes. Ces tours étaient armées d'artillerie, mais leur aménagement était mal entendu, les canons maladroitement placés. Les environs de Jaffa sont un vallon couvert de jardins et de vergers; il s'y trouve beaucoup d'accidents de terrain qui permettent d'approcher à une demi-portée de pistolet des remparts sans être aperçu. A une grande portée de canon de Jaffa, est le rideau qui domine la campagne; on y traça la ligne de contrevallation. C'était la position où devait naturellement camper l'armée; mais comme elle était éloignée de l'eau et exposée aux ardeurs du soleil, le rideau étant nu, on aima mieux se placer dans des bosquets d'orangers en faisant garder la position militaire par des postes.

Le mont Carmel est situé au promontoire de ce nom, à trois lieues d'Acre, dont il forme l'extrême gauche de la baie. Il est escarpé de tous côtés; à son sommet, il y a un couvent, et des fontaines; et sur un rocher qui s'y trouve, on voit la trace d'un pied d'homme que la tradition attribue à Élie, lorsqu'il monta au ciel. Ce mont domine toute la côte, et les navires viennent le reconnaître lorsqu'ils abordent en Syrie. A ses pieds, coule la rivière du Caisrum, dont l'embouchure est à sept ou huit cents toises de Caiffa. Cette petite ville, située au bord de la mer, renferme 3,000 habitants ; elle a un petit port, une enceinte à l'antique avec des tours, et est dominée de très-près par les mamelons du Carmel. De l'embouchure du Caisrum pour arriver à Acre, on longe les sables au bord de la mer. On les suit pendant une lieue et demie, et l'on rencontre l'embouchure du Bélus, petite rivière qui prend sa source sur les mamelons de Chefamer, et dont les eaux coulent à peine. Elle est marécageuse à son embouchure, et se jette dans la mer à quinze cents toises d'Acre. Elle passe à une portée de fusil de la hauteur de Richard-Cœur-de-Lion, située sur sa rive droite, à six cents toises de Saint-Jean-d'Acre.

NOTES

SUR LE SIÈGE DE SAINT-JEAN-D'ACRE.

Le siège de Saint-Jean-d'Acre peut se diviser en trois époques.

Première époque. Elle commence au 20 mars, jour où l'on ouvrit la tranchée, et finit au premier avril. Dans cette période, nous avions pour toute artillerie de siège, une caronade de 32, que le chef d'escadron Lambert avait prise à Caïffa, en s'emparant de vive force du canot du Tigre; mais il n'était pas possible de s'en servir avec l'affût du canot, et nous manquions de boulets. Ces inconvénients disparurent bientôt; en vingt-quatre heures, le parc d'artillerie construisit un affût. Quant aux boulets, Sidney-Smith se chargea de nous en procurer. On faisait de temps en temps paraître quelques cavaliers ou quelques charrettes; alors ce commodore s'approchait en faisant un feu roulant de toutes ses batteries; et les soldats, à qui le directeur du parc d'artillerie donnait cinq sous par boulets, couraient les ramasser. Ils étaient si habitués à cette manœuvre, qu'ils allaient les chercher au milieu de la cannonade et des rires universels. Quelquefois aussi on faisait avancer une chaloupe, ou l'on faisait mine de construire une batterie. C'est ainsi que l'on recueillit des boulets, de 12 et de 32. Du reste, on avait de la poudre; car le parc en avait apporté une certaine quantité du Caire; de plus, on en avait trouvé à Jaffa et à Gaza. En résumé, tous nos moyens en artillerie, y compris celle de campagne, consistaient en quatre pièces de 12, approvisionnées à deux cents coups chaque, huit obusiers, une caronade de 32, et une trentaine de pièces de quatre.

Le général du génie Samson, chargé de reconnaître la ville, revint en assurant qu'elle n'avait ni contrescarpe, ni fossé. Il disait être parvenu, de nuit, au pied du rempart, où il avait reçu un coup de fusil qui l'avait grièvement blessé. Son rapport était inexact; il avait effectivement touché un mur, mais non le rempart. On agit malheureusement d'après les renseignements qu'il avait donnés. On se flattait de l'espoir de prendre la ville en trois jours, car, disait-on, elle est moins forte que Jaffa; sa garnison n'est que de 2 ou 3,000 hommes, et Jaffa, avec une étendue beaucoup moindre, en avait 8,000, lorsqu'on la prit.

Le 25 mars, en quatre heures de temps, la caronade et les quatre pièces de 12 ouvrirent la tour, et on jugea la brèche praticable. Un jeune officier du génie avec quinze sapeurs et vingt-cinq grenadiers, fut chargé de monter à l'assaut pour en déblayer le pied, et l'adjudant-commandant Laugier, qui se tenait dans la place d'armes à cent toises de là, attendait que cette opération fût faite, pour s'élancer sur la brèche. Les sapeurs sortis de derrière l'aqueduc, eurent trente toises à faire, mais ils furent arrêtés court par une contrescarpe de quinze pieds et un fossé qu'ils évaluèrent à plusieurs toises. Cinq à six d'entre eux furent blessés, et le reste, en butte à une épouvantable fusillade, rentra précipitamment dans la tranchée.

On plaça sur-le-champ un mineur pour faire sauter la contrescarpe. Au bout de trois jours, c'est-à-dire le 28, la mine fut prête; les mineurs annoncèrent que la contrescarpe sauterait. Cette opération difficile se faisait sous le feu de tous les remparts, et d'une grande quantité de mortiers qui, dirigés par d'excellents pointeurs, que les équipages anglais avaient fournis, lançaient des bombes de toutes parts. Tous nos mortiers de huit pouces et nos belles pièces que les Anglais avaient prises, augmentèrent la défense de la place. La mine joua le 28 mars, mais elle fit mal son effet; elle n'avait pas été assez enfoncée et ne renversa que la moitié de la contrescarpe. Il en restait encore huit pieds. Les sapeurs assurèrent néanmoins qu'il n'en restait plus. L'officier d'état-major Mailly fut en conséquence commandé avec un détachement de vingt-cinq grenadiers pour soutenir un officier du génie qui, avec six sapeurs, se portait à la contrescarpe. Par précaution, on s'était muni de trois échelles avec lesquelles on la descendit. Comme on était inquiété par la fusillade, on attacha l'échelle à la brèche, et les sapeurs et grenadiers aimèrent mieux monter à l'assaut que d'en déblayer le pied. Ils firent annoncer à Laugier, qui était prêt à les seconder avec deux bataillons, qu'ils étaient dans le fossé, que la brèche était praticable et qu'il était temps de les soutenir. Laugier accourut au pas de course; mais au moment où il arrivait sur la contrescarpe, il rencontra les grenadiers qui revenaient en disant que la brèche était trop haute de plusieurs pieds, et que Mailly et plusieurs des leurs étaient tués.

Lorsque les Turcs avaient vu ce jeune officier attachant l'échelle, la peur les avait pris et ils s'étaient enfuis au port; Djezzar même s'était embarqué. Mais la mort de Mailly fit manquer toute l'opération; les deux bataillons s'éparpillèrent pour riposter à la fusillade. Laugier fut tué, et l'on perdit du monde sans aucun résultat. Cet évènement fut très-funeste. C'est ce jour-là que la ville devait être prise ; depuis cette époque, il ne cessa d'y arriver tous les jours des renforts de troupes, par mer.

Deuxième époque. — Du 1er avril au 27.— On ouvrit un nouveau puits de mine, destiné à faire sauter la contrescarpe entière, afin que le fossé ne présentât plus aucun obstacle. Ce qui avait été fait se trouva inutile ; il était plus aisé de faire un nouveau cheminement. Il fallut aux mineurs huit jours. On fit sauter la contrescarpe, opération qui réussit parfaitement. Le 12, on continua la mine sous le fossé afin de faire sauter toute la tour. Il n'y avait plus moyen d'espérer de s'y introduire par la brèche ; l'ennemi l'avait remplie de toute espèce d'artifice. On chemina encore pendant six jours. Les assiégés s'en aperçurent et firent une sortie en trois colonnes. Celle du centre avait en tête 200 Anglais ; ils furent repoussés et un capitaine de marins fut tué sur le puits de la mine.

C'est dans cette période que furent livrés les combats de Canaam, de Nazareth, de Saffet et du Mont-Thabor. Le premier eut lieu le 9, le deuxième le 11, et les autres le 13, et le 16. Ce fut ce même jour, 16 avril, que les mineurs estimèrent qu'ils étaient sous l'axe de la tour. A cette époque, le contre-amiral Perrée était arrivé avec trois frégates, d'Alexandrie à Jaffa; il avait débarqué deux mortiers et 6 pièces de 18 à Tintura. On en plaça deux pour combattre la petite île qui flanquait la brèche, et les quatre autres furent dirigées contre les remparts et les courtines à côté de la tour; on voulait, par le bouleversement de cette tour, agrandir la brèche qu'on supposait devoir être faite par la mine, car on craignait que l'ennemi n'eût fait un retranchement intérieur et n'eût isolé la tour qui était saillante.

Le 25, on mit le feu à la mine, mais un souterrain, qui était sous la tour, trompa les calculs, et il n'en sauta que la partie qui était de notre côté. L'effet fut d'enterrer 2 ou 300 Turcs et quelques pièces de canon, car ils en avaient crénelé tous les étages et les occupaient. On résolut de profiter du premier moment de surprise, et trente hommes essayèrent de se loger dans la tour. Ne pouvant aller outre, ils se maintinrent dans les étages inférieurs, tandis que l'ennemi occupait les étages supérieurs, jusqu'au 26, où le général Devaux fut blessé. On se décida alors à évacuer, afin de faire usage de nos batteries contre cette tour ébranlée et de la détruire tout-à-fait; le 27, Caffarelly mourut.

Troisième époque.—Du 27 avril au 20 mai.—
L'ennemi sentit pendant cette période qu'il
était perdu, s'il restait sur la défensive. Les
contremines qu'il avait établies ne le rassuraient pas suffisamment. Tous les créneaux de
la muraille étaient détruits et les pièces démontées par nos batteries. Trois mille hommes de
renfort, qui étaient entrés dans la place,
avaient, il est vrai, réparé toutes les pertes.

Mais l'imagination des Turcs était frappée de
terreur, et l'on ne pouvait plus obtenir d'eux
qu'ils restassent sur la muraille et dans la tour.
Ils croyaient tout miné. Phellipeaux (1) traça des
lignes de contre-attaque; elles partirent du palais de Djezzar, et de la droite du front d'attaque. Il mena en outre deux tranchées, comme
deux côtés de triangle, qui prenaient en flanc
tous nos ouvrages. La supériorité numérique
des ennemis, la grande quantité de travailleurs
de la ville, et celle des ballots de coton dont ils
formaient des épaulements, hâtaient excessivement les travaux. En peu de jours, ils flanquèrent de droite et de gauche toute la tour,
après quoi ils élevèrent des cavaliers, et y placèrent de l'artillerie de 24: on enleva et culbuta
plusieurs fois leur contre-attaque et leurs bat-

---

(1) Émigré français, officier du génie.

teries, et l'on encloua leurs pièces, mais jamais il ne fut possible de se maintenir dans ces ouvrages; ils étaient trop dominés par les tours et la muraille. On ordonna alors de saper contre eux, de sorte que leurs travailleurs et les nôtres n'étaient séparés que par deux ou trois toises de terrain, et marchaient les uns contre les autres. On établit aussi des fougasses qui donnaient le moyen d'entrer dans le boyau ennemi, et d'y détruire tout ce qui n'était pas sur ses gardes.

C'est ainsi que le premier mai, deux heures avant le jour, on s'empara, sans perte, de la partie la plus saillante de la contre-attaque; vingt hommes de bonne volonté essayèrent, à la petite pointe du jour, de se loger dans la tour, dont nos batteries avaient tout-à-fait rasé les défenses; mais en ce moment l'ennemi sortit en force par sa droite, et ses balles arrivant derrière le détachement, qui cherchait à se loger sous les débris, l'obligèrent de se replier. La sortie fut vivement repoussée : 5 à 600 assiégés furent tués, et un grand nombre jetés dans la mer. Comme il ne restait plus rien de la tour, on résolut d'attaquer une portion du rempart par la mine, afin d'éviter le retranchement que l'ennemi avait construit. On fit sauter la contrescarpe. La mine traversait déja le fossé, et commençait à s'étendre sous l'escarpe, lorsque le 6 l'ennemi déboucha par une sape que couvrait le fossé, surprit le masque de la mine, et en combla le puits.

Le 7, 12,000 hommes, de nouvelles troupes, arrivèrent à l'ennemi. Aussitôt qu'ils furent signalés, on calcula, d'après le vent, qu'ils ne seraient pas débarqués de six heures : en conséquence, on fit jouer une pièce de 24 qu'avait envoyée le contre-amiral Perrée; elle renversa un pan de muraille à la droite de la tour qui était à notre gauche. A la nuit, on se jette sur tous les travaux de l'ennemi, on les comble, on égorge tout, on encloue les pièces, on monte à l'assaut, on se loge sur la tour, on entre dans la place; enfin l'on était maître de la ville, lorsque les troupes débarquées se présentent, dans un nombre effrayant, pour rétablir le combat. Rambaut est tué; 150 hommes périssent avec lui, ou sont pris, et Lannes est blessé. Les assiégés sortent par toutes les portes, et prennent la brèche à revers; mais là finit leur succès : on marcha sur eux, et après les avoir rejetés dans la ville, et en avoir coupé plusieurs colonnes, on se rétablit sur la brèche. On fit dans cette affaire 7 à 800 prisonniers, armés de baïonnettes européennes; ils venaient de Constantinople. La perte de l'ennemi fut énorme, toutes nos batteries tirèrent à mitraille sur lui ; et nos succès parurent si grands, que le 10 à deux heures du matin, Napoléon commanda un nouvel assaut. Le général Debon fut blessé à mort dans cette dernière action. Il y avait 20,000 hommes dans la place, et la maison de Djezzar et toutes les autres étaient tellement remplies de monde, que nous ne pûmes pas dépasser la brèche.

Dans de telles circonstances, quel parti devait prendre le général en chef? D'un côté le contre-amiral Perrée qui revenait de croisière, avait, pour la troisième fois, débarqué de l'artillerie, à Tintura. Nous commencions à avoir assez de pièces pour espérer de réduire la ville; mais, d'un autre côté, les prisonniers annonçaient que de nouveaux secours partaient de Rhodes, quand ils s'étaient embarqués. Les renforts reçus ou à recevoir par l'ennemi, pouvaient rendre le succès du siége problématique; éloignés comme nous l'étions de France et d'Égypte, nous ne pouvions plus faire de nouvelles pertes : nous avions à Jaffa et au camp 1200 blessés; la peste était à notre ambulance. Le 20 on leva le siége.

MÉMOIRES DE NAPOLÉON.

ÉGYPTE; MARS, AVRIL ET MAI 1799.

BATAILLE D'ABOUKIR.

Tentatives d'insurrection contre les Français. — Mourah-Bey sort du désert de Nubie, et se porte dans la basse Égypte. — Mustapha-Pacha débarque à Aboukir et prend le fort. — Mouvement de l'armée française; Napoléon se porte sur Alexandrie. — Réunion de l'armée à Birketh; Napoléon marche contre l'armée turque. — Bataille d'Aboukir, le 25 juillet 1799.

§ Ier.

Les habitants d'Égypte pendant l'expédition de Syrie se comportèrent comme aurait pu le faire ceux d'une province française. Desaix, dans la haute Égypte, continua à repousser les attaques des Arabes et à garantir le pays des tentatives de Mourah-Bey qui, du fond du désert de la Nubie, venait faire des incursions sur différents points de la vallée. Sidney Smith, oubliant ce qu'il devait au caractère des officiers français, avait fait imprimer un grand nombre de circulaires et de libelles ; et il les envoya aux différents généraux et commandants restés en Égypte, leur proposant de retourner en France, et assurant le passage, s'ils voulaient en profiter, pendant que *le général en chef était en Syrie.* Ces propositions parurent tellement extravagantes que l'opinion s'accrédita dans l'armée que ce commodore était fou. Le général Dugua, commandant la basse Égypte, défendit toute communication avec lui et repoussa ses insinuations avec indignation.

Les forces françaises, qui étaient dans la basse Égypte, s'augmentaient tous les jours des hommes qui sortaient des hôpitaux et qui renforçaient les troisièmes bataillons des corps. Les fortifications d'Alexandrie, Rosette, Rhamanieh, Damiette, Salahieh, Belbeïs et des différents points du Nil, qu'on avait jugé à propos d'occuper par des tours, se perfectionnèrent constamment pendant ces trois mois. Le général Dugua n'eut à réprimer que des incursions d'Arabes et quelques révoltes partielles ; la masse des habitants influencée par les scheicks et les ulemas resta soumise et fidèle. Le premier évènement qui attira l'attention de ce général fut la révolte de l'Émir-Hadji (1). Les priviléges et les biens attachés à cette place étaient très-considérables. Le général en chef avait autorisé l'Émir-Hadji à s'établir dans le charkieh pour compléter l'organisation de sa maison. Il avait déjà 300 hommes armés; il lui en fallait 8 à 900, pour suffire à l'escorte de la caravane des pélerins de la Mecque. Il fut fidèle au *sultan Kébir* jusqu'à la bataille du Mont-Thabor; mais Djezzar, étant parvenu à communiquer avec lui par la côte, et à lui faire savoir que les armées de Damas et des Naplousains cernaient les Français au camp d'Acre, que ceux-ci affaiblis, par le siége, étaient perdus sans ressource. Il désespéra de la cause française, prêta l'oreille aux propositions de Djezzar, et chercha à faire sa paix en rendant quelques services. Le 15 avril ayant reçu encore de fausses nouvelles par un émissaire de Djezzar, il déclara sa révolte par une proclamation dans tout le Charkièh. Il annonçait que le sultan Kébir avait été tué devant Acre, et l'armée française prise tout entière. La masse de la province resta sourde à ces insinuations. Cinq ou six villages seulement,

---

(1) Prince de la caravane de la Mecque.

arborèrent le drapeau de la révolte, et ses forces n'augmentèrent que de 400 cavaliers, d'une tribu d'Arabes.

Le général Lanusse, avec sa colonne mobile, partit du Delta, passa le Nil et marcha contre l'Émir-Hadji; après diverses petites affaires et différents mouvements il réussit à le cerner, l'attaqua vivement, mit à mort tout ce qui voulut se défendre, dispersa les Arabes, et brûla, pour faire un exemple, le village qui était le plus coupable. L'Émir-Hadji se sauva, lui quinzième, par le désert, et parvint à gagner Jérusalem.

Pendant que ces évènements se passaient dans le Charkieh, d'autres plus importants avaient lieu dans le Bahireh. Un homme du désert de Derne, jouissant d'une grande réputation de sainteté parmi les Arabes de sa tribu, s'imagina ou voulut faire croire qu'il était l'ange Elmody, que le prophète promet dans le Koran, d'envoyer au secours des fidèles, dans les circonstances les plus critiques. Cette opinion s'accrédita dans la tribu ; cet homme avait toutes les qualités propres à exciter le fanatisme de la populace. Il était parvenu à faire accroire qu'il vivait de sa substance et par la grace spéciale du prophète. Tous les jours à l'heure de la prière et devant tous les fidèles, on lui portait une jatte de lait; il y trempait ses doigts et les passait sur ses lèvres, c'était, disait-il, la seule nourriture qu'il prenait. Il se forma une garde de 120 hommes de sa tribu, bien armés et très-fanatisés. Il se rendit à la grande oasis, où il trouva une caravane de pélerins, de 400 Maugrebins de Fèz; il s'annonça comme l'ange Elmody, ils le crurent et le suivirent. Ces 400 hommes étaient bien armés, et avaient un bon nombre de chameaux; il se trouva ainsi à la tête de 5 à 600 hommes et se dirigea sur Damanhour, où il surprit 60 hommes de la légion nautique, les égorgea, s'empara de leurs fusils et d'une pièce de 4. Ce succès accrut le nombre de ses partisans; il parcourut alors les mosquées de Damanhour et des villages circonvoisins, et du haut de la chaire, qui sert aux lecteurs du Koran, il annonça sa mission divine. Il se disait incombustible et à l'abri des balles, il assurait que tous ceux qui marcheraient avec lui n'auraient rien à craindre des fusils, baïonnettes et canons des Français. Il était l'ange Elmody! il persuada et recruta dans le Bahireh, 3 ou 4,000 hommes, parmi lesquels il en trouva 4 ou 500 bien armés. Il arma les autres de grandes piques et de pelles, et les exerça à jeter de la poussière contre l'ennemi, en déclarant que cette poussière bénie rendrait vains tous les efforts des Français contre eux.

Le colonel Lefebvre, qui commandait à Rhamanieh, laissa 50 hommes dans le fort, et partit avec 200 hommes pour reprendre Damanhour. L'ange Elmody marcha à sa rencontre; le colonel Lefebvre fut cerné par les forces supérieures de l'ange. L'affaire s'engagea, et au moment où le feu était le plus vif entre les Français et les hommes armés de l'ange, des colonnes de fellahs débordèrent ses flancs et se jetèrent sur ses derrières, en formant des nuées de poussière. Le colonel Lefebvre ne put rien faire, perdit quelques hommes, en tua un plus grand nombre et reprit sa position de Rhamanieh. Les blessés et les parents des morts murmurèrent et firent de vifs reproches à l'ange Elmody. Il leur avait dit que les balles des Français n'atteindraient aucun de ses sectaires, et cependant un grand nombre avaient été tués et blessés! Il fit taire ces murmures en s'appuyant du Koran et de plusieurs prédictions; il soutint qu'aucun de ceux qui avaient été en avant, pleins de confiance en ses promesses, n'avait été tué, ni blessé; mais que ceux qui avaient reculé, parce que la foi n'était pas entière dans leur cœur, avaient été punis par le prophète; cet évènement qui devait ouvrir les yeux sur son imposture, consolida son pouvoir; il régna alors à Damanhour. Il était

ÉGYPTE. — BATAILLE D'ABOUKIR.

à craindre que tout le Bahireh, et insensiblement les provinces voisines ne se soulevassent ; mais une proclamation des scheicks du Caire arriva à temps, et empêcha une révolte générale.

Le général Lanusse traversa promptement le Delta ; et de la province de Charkieh se porta dans le Bahireh, où il arriva le 8 mai. Il marcha sur Damanhour, et battit les troupes de l'ange Elmody. Tout ce qui n'était pas armé se dissipa et regagna ses villages. Il fit main basse sur les fanatiques, en passa 1500 par les armes, et dans ce nombre se trouva l'ange Elmody lui-même. Il prit Damanhour et la tranquillité du Bahireh fut rétablie.

A la nouvelle que l'armée française avait repassé le désert et retournait en Égypte, la consternation fut générale dans tout l'Orient, les Druses, les Mutualis, les chrétiens de Syrie, les partisans d'Ayer, n'obtinrent la paix de Djezzar qu'en faisant de grands sacrifices d'argent. Djezzar fut moins cruel que par le passé ; presque toute sa maison militaire avait été tuée dans Saint-Jean-d'Acre, et ce vieillard survivait à tous ceux qu'il avait élevés. La peste qui faisait de grands ravages dans cette ville, augmentait encore ses malheurs et portait le dernier coup à sa puissance. Il ne sortit point de son pachalic.

Le pacha de Jérusalem reprit possession de Jaffa. Ibrahim-Bey avec 400 Mamelucks qui lui restaient vint prendre position à Gaza; il y eut quelques pourparlers et quelques coups de sabre, avec la garnison d'El-Arisch.

§ II.

Elfy-Bey et Osman-Bey avec 300 Mamelucks, un millier d'Arabes, et un millier de chameaux portant leurs femmes et leurs richesses, descendirent par le désert entre la rive droite du Nil et la mer Rouge, et arrivèrent dans les premiers jours de juillet à l'oasis de Sebabiar; ils attendaient Ibrahim-Bey qui devait venir les joindre de Gaza, et ainsi réunis ils voulaient soulever tout le Charkieh, pénétrer dans le Delta, et se porter sur Aboukir.

Le général de brigade Lagrange partit du Caire, avec une brigade et la moitié du régiment des dromadaires; il arriva en présence de l'ennemi dans la nuit du 9 au 10 juillet, manœuvra avec tant d'habileté, qu'il cerna le camp d'Osman-Bey et d'Elfy-Bey, prit leurs mille chameaux et leurs familles, tua Osman-Bey, cinq ou six catchefs et une centaine de Mamelucks. Le reste s'éparpilla dans le désert, et Elfy-Bey regagna la Nubie. Ibrahim-Bey prévenu de cet évènement ne quitta point Gaza.

Mourah-Bey avec le reste des Mamelucks, montant à 4 ou 500 hommes, arriva dans le Fayoume, et de là se porta par le désert sur le lac Natron, où il devait être joint par 2 à 3,000 Arabes du Baireh et du désert de Derne, et marcher sur Aboukir, lieu désigné pour le débarquement d'une grande armée turque. Il devait conduire à cette armée des chameaux, des chevaux, et la servir de son influence.

Le général Murat partit du Caire, arriva au lac Natron, attaqua Mourah-Bey, et lui prit un catchef et une cinquantaine de Mamelucks. Mourah-Bey vivement poursuivi, et n'ayant, d'ailleurs, aucune nouvelle de l'armée qui devait débarquer à Aboukir, et que les vents avaient retardée, retourna sur ses pas, cherchant son salut dans le désert. Dans la journée du 13, il arriva aux Pyramides; on dit qu'il monta sur la plus haute, et qu'il y resta une partie de la journée à considérer avec sa lunette toutes les maisons du Caire et sa belle campagne de Gizeh. De toute la puissance des Mamelucks, il ne lui restait plus que quelques centaines d'hommes découragés, fugitifs et délabrés !

Aussitôt que le général en chef fut instruit de sa présence sur ce point, il partit à l'heure même, arriva aux Pyramides ; mais Mourah-Bey s'enfonça dans le désert, se dirigeant sur la grande oasis. On lui prit quelques chameaux et quelques hommes.

§ III.

Le 14 juillet, le général en chef apprit que Sidney-Smith avec deux vaisseaux de ligne anglais, plusieurs frégates, plusieurs vaisseaux de guerre turcs et cent vingt ou cent cinquante bâtiments de transport, avait mouillé le 12 juillet au soir dans la rade d'Aboukir. Le fort d'Aboukir était armé, approvisionné et en bon état ; il y avait 400 hommes de garnison et un chef de confiance. Le général de brigade Marmont, qui commandait à Alexandrie et dans toute la province, répondait de la défense du fort, pendant le temps qui serait nécessaire à l'armée pour arriver. Mais ce général avait commis une grande faute : au lieu de raser le village d'Aboukir, comme le général en chef le lui avait ordonné, et d'augmenter les fortifications du fort en y construisant un glacis, un chemin couvert et une bonne demi-lune en maçonnerie, le général Marmont avait pris sur lui de conserver ce village, qui avait de bonnes maisons et qui lui parut nécessaire pour servir de cantonnement aux troupes; et il avait fait établir, par le colonel Cretin, une redoute de cinquante toises de côté, en avant du village, à peu près à quatre cents toises du fort. Cette redoute lui parut protéger suffisamment le fort et le village. La peu de largeur de l'isthme, qui dans ce point n'avait pas plus de quatre cents toises, lui faisait croire qu'il était impossible de passer et d'entrer dans le village sans s'emparer de la redoute. Ces dispositions étaient vicieuses, puisque c'était faire dépendre la sûreté du fort important d'Aboukir, qui avait une escarpe et une contrescarpe de fortification permanente, d'un ouvrage de campagne qui n'était pas flanqué et n'était pas même palissadé.

Mustapha-Pacha envoya ses embarcations dans le lac Madieh, s'empara de la traille qui servait à la communication d'Alexandrie à Rosette, et opéra son débarquement sur le bord de ce lac. Le 14, les chaloupes canonnières anglaises et turques entrèrent dans le lac Madieh et canonnèrent la redoute. Plusieurs pièces de campagne que débarquèrent les Turcs furent disposées pour contrebattre les quatre pièces qui défendaient cet ouvrage; et lorsqu'il fut jugé suffisamment battu, les Turcs le cernèrent, le kandjar au poing, montèrent à l'assaut, s'en emparèrent et firent prisonniers ou tuèrent les

300 Français, que le commandant d'Aboukir y avait placés; lui-même y fut tué. Ils prirent possession alors du village; il ne restait plus dans le fort que 100 hommes et un mauvais officier, qui, intimidé par les immenses forces qui l'environnaient et la prise de la redoute, eut la lâcheté de rendre le fort, évènement malheureux qui déconcerta tous les calculs (1).

§ IV.

Cependant aussitôt que Napoléon fut instruit du débarquement des Turcs, il se porta à Giseh et expédia des ordres dans toute l'Égypte.

---

(1) Le village d'Aboukir environne le fort, il est à l'extrémité de la presqu'île. A quatre cents toises du fort s'élève un petit mamelon qui le domine. La presqu'île n'a, en cet endroit, au plus que quatre cents toises de large. C'est là que Marmont avait fait construire une redoute. Le village est assez considérable, les maisons sont en pierre. Le fort d'Aboukir était fermé par un rempart avec fossé taillé dans le roc; dans l'intérieur, il avait de grosses tours et des magasins voûtés, reste de très-anciennes constructions. Il est environné de tous côtés de rochers qui se prolongent dans la mer, et le rendent directement inabordable par la haute mer. A quelques centaines de toises se trouve une petite île, où l'on pourrait établir un fort qui protégerait quelques vaisseaux de guerre.

Il coucha le 15 à Wardan, le 17 à Alkam, le 18 à Chabour, le 19 à Rhamanieh, faisant ainsi quarante lieues en quatre jours. Le convoi qui avait été signalé à Aboukir était considérable; et tout faisait penser qu'il y avait, indépendamment d'une armée turque, une armée anglaise; dans l'incertitude, le général en chef raisonna comme s'il en était ainsi.

Les divisions Murat, Lannes, Bon, partirent du Caire, en laissant une bonne garnison dans la citadelle et dans les différents forts; la division Kléber partit de Damiette. Le général Régnier, qui était dans le Charkieh, eut ordre de laisser une colonne de 600 hommes, infanterie, cavalerie et artillerie, y compris les garnisons de Belbeis, Salahieh, Cathieh et El-Arisch, et de se diriger sur Rhamanieh. Les différents généraux qui commandaient les provinces se portèrent avec leurs colonnes et ce qu'ils avaient de disponible, sur ce point. Le général Desaix eut ordre d'évacuer la haute Égypte, d'en laisser la garde aux habitants et d'arriver en toute diligence sur le Caire ; de sorte que, s'il était nécessaire, toute l'armée, qui comptait 25,000 hommes, dont plus de 3,000 hommes d'excellente cavalerie, et soixante pièces de campagne bien attelées, était en mouvement pour se réunir devant Aboukir. Le nombre des troupes qui furent laissées au Caire, compris les malingres et dépôts, n'était pas de plus de 8 à 900 hommes.

Le général en chef avait l'espoir de détruire l'armée qui débarquait à Aboukir, avant que celle de Syrie, s'il s'en était formé une nouvelle depuis deux mois qu'il avait quitté cette contrée, pût arriver devant le Caire. On savait par notre avant-garde, qui était à El-Arisch, que rien de ce qui devait former cette armée n'était encore arrivé à Gaza; il était toutefois nécessaire d'agir comme si l'ennemi, pendant qu'il débarquait à Alexandrie, avait une armée en marche sur El-Arisch; et il était important que le général Desaix eût évacué la haute Égypte et fût arrivé au Caire, avant que l'armée de Syrie, si toutefois il y en avait une et qu'elle se hasardât à passer le désert, pût y arriver elle-même.

Dans cette circonstance, les scheiks de Gemil-Azar firent des proclamations pour éclairer les peuples sur les mouvements qui s'opéraient, et empêcher qu'on ne crût que les Français évacuaient l'Égypte; ils firent connaître qu'au contraire le sultan Kébir était constant dans ses sollicitudes pour elle. C'est ce qui l'avait porté à passer le désert pour aller détruire l'armée turque qui venait la ravager; qu'aujourd'hui qu'une autre armée était arrivée, sur des vaisseaux, à Aboukir, il marchait avec son activité ordinaire pour s'opposer au débarquement et éviter à l'Egypte les calamités qui pèsent toujours sur un pays qui est le théâtre de la guerre.

§ V.

Arrivé à Rhamanieh, Napoléon reçut, le 20 juillet, des nouvelles d'Alexandrie, qui donnaient le détail du débarquement de l'ennemi, de l'attaque et de la prise de la redoute, et de la capitulation du fort. On annonçait que l'ennemi n'avait pas encore avancé et qu'il travaillait à des retranchements, consistant en deux lignes, l'une qui réunissait la redoute à la mer par des retranchements ; l'autre à trois quarts de lieue en avant, avait la droite et la gauche soutenues par deux monticules de sable, l'un dominant le lac Madieh, et l'autre appuyé à la Méditerranée ; que l'inactivité de l'ennemi depuis cinq jours qu'il avait pris la redoute était fondée, suivant les uns, sur ce qu'il attendait l'arrivée d'une armée anglaise venant de Mahon ; suivant les autres, sur ce que Mustapha avait refusé de marcher sur Alexandrie, sans artillerie et sans cavalerie, sachant que cette place était fortifiée et armée d'une immense artillerie ; qu'il attendait Mourah-Bey, qui devait lui amener plusieurs milliers d'hommes de cavalerie et plusieurs milliers de chameaux ; que l'armée turque était évaluée à 20 ou 25,000 hommes ; que l'on voyait sur la plage une trentaine de bouches à feu, modèle français, pareilles à celles prises à Jaffa ; qu'il n'avait aucun attelage ; et que toute sa cavalerie consistait en 2 ou 300 chevaux, appartenant aux officiers que l'on avait formés en pelotons pour fournir des gardes aux postes avancés.

Les évènements survenus à Mourah-Bey déconcertaient tous les projets de l'ennemi ; les Arabes du Bahireh, parmi lesquels nous avions beaucoup de partisans, craignirent de s'exposer à la vengeance de l'armée française ; ils ne témoignaient pas une grande confiance dans les succès des Turcs, que d'ailleurs ils voyaient dépourvus d'attelages et de cavalerie.

Les fortifications que l'armée turque faisait sur la presqu'île d'Aboukir, portaient à penser qu'elle voulait prendre ce point pour centre de ses opérations ; elle pouvait de là se diriger sur Alexandrie ou sur Rosette.

Le général en chef jugea devoir prendre le point de Birket pour centre de ses mouvements. Il y envoya le général Murat avec son avant-garde pour y prendre position ; le village de Birket est à la tête du lac Madieh. De là on pouvait fondre sur le flanc droit de l'armée ennemie, si elle se dirigeait sur Rosette, et l'attaquer entre le lac Madieh et le Nil, ou tomber sur son flanc gauche, si elle marchait sur Alexandrie.

Pendant que toutes les colonnes se réunissaient à Rhamanieh, le général en chef se rendit à Alexandrie ; il fut satisfait de la bonne situation où se trouvait cette place importante, qui renfermait tant de munitions et des magasins si considérables, et il rendit une justice publique aux talents et à l'activité du colonel du génie Cretin.

La contenance de l'ennemi faisait ajouter foi aux bruits que ses partisans répandaient qu'il attendait l'armée anglaise ; il était donc important de l'attaquer et de le battre avant son arrivée. Mais la marche du général en chef avait été si rapide, les distances étaient si grandes, qu'il n'y avait encore de réunis que 5 à 6,000 hommes. Il fallait douze à quinze jours de plus pour pouvoir rassembler toute l'armée, excepté la division Desaix à laquelle il fallait vingt jours.

Le général en chef résolut de se porter en avant avec ce qu'il avait de troupes et d'aller reconnaître l'ennemi : celui-ci n'ayant ni cavalerie, ni artillerie mobile, ne pouvait point l'engager dans une affaire sérieuse ; son projet était, si l'ennemi était nombreux et bien établi, de prendre une position parallèle, appuyant la droite au lac Madieh, la gauche à la mer, et de s'y fortifier par des redoutes. Par ce moyen, il tiendrait l'ennemi bloqué sur la presqu'île, l'empêcherait d'avoir aucune communication avec l'Égypte, et serait à même d'attaquer l'armée turque lorsque la plus grande partie de l'armée française serait arrivée.

Napoléon partit le 24 d'Alexandrie, et vint camper au Puits, moitié chemin de l'isthme, et y fut rejoint par toutes les troupes qui étaient à Birket.

Les Turcs, qui n'avaient point de cavalerie, ne pouvaient s'éclairer ; ils étaient contenus par les grandes gardes de hussards et de chasseurs, que la garnison d'Alexandrie avait placées dès les premiers jours du débarquement. On nourrissait donc quelque espérance de surprendre l'armée ennemie. Mais une compagnie de sapeurs, escortant un convoi d'outils et partie d'Alexandrie fort tard le 24, dépassa les feux de l'armée française et tomba dans ceux de l'armée turque, à dix heures du soir. Aussitôt que les sapeurs s'en aperçurent, ils se sauvèrent pour la plupart, mais dix furent pris, et par eux, les Turcs apprirent que le général en chef et l'armée, étaient vis-à-vis d'eux. Ils passèrent toute la nuit à faire leurs dernières dispositions, et nous les trouvâmes, le 25, préparés à nous recevoir.

Le général en chef changea alors ses premiers projets, et résolut d'attaquer à l'heure même, sinon pour s'emparer de toute la presqu'île, du moins pour obliger l'ennemi à replier sa première ligne derrière la seconde, ce qui permettrait aux Français d'occuper la position de cette première ligne et de s'y retrancher. L'armée turque ainsi resserrée, il devenait facile de l'écraser de bombes, d'obus et de boulets, nous avions dans Alexandrie des moyens d'artillerie immenses.

Le général Lannes avec 1,800 hommes, fit ses dispositions pour attaquer la gauche de l'ennemi; Destaing avec un pareil nombre de troupes se disposa à attaquer la droite; Murat avec toute la cavalerie et une batterie légère se partagea en trois corps, la gauche, la droite et la réserve. Les tirailleurs de Lannes et Destaing s'engagèrent bientôt avec les tirailleurs ennemis. Les Turcs maintinrent le combat avec succès, jusqu'au moment où le général Murat, ayant pénétré par leur centre, dirigea sa gauche sur les derrières de leur droite, et sa droite sur les derrières de leur gauche, coupant ainsi la communication de la première ligne avec la deuxième. Les troupes turques perdirent alors contenance, et se portèrent en tumulte sur leur deuxième ligne. Ce corps était de 9 à 10,000 hommes. L'infanterie turque est brave, mais elle ne garde aucun ordre, et ses fusils n'ont point de baïonnette; elle a d'ailleurs le sentiment profond de son infériorité en plaine contre la cavalerie. Cette infanterie, rencontrée au milieu de la plaine par notre cavalerie, ne put rejoindre la deuxième ligne, et fut jetée, la droite dans la mer, et la gauche dans le lac Madieh. Les colonnes de Lannes et de Destaing, qui s'étaient portées sur les hauteurs que venait de quitter l'ennemi, en descendirent au pas de charge, et les poursuivirent l'épée dans les reins. On vit alors un spectacle unique. Ces 10,000 hommes, pour échapper à notre cavalerie et à notre infanterie, se précipitèrent dans l'eau; mitraillés par notre artillerie, ils s'y noyèrent presque tous! On dit qu'une vingtaine d'hommes seulement parvinrent à se sauver à bord des chaloupes. Un si grand succès, qui nous avait coûté si peu, donna l'espérance de forcer la deuxième ligne. Le général en chef se porta en avant pour la reconnaître avec le colonel Cretin. La gauche était la partie la plus faible.

Le général Lannes eut l'ordre de former ses troupes en colonnes, de couvrir de tirailleurs les retranchements de la gauche de l'ennemi, et, sous la protection de toute son artillerie, de longer le lac, tourner les retranchements, et se jeter dans le village. Murat avec toute sa cavalerie se plaça en colonne serrée derrière Lannes, devant répéter la même manœuvre que pour la première ligne, et, aussitôt que Lannes aurait forcé les retranchements, se porter sur les derrières de la redoute de la droite des Turcs. Le colonel Cretin, qui connaissait parfaitement les localités, lui fut donné pour diriger sa marche. Le général Destaing fut destiné à faire de fausses attaques pour attirer l'attention de la droite de l'ennemi.

Toutes ces dispositions furent couronnées par les plus heureux succès. Lannes força les retranchements au point où ils joignaient le lac, et se logea dans les premières maisons du village; la redoute et toute la droite de l'ennemi étaient couvertes de tirailleurs.

Mustapha-Pacha était dans la redoute : aussitôt qu'il s'aperçut que le général Lannes était sur le point d'arriver au retranchement et de tourner sa gauche, il fit une sortie, déboucha avec 4 ou 5,000 hommes, et par-là sépara notre droite de notre gauche, qu'il prenait en flanc en même temps qu'il se trouvait sur les derrières de notre droite. Ce mouvement aurait arrêté court Lannes; mais le général en chef, qui se trouvait au centre, marcha avec la 69e, contint l'attaque de Mustapha, lui fit perdre du terrain, et par-là rassura entièrement les troupes du général Lannes, qui continuèrent leur mouvement; la cavalerie, ayant alors débouché, se trouva sur les derrières de la redoute. L'ennemi se voyant coupé, se mit aussitôt dans le plus affreux désordre. Le général Destaing marcha au pas de charge sur les retranchements de droite. Toutes les troupes de la deuxième ligne voulurent alors regagner le fort, mais elles se rencontrèrent avec notre cavalerie, et il ne se fût point sauvé un seul Turc sans l'existence du village : un assez grand nombre eurent le temps d'y arriver; 3 ou 4,000 Turcs furent jetés dans la mer. Mustapha, tout son état-major et un gros de 12 à 1,500 hommes, furent cernés et faits prisonniers. La 69e entra la première dans la redoute.

Il était quatre heures après midi : nous étions maîtres de la moitié du village, de tout le camp de l'ennemi, qui avait perdu 14 ou 15,000 hommes, il lui en restait 3 ou 4,000 qui occupaient le fort et se barricadaient dans une partie du village. La fusillade continua toute la journée. Il ne fut pas jugé possible, sans s'exposer à une perte énorme, de forcer l'ennemi dans les maisons qu'il occupait, protégé par le fort. On prit position, et le génie et l'artillerie reconnurent les endroits les plus avantageux pour placer des pièces de gros calibre, afin de raser les défenses de l'ennemi, sans s'exposer à une plus grande perte. Mustapha-Pacha ne s'était rendu prisonnier qu'après s'être vaillamment défendu. Il avait été blessé à la main. La cavalerie eut la plus grande part au succès de cette journée. Murat fut blessé d'un coup de tromblon à la tête; le brave Duvivier fut tué d'un coup de kandjiar. Cretin était tombé mort, percé d'une balle, en conduisant la cavalerie. Guibert, aide-de-camp du général en chef, frappé d'un boulet à la poitrine, mourut peu après le combat. Notre perte se monta à environ 300 hommes. Sidney-Smith, qui faisait les fonctions de major-général du pacha, et qui avait choisi les positions qu'avait occupées l'armée turque, faillit être pris; il eut beaucoup de peine à rejoindre sa chaloupe.

La 69e s'était mal comportée dans un assaut

à St-Jean-d'Acre, et le général en chef, mécontent, l'avait mise à l'ordre du jour et avait ordonné qu'elle traverserait le désert la crosse en l'air et escortant les malades; par sa belle conduite à la bataille d'Aboukir, elle reconquit son ancienne réputation.

PIÈCES JUSTIFICATIVES.

Lettre du général Bonaparte,

Au Directoire exécutif.

Au Caire, le 6 thermidor an VI (24 juillet 1798).

Le 19 messidor, l'armée partit d'Alexandrie. Elle arriva à Damanhour le 20, souffrant beaucoup à travers ce désert de l'excessive chaleur et du manque d'eau.

Combat de Rahmanieh.

Le 22, nous rencontrâmes le Nil à Rahmanieh, et nous nous rejoignîmes avec la division du général Dugua, qui était venue par Rosette en faisant plusieurs marches forcées.

La division du général Desaix fut attaquée par un corps de 7 à 800 Mamelucks, qui après une canonnade assez vive, et la perte de quelques hommes, se retirèrent.

Bataille de Chebrheis.

Cependant j'appris que Mourad-Bey, à la tête de son armée composée d'une grande quantité de cavalerie, ayant huit ou dix grosses chaloupes canonnières, et plusieurs batteries sur le Nil, nous attendait au village de Chebrheis. Le 24 au soir, nous nous mîmes en marche pour nous en approcher. Le 25, à la pointe du jour, nous nous trouvâmes en présence.

Nous n'avions que 200 hommes de cavalerie éclopés et harassés encore de la traversée ; les Mamelucks avaient un magnifique corps de cavalerie, couvert d'or et d'argent, armé des meilleures carabines et pistolets de Londres, des meilleurs sabres de l'Orient, et montés peut-être sur les meilleurs chevaux du continent.

L'armée était rangée, chaque division formant un bataillon carré, ayant les bagages au centre et l'artillerie dans les intervalles des bataillons. Les bataillons rangés, les deuxième et quatrième divisions derrière les première et troisième. Les cinq divisions de l'armée étaient placées en échelons, se flanquant entre elles, et flanquées par deux villages que nous occupions.

Le citoyen Perrée, chef de division de la marine, avec trois chaloupes canonnières, un chébec et une demi-galère, se porta pour attaquer la flottille ennemie. Le combat fut extrêmement opiniâtre. Il se tira de part et d'autre plus de quinze cents coups de canon. Le chef de division Perrée a été blessé au bras d'un coup de canon, et, par ses bonnes dispositions et son intrépidité, est parvenu à reprendre trois chaloupes canonnières et la demi-galère que les Mamelucks avaient prises, et à mettre le feu à leur amiral. Les citoyens Monge et Berthollet, qui étaient sur le chébec, ont montré dans des moments difficiles beaucoup de courage. Le général Andréossy, qui commandait les troupes de débarquement, s'est parfaitement conduit.

La cavalerie des Mamelucks inonda bientôt toute la plaine, déborda toutes nos ailes, et chercha de tous côtés sur nos flancs et nos derrières le point faible pour pénétrer; mais partout elle trouva que la ligne était également formidable, et lui opposait un double feu de flanc et de front. Ils essayèrent plusieurs fois de charger, mais sans s'y déterminer. Quelques braves vinrent escarmoucher; ils furent reçus par des feux de pelotons de carabiniers placés en avant des intervalles des bataillons. Enfin, après être restés une partie de la journée à demi-portée de canon, ils opérèrent leur retraite, et disparurent. On peut évaluer leur perte à 300 hommes tués ou blessés.

Nous avons marché pendant huit jours, privés de tout, et dans un des climats les plus brûlants du monde.

Le 2 thermidor au matin, nous aperçûmes les Pyramides.

Le 2 au soir, nous nous trouvions à six lieues du Caire; et j'appris que les vingt-trois beys, avec toutes leurs forces, s'étaient retranchés à Embabeh, et qu'ils avaient garni leurs retranchements de plus de soixante pièces de canon.

Bataille des Pyramides.

Le 3, à la pointe du jour, nous rencontrâmes les

avant-gardes, que nous repoussâmes de village en village.

A deux heures après midi, nous nous trouvâmes en présence des retranchements et de l'armée ennemie.

J'ordonnai aux divisions des généraux Desaix et Reynier de prendre position sur la droite entre Djyzeh et Embabeh, de manière à couper à l'ennemi la communication de la haute Égypte, qui était sa retraite naturelle. L'armée était rangée de la même manière qu'à la bataille de Chebrheis.

Dès l'instant que Mourah-Bey s'aperçut du mouvement du général Desaix, il se résolut à le charger, et il envoya un de ses beys les plus braves avec un corps d'élite qui, avec la rapidité de l'éclair, chargea les deux divisions. On le laissa approcher jusqu'à cinquante pas, et on l'accueillit avec une grêle de balles et de mitraille, qui en fit tomber un grand nombre sur le champ de bataille. Ils se jetèrent dans l'intervalle que formaient les deux divisions, où ils furent reçus par un double feu qui acheva leur défaite.

Je saisis l'instant, et j'ordonnai à la division du général Bon, qui était sur le Nil, de se porter à l'attaque des retranchements, et au général Vial, qui commande la division du général Menou, de se porter entre le corps qui venait de le charger et les retranchements, de manière à remplir le triple but,

D'empêcher le corps d'y rentrer ;

De couper la retraite à celui qui les occupait ;

Et enfin, s'il était nécessaire, d'attaquer ces retranchements par la gauche.

Dès l'instant que les généraux Vial et Bon furent à

portée, ils ordonnèrent aux premières et troisièmes divisions de chaque bataillon de se ranger en colonnes d'attaque, tandis que les deuxièmes et quatrièmes conservaient leur même position, formant toujours le bataillon carré, qui ne se trouvait plus que sur trois de hauteur, et s'avançait pour soutenir les colonnes d'attaque.

Les colonnes d'attaque du général Bon, commandées par le brave général Rampon, se jetèrent sur les retranchements avec leur impétuosité ordinaire, malgré le feu d'une assez grande quantité d'artillerie, lorsque les Mamelucks firent une charge. Ils sortirent des retranchements au grand galop. Nos colonnes eurent le temps de faire halte, de faire front de tous côtés, et de les recevoir la baïonnette au bout du fusil, et par une grêle de balles. A l'instant même le champ de bataille en fut jonché. Nos troupes eurent bientôt enlevé les retranchements. Les Mamelucks en fuite se précipitèrent aussitôt en foule sur leur gauche. Mais un bataillon de carabiniers, sous le feu duquel ils furent obligés de passer à cinq pas, en fit une boucherie effroyable. Un très-grand nombre se jeta dans le Nil, et s'y noya.

Plus de 400 chameaux chargés de bagages, cinquante pièces d'artillerie, sont tombés en notre pouvoir. J'évalue la perte des Mamelucks à 2,000 hommes de cavalerie d'élite. Une grande partie des beys a été blessée ou tuée. Mourah-Bey a été blessé à la joue. Notre perte se monte à 20 ou 30 hommes tués et à 120 blessés. Dans la nuit même, la ville du Caire a été évacuée. Toutes leurs chaloupes canonnières, corvettes, bricks, et même une frégate, ont été brûlés, et, le 4, nos troupes sont entrées au Caire. Pendant la nuit, la populace a brûlé les maisons des beys, et commis plusieurs excès. Le Caire, qui a plus de 300,000 habitants, a la plus vilaine populace du monde.

Après le grand nombre de combats et de batailles que les troupes que je commande ont livrés contre des forces supérieures, je ne m'aviserais point de louer leur contenance et leur sang-froid dans cette occasion, si véritablement ce genre tout nouveau n'avait exigé de leur part une patience qui contraste avec l'impétuosité française. S'ils se fussent livrés à leur ardeur, ils n'auraient point eu la victoire, qui ne pouvait s'obtenir que par un grand sang-froid et une grande patience.

La cavalerie des Mamelucks a montré une grande bravoure. Ils défendaient leur fortune, et il n'y a pas un d'eux sur lequel nos soldats n'aient trouvé trois, quatre, et cinq cents louis d'or.

Tout le luxe de ces gens-ci était dans leurs chevaux et leur armement. Leurs maisons sont pitoyables. Il est difficile de voir une terre plus fertile et un peuple plus misérable, plus ignorant et plus abruti. Ils préfèrent un bouton de nos soldats à un écu de six francs; dans les villages ils ne connaissent pas même une paire de ciseaux. Leurs maisons sont d'un peu de boue. Ils n'ont pour tout meuble qu'une natte de paille et deux ou trois pots de terre. Ils mangent et consomment en général fort peu de chose. Ils ne connaissent point l'usage des moulins, de sorte que nous avons bivouaqué sur des tas immenses de blé, sans pouvoir avoir de farine. Nous ne nous nourrissions que de légumes et de bestiaux. Le peu de grains qu'ils convertissent en farine, ils le font avec des pierres; et, dans quelques gros villages, il y a des moulins que font tourner des bœufs.

Nous avons été continuellement harcelés par des nuées d'Arabes, qui sont les plus grands voleurs et les plus grands scélérats de la terre, assassinant les Turcs comme les Français, tout ce qui leur tombe dans les mains. Le général de brigade Muireur et plusieurs autres aides-de-camp et officiers de l'état-major ont été assassinés par ces misérables. Embusqués derrière des digues et dans des fossés, sur leurs excellents petits chevaux, malheur à celui qui s'éloigne à cent pas des colonnes! Le général Muireur, malgré les représentations de la grande garde, seul, par une fatalité que j'ai souvent remarqué accompagner ceux qui sont arrivés à leur dernière heure, a voulu se porter sur un monticule à deux cents pas du camp; derrière étaient trois Bédouins qui l'ont assassiné. La république fait une perte réelle : c'était un des généraux les plus braves que je connusse.

La république ne peut pas avoir une colonie plus à sa portée et d'un sol plus riche que l'Égypte. Le climat est très-sain, parce que les nuits sont fraîches. Malgré quinze jours de marche, de fatigues de toute espèce, la privation du vin, et même de tout ce qui peut alléger la fatigue, nous n'avons point de malades. Le soldat a trouvé une grande ressource dans les pastèques, espèce de melons d'eau qui sont en très-grande quantité.

L'artillerie s'est spécialement distinguée. Je vous demande le grade de général de division pour le général de brigade Dommartin. J'ai promu au grade de général de brigade le chef de brigade Destaing, commandant la quatrième demi-brigade; le général Zayonschek s'est fort bien conduit dans plusieurs missions importantes que je lui ai confiées.

L'ordonnateur Sucy s'était embarqué sur notre flottille du Nil, pour être plus à portée de nous faire passer des vivres du Delta. Voyant que je redoublais de marche, et desirant être à mes côtés lors de la bataille, il se jeta dans une chaloupe canonnière, et, malgré les périls qu'il avait à courir, il se sépara de la flottille. Sa chaloupe échoua; il fut assailli par une grande quantité d'ennemis. Il montra le plus grand courage; blessé très-dangereusement au bras, il parvint, par son exemple, à ranimer l'équipage, et à tirer la chaloupe du mauvais pas où elle s'était engagée.

Nous sommes sans aucune nouvelle de France depuis notre départ.

Je vous enverrai incessamment un officier avec tous les renseignements sur la situation économique, morale et politique de ce pays-ci.

Je vous ferai connaître également, dans le plus grand détail, tous ceux qui se sont distingués, et les avancements que j'ai faits.

Je vous prie d'accorder le grade de contre-amiral au citoyen Perrée, chef de division, un des officiers de marine les plus distingués par son intrépidité.

Je vous prie de faire payer une gratification de 1,200 francs à la femme du citoyen Larrey, chirurgien en chef de l'armée. Il nous a rendu, au milieu du désert, les plus grands services par son activité et son zèle. C'est l'officier de santé que je connaisse le plus fait pour être à la tête des ambulances d'une armée.

Signé, BONAPARTE.

Lettre du général Bonaparte,

A l'amiral Brueys.

Au Caire, le 12 thermidor an VI (30 juillet 1798.)

Je reçois à l'instant et tout à la fois vos lettres depuis le 25 messidor jusqu'au 8 thermidor. Les nouvelles que je reçois d'Alexandrie sur le succès des sondes me font espérer qu'à l'heure qu'il est, vous serez entré dans le port. Je pense aussi que *le Causse* et *le Dubois* sont armés en guerre de manière à pouvoir se trouver en ligne, si vous étiez attaqué; car enfin deux vaisseaux de plus ne sont point à négliger.

Le contre-amiral Perrée sera pour long-temps nécessaire sur le Nil, qu'il commence à connaître Je ne vois pas d'inconvénient à ce que vous donniez le commandement de son vaisseau au citoyen....... Faites là-dessus ce qu'il convient.

Je vous ai écrit le 9, je vous ai envoyé copie de tous les ordres que j'ai donnés pour l'approvisionnement de l'escadre; j'imagine qu'à l'heure qu'il est, les cinquante vaisseaux chargés de vivres sont arrivés. Nous avons ici une besogne immense, c'est un chaos à débrouiller et à organiser qui n'eut jamais d'égal. Nous avons du blé, du riz, des légumes en abondance. Nous cherchons et nous commençons à trouver de l'argent ; mais tout cela est environné de travail, de peines et de difficultés.

Vous trouverez ci-joint un ordre pour Damiette, envoyez-le par un aviso, qui, avant d'entrer, s'informera si nos troupes y sont. Elles sont parties pour s'y rendre, il y a trois jours, en barques sur le Nil : ainsi elles seront arrivées lorsque vous recevrez cette lettre; envoyez-y un des sous-commissaires de l'escadre pour surveiller l'exécution de l'ordre.

Je vais encore faire partir une trentaine de bâtiments chargés de blé pour votre escadre.

Toute la conduite des Anglais porte à croire qu'ils sont inférieurs en nombre, et qu'ils se contentent de bloquer Malte et d'empêcher les subsistances d'y arriver. Quoi qu'il en soit, il faut bien vite entrer dans le port d'Alexandrie, ou vous approvisionner promptement de riz, de blé, que je vous envoie, et vous transporter dans le port de Corfou ; car il est indispensable que, jusqu'à ce que tout ceci se décide, vous vous trouviez dans une position à portée d'en imposer à la Porte. Dans le second cas, vous aurez soin que tous les vaisseaux, frégates vénitiennes et françaises qui peuvent nous servir, restent à Alexandrie.

Signé, BONAPARTE.

Lettre du général Bonaparte,

Au Directoire exécutif.

Au Caire, le 2 fructidor an VI (19 août 1798).

Le 18 thermidor, j'ordonnai à la division du général Reynier de se porter à Elkhankah, pour soutenir le général de cavalerie Leclerc, qui se battait avec une nuée d'Arabes à cheval, et de paysans du pays qu'Ibrahim-Bey était parvenu à soulever. Il tua une cinquantaine de paysans, quelques Arabes, et prit position au village d'Elkhankah. Je fis partir également la division commandée par le général Lannes et celle du général Dugua.

Nous marchâmes à grandes journées sur la Syrie, poussant toujours devant nous Ibrahim-Bey et l'armée qu'il commandait.

Avant d'arriver à Belbeis, nous délivrâmes une partie de la caravane de la Mecque, que les Arabes avaient enlevée et conduisaient dans le désert, où ils étaient déjà enfoncés de deux lieues. Je l'ai fait conduire au Caire sous bonne escorte. Nous trouvâmes à Qouréyn une autre partie de la caravane, toute composée de marchands qui avaient été arrêtés d'abord par Ibrahim-Bey, ensuite relâchés et pillés par les Arabes. J'en fis réunir les débris et je la fis également conduire au Caire. Le pillage des Arabes à dû être considérable; un seul négociant m'assura qu'il perdait en schalls et autres marchandises des Indes, pour deux cent mille écus. Le négociant avait avec lui, suivant l'usage du pays, toutes ses femmes. Je leur donnai à souper, et leur procurai les chameaux nécessaires pour leur voyage au Caire. Plusieurs paraissaient avoir une assez bonne tournure; mais le visage était couvert, selon l'usage du pays, usage auquel l'armée s'accoutume le plus difficilement.

Nous arrivâmes à Ssalehhyeh, qui est le dernier endroit habité de l'Égypte où il y ait de bonne eau. Là commence le désert qui sépare la Syrie de l'Égypte.

Ibrahim-Bey, avec son armée, ses trésors et ses femmes, venait de partir pour Ssalehhych. Je le poursuivis avec le peu de cavalerie que j'avais. Nous vîmes défiler devant nous ses immenses bagages. Un parti d'Arabes de 150 hommes, qui étaient avec eux, nous proposa de charger avec nous pour partager le butin. La nuit approchait, nos chevaux étaient éreintés, l'infanterie très-éloignée; nous leur enlevâmes les deux pièces de canon qu'ils avaient, et une cinquantaine de chameaux chargés de tentes et de différents effets. Les Mamelucks soutinrent la charge avec le plus grand courage. Le chef d'escadron d'Estrée, du septième régiment de hussards, a été mortellement blessé; mon aide-de-camp Shulkouski a été blessé de sept à huit coups de sabre et de plusieurs coups de feu. L'escadron monté du septième de hussards et du vingt-deuxième de chasseurs, ceux des troisième et quinzième de dragons, se sont parfaitement conduits. Les Mamelucks sont extrêmement braves et formeraient un excellent corps de cavalerie légère ; ils sont richement habillés, armés avec le plus grand soin, et montés sur des chevaux de la meilleure qualité. Chaque officier d'état-major, chaque hussard a soutenu un combat particulier. Lasalle, chef de brigade du vingt-deuxième, laissa tomber son sabre au milieu de la charge; il fut assez adroit et assez heureux pour mettre pied à terre et se trouver à cheval pour se défendre et attaquer un des Mamelucks les plus intrépides. Le général Murat, le chef de bataillon, mon aide-de-camp Duroc, le citoyen Letureq, le citoyen Colbert, l'adjudant Arrighi, engagés trop avant par leur ardeur dans le plus fort de la mêlée, ont couru les plus grands dangers.

Ibrahim-Bey traverse dans ce moment-ci le désert de Syrie; il a été blessé dans ce combat.

Je laissai à Ssalehhieh la division du général Reynier et des officiers du génie, pour y construire une forteresse, et je partis le 26 thermidor pour revenir au Caire. Je n'étais pas éloigné de deux heues de Ssalehhieh, que l'aide-de-camp du général Kléber arriva et m'apporta la nouvelle de la bataille qu'avait soutenue notre escadre, le 14 thermidor. Les communications sont si difficiles, qu'il avait mis onze jours pour venir.

Je vous envoie le rapport que m'en fait le contre-amiral Gantheaume. Je lui écris, par le même courrier, à Alexandrie, de vous en faire un plus détaillé.

Le 18 messidor, je suis parti d'Alexandrie. J'écrivis à l'amiral d'entrer, sous les vingt-quatre heures, dans le port d'Alexandrie, et, si son escadre ne pouvait pas y entrer, de décharger promptement toute l'artillerie et tous les effets appartenant à l'armée de terre, et de se rendre à Corfou.

L'amiral ne crut pas pouvoir achever le débarquement dans la position où il était, étant mouillé dans le port d'Alexandrie sur des rochers, et plusieurs vaisseaux ayant déja perdu leurs ancres; il alla mouiller à Aboukir, qui offrait un bon mouillage. J'envoyai des officiers du génie et d'artillerie qui convinrent avec l'amiral que la terre ne pouvait lui donner aucune protection, et que, si les Anglais paraissaient pendant les deux ou trois jours qu'il fallait qu'il restât à Aboukir, soit pour décharger notre artillerie, soit pour sonder et marquer la passe d'Alexandrie, il n'y avait pas d'autre parti à prendre que de couper ses cables, et qu'il était urgent de séjourner le moins possible à Aboukir.

Je suis parti d'Alexandrie dans la ferme croyance que, sous trois jours, l'escadre serait entrée dans le port d'Alexandrie, ou aurait appareillé pour Corfou. Depuis le 18 messidor jusqu'au 6 thermidor, je n'ai reçu aucune nouvelle ni de Rosette, ni d'Alexandrie, ni de l'escadre. Une nuée d'Arabes, accourus de tous les points du désert, était constamment à cinq cents toises du camp. Le 9 thermidor, le bruit de nos victoires et différentes dispositions rouvrirent nos communications. Je reçus plusieurs lettres de l'amiral, où je vis avec étonnement qu'il se trouvait encore à

Aboukir. Je lui écrivis sur-le-champ pour lui faire sentir qu'il ne devait pas perdre une heure à entrer à Alexandrie, ou à se rendre à Corfou.

L'amiral m'instruisit, par une lettre du 2 thermidor, que plusieurs vaisseaux anglais était venus le reconnaître, et qu'il se fortifiait pour attendre l'ennemi, embossé à Aboukir. Cette étrange résolution me remplit des plus vives alarmes; mais déja il n'était plus temps, car la lettre que l'amiral écrivait le 2 thermidor ne m'arriva que le 12. Je lui expédiai le citoyen Jullien, mon aide-de-camp, avec ordre de ne pas partir d'Aboukir qu'il n'eût vu l'escadre à la voile. Parti le 12, il n'aurait jamais pu arriver à temps ; cet aide-de-camp a été tué en chemin par un parti arabe qui a arrêté sa barque sur le Nil, et l'a égorgé avec son escorte.

Le 8 thermidor, l'amiral m'écrivit que les Anglais s'étaient éloignés, ce qu'il attribuait au défaut de vivres. Je reçus cette lettre par le même courrier, le 12.

Le 11, il m'écrivait qu'il venait enfin d'apprendre la victoire des Pyramides et la prise du Caire, et que l'on avait trouvé une passe pour entrer dans le port d'Alexandrie; je reçus cette lettre le 18.

Le 14, au soir, les Anglais l'attaquèrent; il m'expédia, au moment où il aperçut l'escadre anglaise, un officier pour me faire part de ses dispositions et de ses projets : cet officier a péri en route.

Il me paraît que l'amiral Brueys n'a pas voulu se rendre à Corfou, avant qu'il eût été certain de ne pouvoir entrer dans le port d'Alexandrie, et que l'armée dont il n'avait pas de nouvelles depuis long-temps, fût dans une position à ne pas avoir besoin de retraite. Si dans ce funeste évènement il a fait des fautes, il les a expiées par une mort glorieuse.

Les destins ont voulu dans cette circonstance, comme dans tant d'autres, prouver que, s'ils nous accordent une grande prépondérance sur le continent, ils ont donné l'empire des mers à nos rivaux. Mais ce revers ne peut être attribué à l'inconstance de notre fortune; elle ne nous abandonne pas encore : loin de là, elle nous a servis dans toute cette opération au-delà de tout ce qu'elle a jamais fait. Quand j'arrivai devant Alexandrie avec l'escadre, et que j'appris que les Anglais y étaient passés en force supérieure quelques jours avant, malgré la tempête affreuse qui régnait, au risque de me naufrager, je me jetai à terre. Je me souvins qu'à l'instant où les préparatifs du débarquement se faisaient, on signala dans l'éloignement, au vent, une voile de guerre: c'était *la Justice*. Je m'écriai : « Fortune, m'abandonneras-tu? quoi, seulement cinq jours! » Je débarquai dans la journée, je marchai toute la nuit; j'attaquai Alexandrie à la pointe du jour avec 3,000 hommes harassés, sans canons et presque pas de cartouches; et dans les cinq jours, j'étais maître de Rosette, de Damanhour, c'est-à-dire déja établi en Égypte. Dans ces cinq jours, l'escadre devait se trouver à l'abri des forces des Anglais, quel que fût leur nombre. Bien loin de là elle reste exposée pendant tout le reste de messidor. Elle reçoit de Rosette, dans les premiers jours de thermidor, un approvisionnement de riz pour deux mois. Les Anglais se laissent voir en nombre supérieur pendant dix jours dans ces parages. Le 11 thermidor, elle apprend la nouvelle de l'entière possession de l'Égypte et de notre entrée au Caire; et ce n'est que lorsque la fortune voit que toutes ses faveurs sont inutiles, qu'elle abandonne notre flotte à son destin.

Signé, BONAPARTE.

Lettre du général Bonaparte,

A la citoyenne Brueys.

Au Caire, le 2 fructidor an VI (19 août 1798.)

Votre mari a été tué d'un coup de canon, en combattant à son bord. Il est mort sans souffrir, et de la mort la plus douce, la plus enviée par les militaires.

Je sens vivement votre douleur. Le moment qui nous sépare de l'objet que nous aimons est terrible; il nous isole de la terre; il fait éprouver au corps les convulsions de l'agonie. Les facultés de l'ame sont anéanties, elle ne conserve de relations avec l'univers, qu'au travers d'un cauchemar qui altère tout. Les hommes paraissent plus froids, plus égoïstes qu'ils ne le sont réellement. L'on sent dans cette situation que si rien ne nous obligeait à la vie, il vaudrait beaucoup mieux mourir; mais lorsque après cette première pensée, l'on presse ses enfants sur son cœur, des larmes, des sentiments tendres raniment la nature, et l'on vit pour ses enfants; oui, madame, voyez dès ce premier moment qu'ils ouvrent votre cœur à la mélancolie : vous pleurerez avec eux, vous éleverez leur enfance, cultiverez leur jeunesse; vous leur parlerez de leur père, de votre douleur, de la perte qu'eux et la république ont faite. Après avoir rattaché votre ame au monde par l'amour filial et l'amour maternel, appréciez pour quelque chose l'amitié et le vif intérêt que je prendrai toujours à la femme de mon ami. Persuadez-vous qu'il est des hommes, en petit nombre, qui méritent d'être l'espoir de la douleur, parce qu'ils sentent avec chaleur les peines de l'ame.

Signé, BONAPARTE.

Instructions remises au citoyen Beauvoisin, chef de bataillon d'état-major, commissaire près le divan du Caire.

Au Caire, le 5 fructidor an VI (22 août 1798.)

Le citoyen Beauvoisin se rendra à Damiette; de là il s'embarquera sur un vaisseau turc ou grec; il se rendra à Jaffa; il portera la lettre que je vous envoie à Achmet-Pacha; il demandera à se présenter devant lui, et il réitérera de vive voix que les musulmans n'ont pas de plus vrais amis en Europe, que nous; que j'ai entendu avec peine que l'on croyait en Syrie que j'avais dessein de prendre Jérusalem et de détruire la religion mahométane; que ce projet est aussi loin de notre cœur que de notre esprit; qu'il peut vivre en toute sûreté, que je le connais de réputation comme un homme de mérite; qu'il peut être assuré que, s'il veut se comporter comme il le doit envers les hommes qui ne lui font rien, je serai son ami, et bien loin que notre arrivée en Égypte soit contraire à sa puissance, elle ne fera que l'augmenter; que je sais que les Mameloucks que j'ai détruits étaient ses ennemis, et qu'il ne doit pas nous confondre avec le reste des Européens, puisque, au lieu de rendre les musulmans esclaves, nous les délivrons; et enfin, il lui racontera ce qui s'est passé en Égypte, et ce qui peut être propre à lui ôter l'envie d'armer et de se mêler de cette querelle. Si Achmet-Pacha n'est pas à Jaffa, le citoyen Beauvoisin se rendra à Saint-Jean d'Acre; mais il aura soin, auparavant, de voir les familles européennes, et principalement le vice-consul français, pour se procurer des renseignements sur ce qui se passe à Constantinople et sur ce qui se fait en Syrie.

Signé, Bonaparte.

Lettre du général Bonaparte,

A Achmet-Pacha (1), *gouverneur de Séïd et d'Acra*
(*Saint-Jean-d'Acre.*)

Au Caire, le 5 fructidor an VI (22 août 1798.)

En venant en Égypte faire la guerre aux beys, j'ai fait une chose juste et conforme à tes intérêts, puisqu'ils étaient tes ennemis; je ne suis point venu faire la guerre aux musulmans. Tu dois savoir que mon premier soin, en entrant à Malte, a été de faire mettre en liberté deux mille Turcs, qui, depuis plusieurs années gémissaient dans l'esclavage. En arrivant en Égypte, j'ai rassuré le peuple, protégé les muphtis, les imans et les mosquées; les pélerins de la Mecque n'ont jamais été accueillis avec plus de soin et d'amitié que je ne l'ai fait, et la fête du prophète vient d'être célébrée avec plus de splendeur que jamais.

Je t'envoie cette lettre par un officier qui te fera connaître de vive voix mon intention de vivre en bonne intelligence avec toi, en nous rendant réciproquement tous les services que peuvent exiger le commerce et le bien des états : car les musulmans n'ont pas de plus grands amis que les Français.

Signé, BONAPARTE.

---

(1) Le même que le célèbre Djezzar pacha.

Lettre du général Bonaparte,

Au grand-visir.

Au Caire, le 5 fructidor an VI (22 août 1798.)

L'armée française, que j'ai l'honneur de commander, est entrée en Égypte pour punir les beys mamelloucks des insultes qu'ils n'ont cessé de faire au commerce français.

Le citoyen Talleyrand-Périgord, ministre des relations extérieures à Paris, a été nommé, de la part de la France, ambassadeur à Constantinople, pour remplacer le citoyen Aubert-Dubayet, et il est muni des pouvoirs et instructions nécessaires, de la part du directoire exécutif, pour négocier, conclure et signer tout ce qui est nécessaire pour lever les difficultés provenant de l'occupation de l'Égypte par l'armée française, et consolider l'ancienne et nécessaire amitié qui doit exister entre les deux puissances. Cependant, comme il pourrait se faire qu'il ne fût pas encore arrivé à Constantinople, je m'empresse de faire connaître à votre excellence l'intention où est la république française, non-seulement de continuer l'ancienne bonne intelligence, mais encore de procurer à la Porte l'appui dont elle pourrait avoir besoin contre ses ennemis naturels, qui, dans ce moment, viennent de se liguer contre elle.

L'ambassadeur Talleyrand-Périgord doit être arrivé. Si, par quelque accident, il ne l'était pas, je prie votre excellence d'envoyer ici (au Caire), quelqu'un qui ait votre confiance et qui soit muni de vos instructions et pleins-pouvoirs, ou de m'envoyer un firman, afin que je puisse envoyer moi-même un agent, pour fixer invariablement le sort de ce pays, et arranger le tout à la plus grande gloire du sultan et de la république française, son alliée la plus fidèle, et à l'éternelle confusion des beys et Mameloucks, nos ennemis communs.

Je prie votre excellence de croire aux sentiments d'amitié et de haute considération, etc.

Signé, Bonaparte.

Lettre du général Bonaparte,

Au vice-amiral Thévenard.

Au Caire, le 18 fructidor an VI (4 septembre 1798.)

Votre fils est mort d'un coup de canon sur son banc de quart : je remplis, citoyen général, un triste devoir en vous l'annonçant ; mais il est mort sans souffrir et avec honneur. C'est la seule consolation qui puisse adoucir la douleur d'un père. Nous sommes tous dévoués à la mort : quelques jours de vie valent-ils le bonheur de mourir pour son pays ? compensent-ils la douleur de se voir sur un lit, environné de l'égoïsme d'une nouvelle génération? valent-ils les dégoûts, les souffrances d'une longue maladie? Heureux ceux qui meurent sur le champ de bataille! ils vivent éternellement dans le souvenir de la postérité. Ils n'ont jamais inspiré la compassion ni la pitié que nous inspire la vieillesse caduque, ou l'homme tourmenté par des maladies aiguës. Vous avez blanchi, citoyen général, dans la carrière des armes; vous regretterez un fils digne de vous et de la patrie : en accordant, avec nous, quelques larmes à sa mémoire, vous direz que sa mort glorieuse est digne d'envie.

Croyez à la part que je prends à votre douleur, et ne doutez pas de l'estime que j'ai pour vous.

Signé, BONAPARTE.

Lettre du général Bonaparte,

Au général Kléber.

Au Caire, le 24 fructidor an VI (10 septembre 1798.)

Un vaisseau comme *le Franklin*, citoyen général, qui portait l'amiral, puisque *l'Orient* avait sauté, ne devait pas se rendre à onze heures du soir. Je pense d'ailleurs que celui qui a rendu ce vaisseau est extrêmement coupable, puisqu'il est constaté par son procès-verbal qu'il n'a rien fait pour l'échouer et pour le mettre hors d'état d'être amené : voilà ce qui fera à jamais la honte de la marine française. Il ne fallait pas être grand manœuvrier ni un homme d'une grande tête, pour couper un câble et échouer un bâtiment ; cette conduite est d'ailleurs spécialement ordonnée dans les instructions et ordonnances que l'on donne aux capitaines de vaisseau. Quant à la conduite du contre-amiral Duchaila, il eût été beau, pour lui, de mourir sur son banc de quart, comme du Petit-Thouars.

Mais ce qui lui ôte toute espèce de retour à mon estime, c'est sa lâche conduite avec les Anglais depuis qu'il a été prisonnier. Il y a des hommes qui n'ont pas de sang dans les veines. Il entendra donc tous les soirs les Anglais, en se soûlant de punch, boire à la honte de la marine française ! Il sera débarqué à Naples pour être un trophée pour les lazzaronis : il valait beaucoup mieux pour lui rester à Alexandrie ou à bord des vaisseaux comme prisonnier, sans jamais souhaiter ni demander rien. Ohara, qui d'ailleurs était un homme très-commun, lorsqu'il fut fait prisonnier à Toulon, sur ce que je lui demandais, de la part du général Dugommier, ce qu'il desirait, répondit : *Être seul, et ne rien devoir à la pitié.* La gentillesse et les traitements honnêtes n'honorent que le vainqueur, ils déshonorent le vaincu, qui doit avoir de la réserve et de la fierté.

Signé, BONAPARTE.

Le général Bonaparte,

A l'armée.

Au Caire, le 1ᵉʳ vendémiaire an VII (22 septembre 1798.)

Soldats !

Nous célébrons le premier jour de l'an VII de la république.

Il y a cinq ans, l'indépendance du peuple français était menacée : mais vous prîtes Toulon, ce fut le présage de la ruine de nos ennemis.

Un an après, vous battiez les Autrichiens à Dégo.

L'année suivante, vous étiez sur le sommet des Alpes.

Vous luttiez contre Mantoue il y a deux ans, et vous remportiez la célèbre victoire de Saint-George.

L'an passé, vous étiez à la source de la Drave et de l'Isonzo, de retour de l'Allemagne.

Qui eût dit alors que vous seriez aujourd'hui sur les bords du Nil, au centre de l'ancien continent?

Depuis l'Anglais, célèbre dans les arts et le commerce, jusqu'au hideux et féroce Bédouin, vous fixez les regards du monde.

Soldats, votre destinée est belle, parce que vous êtes dignes de ce que vous avez fait et de l'opinion que l'on a de vous. Vous mourrez avec honneur comme les braves dont les noms sont inscrits sur cette pyramide, ou vous retournerez dans votre patrie couverts de lauriers et de l'admiration de tous les peuples.

Depuis cinq mois que nous sommes éloignés de l'Europe, nous avons été l'objet perpétuel des sollicitudes de nos compatriotes. Dans ce jour, quarante millions de citoyens célèbrent l'ère des gouvernements représentatifs ; quarante millions de citoyens pensent à vous. Tous disent : C'est à leurs travaux, à leur sang, que nous devrons la paix générale, le repos, la prospérité du commerce, et les bienfaits de la liberté civile.

Signé, BONAPARTE.

Lettre du général Bonaparte,

Au directoire exécutif.

Au Caire, le 27 frimaire an VII (17 décembre 1798.)

Je vous ai expédié un officier de l'armée, avec ordre de ne rester que sept à huit jours à Paris, et de retourner au Caire.

Je vous envoie différentes relations de petits évènements et différents imprimés.

L'Égypte commence à s'organiser.

Un bâtiment arrivé à Suèz a amené un Indien qui avait une lettre pour le commandant des forces françaises en Égypte : cette lettre s'est perdue. Il paraît que notre arrivée en Égypte a donné une grande idée de notre puissance aux Indes, et a produit un effet très-défavorable aux Anglais : on s'y bat.

Nous sommes toujours sans nouvelles de France ; pas un courrier depuis messidor. Cela est sans exemple dans les colonies mêmes.

Mon frère, l'ordonnateur Sucy, et plusieurs courriers que je vous ai expédiés, doivent être arrivés.

Expédiez-nous des bâtimens sur Damiette.

Les Anglais avaient réuni une trentaine de petits bâtiments, et étaient à Aboukir : ils ont disparu. Ils ont trois vaisseaux de guerre et deux frégates devant Alexandrie.

Le général Desaix est dans la haute Égypte, poursuivant Mourah-Bey, qui, avec un corps de Mameloucks, s'échappe et fuit devant lui.

Le général Bon est à Suèz.

On travaille, avec la plus grande activité, aux fortifications d'Alexandrie, Rosette, Damiette, Belbeis, Salahieh, Suèz et du Caire.

L'armée est dans le meilleur état et a peu de malades. Il y a, en Syrie, quelques rassemblements de forces turques. Si sept jours de désert ne m'en séparaient, j'aurais été les faire expliquer.

Nous avons des denrées en abondance, mais l'argent est très-rare, et la présence des Anglais rend le commerce nul.

Nous attendons des nouvelles de France et d'Europe ; c'est un besoin vif pour nos ames : car si la gloire nationale avait besoin de nous, nous serions inconsolables de ne pas y être.

Signé, Bonaparte.

Lettre du général Bonaparte,

A Tipoo-Saïb.

Au Caire, le 6 pluviose an VII (25 janvier 1799.)

Vous avez déja été instruit de mon arrivée sur les bords de la mer Rouge avec une armée innombrable et invincible, remplie du desir de vous délivrer du joug de fer de l'Angleterre.

Je m'empresse de vous faire connaître le desir que j'ai que vous me donniez, par la voie de Mascate et Mokka, des nouvelles sur la situation politique dans laquelle vous vous trouvez. Je desirerais même que vous pussiez envoyer à Suèz ou au grand Caire quelque homme adroit qui eût votre confiance, avec lequel je pusse conférer.

Signé, Bonaparte.

Lettre du général Bonaparte.

Au Directoire exécutif.

Au Caire, le 22 pluviose an VII (10 février 1799.)

Un bâtiment ragusais est entré, le 7 pluviose dans le port d'Alexandrie : il avait à bord les citoyens Hamelin et Liveron, propriétaires du chargement du bâtiment, consistant en vins, vinaigres et draps : il m'a apporté une lettre du consul d'Ancône, en date du 11 brumaire, qui ne me donne point d'autre nouvelle que de me faire connaître que tout est tranquille en Europe et en France; il m'envoie la série des journaux de Lugano depuis le n° 36 (3 septembre) jusqu'au n° 43 (22 octobre), et la série du *Courrier de l'armée d'Italie*, qui s'imprime à Milan, depuis le n° 219 (14 vendémiaire) jusqu'au n° 230 (6 brumaire).

Le citoyen Hamelin est parti de Trieste le 24 octobre, a relâché à Ancône le 3 novembre, et est arrivé à Navarino, d'où il est parti le 22 nivose.

J'ai interrogé moi-même le citoyen Hamelin, et il a déposé les faits ci-joints.

Les nouvelles sont assez contradictoires : depuis le 18 messidor je n'avais pas reçu des nouvelles d'Europe.

Le 1er novembre, mon frère est parti sur un aviso. Je lui avais ordonné de se rendre à Crotone ou dans le golfe de Tarente : j'imagine qu'il est arrivé.

L'ordonnateur Sucy est parti le 26 frimaire.

Je vous expédie plus de soixante bâtiments de toutes les nations et par toutes les voies : ainsi vous devez être bien au fait de notre position ici.

....
....

. Le rhamadan, qui a commencé hier, a été célébré de ma part avec la plus grande pompe. J'ai rempli les mêmes fonctions que remplissait le pacha.

Le général Desaix est à plus de cent soixante lieues du Caire, près des cataractes. Il a fait des fouilles sur les ruines de Thèbes. J'attends, à chaque instant, les détails officiels d'un combat qu'il aurait eu contre Mourah-Bey, qui aurait été tué, et cinq à six beys faits prisonniers.

L'adjudant-général Boyer a découvert, dans le désert, du côté de Fayoum, des mines qu'aucun Européen n'avait encore vues.

Le général Andréossi et le citoyen Berthollet sont de retour de leur tournée aux lacs de natron et aux couvents des Cophtes. Ils ont fait des découvertes extrêmement intéressantes ; ils ont trouvé d'excellent natron que l'ignorance des exploiteurs empêchait de découvrir. Cette branche de commerce de l'Égypte deviendra encore par-là plus importante. Par le premier courrier, je vous enverrai le nivellement du canal de Suèz, dont les vestiges se sont parfaitement conservés.

Il est nécessaire que vous nous fassiez passer des armes, et que vos opérations militaires et diplomatiques soient combinées de manière que nous recevions des secours : les évènements naturels font mourir du monde.

Une maladie contagieuse s'est déclarée depuis deux mois à Alexandrie : deux cents hommes en ont été victimes. Nous avons pris des mesures pour qu'elle ne s'étende pas : nous la vaincrons.

Nous avons eu bien des ennemis à combattre dans cette expédition : déserts, habitants du pays, Arabes, Mameloucks, Russes, Turcs, Anglais.

Si, dans le courant de mars, le rapport du citoyen Hamelin m'était confirmé, et que la France fût en guerre contre les rois, je passerais en France.

Je ne me permets, dans cette lettre, aucune réflexion sur les affaires de la république, puisque, depuis dix mois, je n'ai plus aucune nouvelle.

Nous avons tous une entière confiance dans la sagesse et la vigueur des déterminations que vous prendrez.

Signé, BONAPARTE.

Lettre du général Bonaparte,

Aux scheicks, ulémas, et autres habitants des provinces de Gaza, Ramleh et Jaffa.

Jaffa, le 19 ventose an VII (9 mars 1799).

Dieu est clément et miséricordieux.

Je vous écris la présente pour vous faire connaître

que je suis venu dans la Palestine pour en chasser les Mameloucks et l'armée de Djezzar-Pacha.

De quel droit, en effet, Djezzar a-t-il étendu ses vexations sur les provinces de Jaffa, Ramleh et Gaza, qui ne font pas partie de son pachalic? De quel droit avait-il également envoyé ses troupes à El-Arich? Il m'a provoqué à la guerre, je la lui ai apportée; mais ce n'est pas à vous, habitants, que mon intention est d'en faire sentir les horreurs.

Restez tranquilles dans vos foyers : que ceux qui, par peur, les ont quittés, y rentrent. J'accorde sûreté et sauve-garde à tous. J'accorderai à chacun la propriété qu'il possédait.

Mon intention est que les cadis continueront comme à l'ordinaire leurs fonctions et à rendre la justice, que la religion, surtout, soit protégée et respectée, et que les mosquées soient fréquentées par tous les bons musulmans : c'est de Dieu que viennent tous les biens, c'est lui qui donne la victoire.

Il est bon que vous sachiez que tous les efforts humains sont inutiles contre moi, car tout ce que j'entreprends doit réussir. Ceux qui se déclarent mes amis, prospèrent; ceux qui se déclarent mes ennemis, périssent. L'exemple de ce qui vient d'arriver à Jaffa et à Gaza doit vous faire connaître que si je suis terrible pour mes ennemis, je suis bon pour mes amis, et surtout clément et miséricordieux pour le pauvre peuple.

Signé, BONAPARTE.

Lettre du général Bonaparte,

A Djezzar-Pacha.

Jaffa, le 19 ventose an VII (9 mars 1799).

Depuis mon entrée en Égypte, je vous ai fait connaître plusieurs fois que mon intention n'était pas de vous faire la guerre, que mon seul but était de chasser les Mameloucks; vous n'avez répondu à aucune des ouvertures que je vous ai faites.

Je vous avais fait connaître que je desirais que vous éloignassiez Ibrahim-Bey des frontières de l'Égypte : bien loin de là, vous avez envoyé des troupes à Gaza, vous avez fait de grands magasins, vous avez publié partout que vous alliez entrer en Egypte : effectivement, vous avez effectué votre invasion, en portant deux mille hommes de vos troupes dans le fort d'El-Arich, enfoncé à six lieues dans le territoire de l'Égypte. J'ai dû alors partir du Caire, et vous apporter moi-même la guerre que vous paraissiez provoquer.

Les provinces de Gaza, Ramleh et Jaffa sont en mon pouvoir. J'ai traité avec générosité celles de vos troupes qui s'en sont remises à ma discrétion, j'ai été sévère envers celles qui ont violé les droits de la guerre; je marcherai, sous peu de jours, sur Saint-Jean-d'Acre. Mais quelle raison ai-je d'ôter quelques années de vie à un vieillard que je ne connais pas? Que font quelques lieues de plus à côté des pays que j'ai conquis? et puisque Dieu me donne la victoire, je veux, à son exemple, être clément et miséricordieux, non-seulement envers le peuple, mais encore envers les grands.

Vous n'avez point de raisons réelles d'être mon ennemi, puisque vous l'étiez des Mameloucks. Votre pachalic est séparé par les provinces de Gaza, Ramleh, et par d'immenses déserts de l'Égypte. Redevenez mon ami, soyez l'ennemi des Mameloucks et des Anglais, je vous ferai autant de bien que je vous ai fait et que je peux vous faire de mal. Envoyez-moi votre réponse par un homme muni de pleins-pouvoirs et qui connaisse vos intentions. Il se présentera à mon avant-garde avec un drapeau blanc, et je donne ordre à mon état-major de vous envoyer un sauf-conduit, que vous trouverez ci-joint.

Le 24 de ce mois, je serai en marche sur Saint-Jean-d'Acre; il faut donc que j'aie votre réponse avant ce jour.

Signé, Bonaparte.

Lettre du général Bonaparte,

Au directoire exécutif.

Jaffa, le 23 ventose an VII.(13 mars 1799).

Le 5 fructidor, j'envoyai un officier à Djezzar, pacha d'Acre : il l'accueillit mal et ne répondit pas.

Le 29 brumaire, je lui écrivis une autre lettre : il fit couper la tête au porteur.

Les Français étaient arrêtés à Acre et traités cruellement.

Les provinces d'Égypte étaient inondées de firmans, dans lesquels Djezzar ne dissimulait point ses intentions hostiles et annonçait son arrivée.

Il fit plus : il envahit les provinces de Jaffa, Ramleh, et Gaza. Son avant-garde prit position à El-Arich, où il y a quelques bons puits et un fort, situé dans le désert, à dix lieues dans le territoire de l'Égypte.

Je n'avais donc plus le choix : j'étais provoqué à la guerre; je ne crus pas devoir tarder à la lui porter moi-même.

Le général Reynier rejoignit, le 16 pluviose, son avant-garde, qui, sous les ordres de l'infatigable général Lagrange, était à Catieh, situé à trois journées dans le désert, où j'avais réuni des magasins considérables.

Le général Kléber arriva, le 18 pluviose, de Damiette sur le lac Menzaleh, sur lequel on avait construit plusieurs barques canonnières, débarqua à Peluse et se rendit à Catieh.

Combat d'El-Arich.

Le général Reynier partit le 18 pluviose de Catieh avec sa division, pour se rendre à El-Arich. Il fallut marcher plusieurs jours à travers le désert, sans trouver d'eau; des difficultés de toute espèce furent vaincues : l'ennemi fut attaqué, forcé, le village d'El-Arich enlevé, et toute l'avant-garde ennemie bloquée dans le fort d'El-Arich.

Attaque de nuit.

Cependant la cavalerie de Djezzar-Pacha, soutenue par un corps d'infanterie, avais pris position sur nos derrières à une lieue, et bloquait l'armée assiégeante.

Le général Kléber fit faire un mouvement au général Reynier; à minuit, le camp ennemi fut cerné, attaqué et enlevé; un des beys fut tué. Effets, armes, bagages, tout fut pris : la plupart des hommes eurent le temps de se sauver, plusieurs Mameloucks d'Ibrahim-Bey furent faits prisonniers.

Siége du fort d'El-Arich.

La tranchée fut ouverte devant le fort d'El-Arich : une de nos mines avait été éventée et nos mineurs délogés. Le 28 pluviose, une batterie de brèche fut construite, ainsi que deux batteries d'approche : on canonna toute la journée du 29. Le 30 à midi, la brèche était praticable; je sommai le commandant de se rendre, il le fit. Nous avons trouvé à El-Arich trois cents chevaux, beaucoup de biscuit, de riz, cinq cents Albanais, cinq cents Maugrabins, deux cents hommes de l'Adonie et de la Caramanie; les Maugrabins ont pris du service avec nous : j'en ai fait un corps auxiliaire.

Nous partîmes d'El-Arich le 4 ventose; l'avantgarde s'égara dans le désert et souffrit beaucoup du manque d'eau : nous manquâmes de vivres, nous fûmes obligés de manger des chevaux, des mulets, des chameaux.

Nous étions, le 6, aux colonnes placées sur les limites de l'Afrique et de l'Asie; nous couchâmes en Asie le 6.

Le jour suivant nous étions en marche sur Gaza : à dix heures du matin, nous découvrîmes trois ou quatre mille hommes de cavalerie qui marchaient à nous.

Combat de Gaza.

Le général Murat, commandant la cavalerie, fit passer les différents torrents qui se trouvaient en présence de l'ennemi, par des mouvements exécutés avec précision.

La division Kléber se porta par la gauche sur Gaza; le général Lannes, avec son infanterie légère, appuyait les mouvements de la cavalerie, qui était rangée sur deux lignes. Chaque ligne avait derrière elle un escadron de réserve : nous chargeâmes l'ennemi près de la hauteur qui regarde Nebron, et où Samson porta les portes de Gaza. L'ennemi ne reçut point la charge et se replia : il eut quelques hommes tués, entre autres le kiaya du pacha.

La vingt-deuxième d'infanterie légère s'est fort bien conduite : elle suivait les chevaux au pas de course;

il y avait cependant bien des jours qu'elle n'avait fait un bon repas ni bu de l'eau à son aise.

Nous entrâmes dans Gaza : nous y trouvâmes quinze milliers de poudre, beaucoup de munitions de guerre, des bombes, des outils, plus de deux cent mille rations de biscuit, et six pièces de canon.

Le temps devint affreux : beaucoup de tonnerre et de pluie; depuis notre départ de France, nous n'avions pas vu d'orage.

Nous couchâmes le 10 à Eswod, l'ancienne Azot.

Nous couchâmes le 11 à Ramleh; l'ennemi l'avait évacué avec tant de précipitation, qu'il nous laissa cent mille rations de biscuit, beaucoup plus d'orge, et quinze cents outres que Djezzar avait préparées pour passer le désert.

Siége de Jaffa.

La division Kléber investit d'abord Jaffa, et se porta ensuite sur la rivière de la Hhayah, pour couvrir le siége; la division Bon investit les fronts droits de la ville, et la division Lannes les fronts gauches.

L'ennemi démasqua une quarantaine de pièces de canon de tous les points de l'enceinte, desquelles il fit un feu vif et soutenu.

Le 16, deux batteries d'approche, la batterie de brèche, une de mortiers, étaient en état de tirer. La garnison fit une sortie; on vit alors une foule d'hommes diversement costumés, et de toutes les couleurs, se porter sur la batterie de brèche : c'étaient des

Maugrabins, des Albanais, des Kurdes, des Natoliens, des Caramaniens, des Damasquyns, des Alepins, des noirs de Tekrour; ils furent vivement repoussés, et rentrèrent plus vite qu'ils n'auraient voulu. Mon aide-de-camp Duroc, officier en qui j'ai grande confiance, s'est particulièrement distingué.

A la pointe du jour, le 17, je fis sommer le gouverneur; il fit couper la tête à mon envoyé, et ne répondit point. A sept heures, le feu commença; à une heure, je jugeai la brèche praticable. Le général Lannes fit les dispositions pour l'assaut; l'adjoint aux adjudants-généraux, Netherwood, avec dix carabiniers y monta le premier, et fut suivi de trois compagnies de grenadiers de la treizième et de la soixante-neuvième demi-brigade, commandées par l'adjudant-général Rambaud, pour lequel je vous demande le grade de général de brigade.

A cinq heures, nous étions maîtres de la ville, qui, pendant vingt-quatre heures, fut livrée au pillage et à toutes les horreurs de la guerre, qui jamais ne m'a paru si hideuse.

Quatre mille hommes des troupes de Djezzar ont été passées au fil de l'épée; il y avait huit cents canonniers : une partie des habitants a été massacrée.

Les jours suivants, plusieurs bâtiments sont venus de Saint-Jean-d'Acre avec des munitions de guerre et de bouche; ils ont été pris dans le port : ils ont été étonnés de voir la ville en notre pouvoir; l'opinion était qu'elle nous arrêterait six mois.

Abd-Oullah, général de Djezzar, a eu l'adresse de

se cacher parmi les gens d'Égypte, et de venir se jeter à mes pieds.

J'ai renvoyé, à Damas et à Alep, plus de cinq cents personnes de ces deux villes, ainsi que quatre à cinq cents personnes d'Égypte.

J'ai pardonné aux Mameloucks et aux katchefs que j'ai pris à El-Arich; j'ai pardonné à Omar Makram, scheick du Caire; j'ai été clément envers les Égyptiens, autant que je l'ai été envers le peuple de Jaffa, mais sévère envers la garnison qui s'est laissé prendre les armes à la main.

Nous avons trouvé, à Jaffa, cinquante pièces de canon, dont trente formant l'équipage de campagne, de modèle européen, et des munitions, plus de quatre cent mille rations de biscuit, deux mille quintaux de riz, et quelques magasins de savon.

Les corps du génie et de l'artillerie se sont distingués.

Le général Caffarelli, qui a dirigé ces siéges, qui a fait fortifier les différentes places de l'Égypte, est un officier recommandable par une activité, un courage et des talents rares.

Le chef de brigade du génie Samson a commandé l'avant-garde qui a pris possession de Catieh, et a rendu dans toutes les occasions les plus grands services.

Le capitaine du génie Sabatier a été blessé au siége d'El-Arich.

Le citoyen Aimé est entré le premier dans Jaffa, par un vaste souterrain qui conduit dans l'intérieur de la place.

Le chef de brigade Songis directeur du parc d'artillerie, n'est parvenu à conduire les pièces qu'avec de grandes peines ; il a commandé la principale attaque de Jaffa.

Nous avons perdu le citoyen Lejeune, chef de la vingt-deuxième d'infanterie légère, qui a été tué à la brèche : cet officier a été vivement regretté de l'armée ; les soldats de son corps l'ont pleuré comme leur père. J'ai nommé à sa place le chef de bataillon Magni, qui a été grièvement blessé. Ces différentes affaires nous ont coûté cinquante hommes tués et deux cents blessés.

L'armée de la république est maîtresse de toute la Palestine.

Signé, Bonaparte.

DIVERSES
RÉCLAMATIONS

SUR DES FAITS ÉNONCÉS

DANS LES VOLUMES PRÉCÉDENTS.

DIVERSES RÉCLAMATIONS.

Le maréchal comte Jourdan,

A monsieur le général Gourgaud.

Paris, le 12 février 1823.

Monsieur le général,

Dans le premier volume des Mémoires de Napoléon, dont vous êtes l'éditeur, j'ai lu, page 64, *Bernadotte, Augereau, Jourdan, Marbot, etc., qui étaient à la tête des meneurs de cette société* (celle du Manége), *offrirent à Napoléon une dictature militaire;* et à la page 83, *Jourdan et Augereau vinrent trouver Napoléon aux Tuileries, etc.* J'ignorais que la société du manége, dissoute bien avant l'arrivée de Bonaparte, eût joué un rôle dans les évènements du 18 brumaire. Quoi qu'il en soit, j'affirme, sur mon honneur, que je n'ai jamais été membre de cette société, que je n'ai assisté à aucune de ses séances, et que je ne suis point allé trouver Napoléon aux Tuileries.

Vers le 10 brumaire, je me présentai, seul, chez le général Bonaparte; ne l'ayant pas trouvé, je laissai une carte. Le lendemain, il m'envoya faire des compliments par le général Duroc, son aide-de-camp; peu après, il m'invita à dîner pour le 16. J'eus lieu d'être flatté de l'accueil qu'il me fit; en sortant de table, nous eûmes une conversation qui sera publiée un jour avec d'autres documents sur le 18 brumaire; on y verra que si mon nom fut inscrit peu de jours après sur une liste de proscription, c'est précisément parce que, prévoyant l'abus que ferait ce général du pouvoir suprême, je déclarai ne vouloir lui prêter mon appui que dans le cas où il donnerait des garanties positives à la liberté publique, au lieu de vagues promesses; si j'avais proposé une dictature militaire, genre de pouvoir qui est sans limites, j'aurais été traité plus favorablement.

Je vous prie, monsieur le général, d'avoir la bonté d'insérer ma réclamation dans le second volume des Mémoires de Napoléon.

J'ai l'honneur d'être, avec la plus parfaite considération,

Monsieur, le général,

Votre très-humble et très-obéissant serviteur,

Signé, le maréchal JOURDAN.

Réponse de M. le général Gourgaud,

A M. le maréchal comte Jourdan.

Paris, 13 février 1823.

Monsieur le maréchal,

Je reçois la lettre que vous m'avez fait l'honneur de m'adresser, relativement à un article qui vous concerne, dans le premier volume des Mémoires de Napoléon, que je publie (chapitre du 18 brumaire.)

Lors des évènements dont il s'agit, j'étais trop jeune, pour avoir pu, à Sainte-Hélène, rectifier les erreurs de mémoire dans lesquelles l'empereur a pu tomber. Je m'empresserai d'insérer votre réclamation dans le second volume qui va paraître.

Vous affirmez trop positivement, monsieur le maréchal, que vous n'avez point fait partie de la société du manége, pour qu'il soit permis d'élever aucun doute à ce sujet; mais l'empereur, comme vous le savez vous-même, avait la mémoire très-sûre, et je vais m'occuper de chercher, dans les journaux et les écrits du temps, ainsi que dans le souvenir des hommes de cette époque, quelle est la circonstance qui a pu donner lieu à cette méprise.

Quant à la proscription dont vous parlez, monsieur le maréchal, il paraît qu'elle n'a pas été de longue durée, puisque quelques mois après le 18 brumaire le premier consul vous nomma ministre de la république française près le gouvernement piémontais (voyez page 302 des Mémoires cités.)

Agréez, monsieur le maréchal, l'hommage du profond respect avec lequel j'ai l'honneur d'être,

Votre très-humble et très-obéissant serviteur,

Signé, le baron GOURGAUD.

Le lieutenant-général de Gersdorff,

A monsieur le général Gourgaud, à Paris.

Dresde, 25 février 1823.

Mon général,

Vous et messieurs vos camarades avez publié des Mémoires bien intéressants, et avez mérité, par là, un juste tribut de reconnaissance de vos concitoyens. Ce qui ajoute encore un grand prix à vos travaux, c'est qu'avec l'impartialité de l'historiographe, vous ouvrez un champ libre aux réclamations contre des faits douteux ou susceptibles d'être rectifiés. Voilà ce qui m'enhardit, dans ce moment, à protester contre un passage des Notes et Mélanges, où l'honneur des troupes saxonnes est fortement compromis.

Comme chef de l'état-major du corps saxon réuni à l'armée française en 1809, le commandant de ce corps n'existant plus, je me crois en droit de m'adresser à vous, mon général, me flattant, en outre, que vous voudrez bien vous rappeler notre connaissance de l'année 1813.

Dans la première partie des Notes et Mélanges, page 217, il est dit :

Les Saxons lachèrent pied la veille de Wagram; ils lachèrent pied le matin de Wagram : c'étaient les plus mauvaises troupes de l'armée, etc. etc.

Je ne saurais rien faire de mieux, que de raconter les évènements de ces deux journées, en ce qui concerne les troupes saxonnes.

Nous formions, conjointement avec la très-faible division Dupas, le quatrième corps d'armée; nous passâmes le Danube le 5 juillet, vers midi, pour agir sur la rive gauche. Notre première tâche fut de prendre le village de Ratzendorff, ce que la brigade de Steindel exécuta lestement, tandis que le corps entier marchait à sa destination, qui était de former l'aile gauche de l'armée. Toute la cavalerie saxonne était rangée dans la plaine de Breitenled, et quoique sa force fût assez considérable, elle n'était pourtant pas proportionnée à la cavalerie ennemie opposée. Néanmoins le prince de Ponte-Corvo ordonna d'attaquer (il pouvait être cinq ou six heures de l'après-midi). Je fus moi-même le porteur de cet ordre, et trouvai déjà sur le terrain le général Gérard, chef de l'état-major du prince. On fit les dispositions nécessaires, et je crois qu'il n'y eut jamais un moment plus glorieux pour la cavalerie saxonne. L'ennemi, qui nous attendait de pied ferme, fut entièrement culbuté, eut beaucoup de prisonniers et de blessés. Un bataillon de Clairfait, posté là en soutien, y perdit son drapeau et grand nombre d'hommes. Dès ce moment, nous restâmes maîtres de la plaine, et la cavalerie ennemie ne fit plus d'autre tentative ce jour-là, que d'envoyer des flanqueurs, contre lesquels nous fîmes avancer les nôtres.

Cependant le corps d'armée du prince avait éprouvé quelques changements fâcheux. La division Dupas avait été réunie au corps du maréchal Oudinot, deux bataillons de grenadiers étaient restés à la garde de l'île de Lobau, le régiment de chevau-légers Prince-Jean, fut mis sous les ordres du maréchal Davoust. Le prince se plaignit amèrement de tous ces changements, et envoya plusieurs officiers pour réclamer ses troupes. Tout fut inutile, jusqu'à ce qu'enfin, vers la nuit, trois escadrons des chevau-légers revinrent, le quatrième ayant été retenu pour couvrir une batterie.

Toutes ces contrariétés affectèrent le prince. Il voyait avec chagrin que les sentiments de l'empereur, à son égard, se manifestaient dans cette occasion, et que le prince de Neufchâtel agissait, de son côté, dans le sens du maître. Le caractère du prince, autant que son amour-propre offensé, lui faisait desirer de terminer cette journée aussi glorieusement que possible. A cet effet, il fallait emporter le village de Wagram. Le prince ordonna donc à ses troupes un mouvement encore plus à gauche, et envoya prévenir l'empereur de ce dessein, en le priant de le faire soutenir vigoureusement.

Je m'arrête ici un moment pour jeter un coup d'œil sur la position de l'ennemi. L'archiduc Charles avait envoyé, par plusieurs courriers, l'ordre à l'archiduc Jean, de passer la March, et de se mettre en communication avec l'aile gauche de l'armée autrichienne par Untersiebenbrun. L'exécution de ce mouvement devait avoir lieu le 6, à la pointe du jour, et, dans cette attente, l'archiduc Charles affaiblit son aile gauche. Déjà, le 5, les dispositions avaient été faites pour renforcer l'aile droite en-delà de Wagram, et c'est ainsi qu'on voulait couper à l'armée française ses communications avec le Danube. Mais, pour y parvenir, il fallait à tout prix se maintenir dans Wagram. C'était le pivot de la position ennemie; c'était là où l'archiduc était accouru, y avait distribué ses ordres vers minuit, et s'y était arrêté jusqu'au jour.

Sous de telles conjonctures, une attaque sur Wagram, supposé qu'on l'eût faite, même avec un nombre bien plus considérable de troupes, n'aurait jamais réussi. Mais le prince n'avait que 7,000 hommes d'infanterie, il tenta néanmoins plusieurs fois l'attaque, parvint aussi à prendre poste à l'autre extrémité du village, mais fut obligé chaque fois de céder aux violents efforts de toutes les forces réunies des Autrichiens. Quiconque s'est jamais trouvé à de pareilles rencontres, connaît le désordre inévitable où se trouvent, pour le moment, les troupes les plus braves, désordre que l'obscurité de la nuit ne fait qu'augmenter. Telle était notre situation. Nos troupes, plusieurs fois repoussées, étaient disséminées; mais les officiers saxons y remédièrent avec tant de promptitude et d'intelligence, qu'à minuit les brigades saxonnes se trouvaient ralliées près d'Aderkla, et parfaitement en état d'agir à tout évènement.

On sait que le 6, l'ennemi commença l'attaque par sa droite contre notre aile gauche. Il avait été renforcé de la division de Collowrath et des grenadiers. Notre corps avait un peu rétrogradé pour se mettre en ligne. Il semblait que toutes les forces de l'ennemi fussent réunies ici, mais il ne put les étendre que bien lentement vers Aspern et même sur Esslingen. La cavalerie saxonne fit plusieurs charges, et l'infanterie fut obligé de se former, petit à petit, en potence, parce que l'ennemi s'étendait toujours davantage vers Enzersdorff. Il n'y eut pas le moindre désordre : le prince, avec des troupes très-affaiblies et vingt-sept pièces de canon seulement, dont la plupart furent successivement démontées, manœuvra comme sur un échiquier. La situation de l'aile gauche, malgré que le maréchal Masséna se fût hâté à neuf heures de venir la soutenir, était très-critique, lorsqu'à dix heures l'empereur arriva lui-même. Il alla reconnaître la position de l'ennemi; ordonna une nouvelle attaque, témoigna sa satisfaction, et me chargea de dire, de sa part, aux Saxons de tenir ferme; que bientôt les affaires changeraient. Il jeta encore un coup d'œil sur les ennemis, en disant : « Ils sont pourtant à moi! » — Et à ces mots il partit au grand galop, pour se rendre à l'aile droite.

Effectivement, tout changea dès ce moment. L'aile gauche des Autrichiens avait vainement attendu l'arrivée d'un corps d'armée dans la direction de la March;

elle fut obligée de céder aux attaques réitérées du maréchal Davoust, et l'archiduc Charles, voyant les mouvements considérables qui se faisaient contre son centre, sentit que sa position entière était menacée. Les avantages de son aile droite étaient perdus. Le prince de Ponte-Corvo et Masséna prirent, dans le plus grand ordre, une position rétrograde, afin de faire place aux Bavarois. En même temps arriva le général Lauriston, avec la plus terrible batterie dont on se soit jamais servi, les cent canons des gardes, et foudroya tout ce qu'il trouva devant lui.

Qui, de ceux qui furent témoins de ces évènements, osera dire qu'un seul homme du corps saxon ait quitté le champ de bataille, autrement que blessé? Qui niera que l'artillerie et la cavalerie saxonne n'aient déja été très-actives dès avant la pointe du jour; que l'infanterie n'ait montré le plus grand sang-froid tout le temps qu'elle se vit criblée par les boulets ennemis? Cent et trente deux officiers, en partie grièvement blessés, en partie tués, sur un corps aussi peu nombreux, prouvent assez que, dans ces deux journées, il a fait son devoir. Je réclame, pour la véracité de ma narration, le témoignage d'un juge très-compétant, celui du général Gérard : je suis persuadé qu'il n'a point encore oublié les Saxons des 5 et 6 juillet.

Le prince nous prédit lui-même le sort qui nous attendait. « Je voulais, dit-il, vous conduire au champ
« de l'honneur, et vous n'avez eu que la mort devant
« les yeux; vous avez fait tout ce que j'étais en droit
« d'attendre de vous, néanmoins on ne vous rendra

« pas justice, parce que vous étiez sous mon comman-
« dement. » Le lendemain, 6 au matin, il exprima des
sentiments à peu près semblables, et c'était, si je ne
me trompe, envers le comte Mathieu Dumas, en le
priant instamment de rapporter à l'empereur ces mêmes expressions. Ce ne fut que quelques jours après
que le prince et le général Gérard nous quittèrent.
Leur souvenir est ineffaçable dans le cœur des Saxons,
principalement pour moi qui, comme chef de l'état-
major, me suis trouvé en double relation avec eux.

Le prince jugea que nous avions mérité de sa part
les sentiments qu'il a exprimés dans l'ordre du jour
qu'il nous laissa. Il fut désapprouvé au quartier-général, et on voulut que le prince le retirât. « J'en
« donne le plein-pouvoir, dit-il, à quiconque prouvera
« que je n'ai point dit la vérité. »

A la suite de ces évènements, les Saxons furent
mis sous les ordres de S. A. S. le vice-roi d'Italie,
qui fut détaché vers la Hongrie. Les Saxons, au passage de la March, prouvèrent à S. A. S. qu'ils n'étaient
pas moins dignes de servir sous ses ordres.

Vous voyez, mon général, que je n'ai rapporté des
faits très-connus qu'en tant qu'ils ont rapport à mon
pays et à mes camarades. Je n'ai voulu que réfuter
par là un jugement précipité, et diriger l'attention
sur des motifs qui peuvent faire errer, même un
grand homme. Je ne suis pas ici le panégyriste du
prince de Ponte-Corvo, parce qu'il n'en a pas besoin.
Je n'ai pas élevé les faits militaires des Saxons plus
haut qu'ils ne méritent de l'être. Il y a des moments

malheureux pour toutes les troupes, mais ce ne fut pas le cas à Wagram pour les Saxons.

Vous trouverez sûrement moyen, mon général, de faire part à vos compatriotes de ma juste réclamation, de même que je chercherai l'occasion de le faire en Allemagne. Vous êtes trop homme d'honneur, pour ne pas prendre sous votre protection tout ce qui le touche. Vous justifierez, par là, la haute opinion que j'ai de votre caractère et de votre mérite.

Recevez, monsieur le général, l'assurance de ma considération la plus distinguée.

Le lieutenant-général, ancien chef de l'état-major de l'armée saxonne, etc.

Signé, de Gersdorff.

Réponse de M. le général Gourgaud,

A monsieur le lieutenant-général de Gersdorff, ancien chef de l'état-major de l'armée saxonne, etc. etc.

Paris, mars 1823.

Général,

Je reçois la lettre que vous m'avez fait l'honneur de m'écrire, en date du 25 février dernier, au sujet d'une note dictée par l'empereur Napoléon, sur la bataille de Wagram, et insérée dans un volume des

Mémoires que je publie avec monsieur le comte de Montholon. Je m'empresse de vous informer que, conformément à vos desirs, je publierai votre réclamation dans la prochaine livraison du même ouvrage.

Il ne m'appartient pas de prononcer sur ce que l'empereur dit des troupes saxonnes; je me bornerai seulement à vous prier de remarquer que vous-même reconnaissez, dans votre relation, que ces troupes furent plusieurs fois repoussées et mises en désordre dans la journée du 5, et que dans celle du 6, elles furent également obligées de céder le terrain à l'ennemi.

J'ignore, général, ce qui a pu vous porter à croire que l'empereur avait, en 1809, des sentiments d'inimitié contre le prince de Ponte-Corvo; des faits bien connus attestent le contraire. Après avoir intrigué contre Napoléon, à l'époque du 18 brumaire; après avoir conspiré contre lui sous le consulat, le général Bernadotte ne fut cependant l'objet d'aucune poursuite. Plus tard il fut même nommé maréchal d'empire, prince, etc.; et cependant son seul titre à de si hautes faveurs, était son mariage avec la belle-sœur d'un frère de l'empereur. Il n'avait jamais eu de commandements importants, il n'avait jamais gagné de bataille; et l'on peut dire que la réputation qu'il s'était faite tenait plus à ce genre d'esprit, attribué anciennement à des gens de sa province, qu'à son mérite réel.

Comment témoigna-t-il sa reconnaissance?

A la bataille de Iéna, il refuse, sous les plus frivoles prétextes, de soutenir le corps du maréchal Davoust, attaqué par les trois-quarts de l'armée prussienne; il cause ainsi la mort de 5 à 6,000 Français, et compromet le succès de la journée. Vous avouerez, général, qu'une action aussi coupable méritait un châtiment exemplaire; les lois le condamnaient... Il n'éprouva qu'une courte disgrace! Convient-il bien après cela à ce général de dire aux troupes saxonnes, lors de la bataille de Wagram, « *Qu'on ne leur rendrait pas justice parce qu'elles étaient sous son commandement?*

A la guerre, vous le savez, général, la valeur des troupes dépend souvent de l'habileté de celui qui les commande : bientôt ces mêmes Saxons sous les ordres du prince Eugène, méritèrent les éloges de l'empereur. Preuve certaine que si, à Wagram, ils ne firent pas ce qu'il attendait d'eux, ce ne fut pas leur faute, mais bien celle de leur ancien chef.

Le prince de Ponte-Corvo, dites-vous, n'a pas besoin de panégyriste: cela est possible, général, parmi les étrangers; mais en France, il lui serait bien difficile d'en trouver. Les Français n'ont pas oublié le mal qu'il leur a causé en Russie; ils n'ont pas oublié les batailles de Gross-Beeren, de Juterboch, de Leipsick, où, à la tête de soldats étrangers, il fit couler le sang de ses compatriotes, de ses anciens compagnons d'armes, en combattant celui qui, au lieu de l'abandonner à la rigueur des lois, l'avait comblé de bienfaits; conduite aussi contraire à la politique qu'à la reconnaissance, aussi opposée à ses intérêts personnels qu'à l'honneur; conduite vraiment criminelle, et que ne peuvent excuser ni les fureurs d'une jalousie sans bornes, ni l'aveuglement d'un amour-propre excessif.

L'empereur Napoléon aimait le roi de Saxe; le souvenir de sa constance et de sa loyauté est souvent venu, dans l'exil, soulager l'ame du héros qu'avaient froissée tant d'ingratitudes! Si, dans une note dictée rapidement, il s'est servi, à l'égard des Saxons, d'une expression qui vous a blessé, rappelez-vous Leipsick.... et vous ne la trouverez pas trop dure dans sa bouche.

Je ne puis terminer cette lettre, général, sans me féliciter de ce que vous avez bien voulu ne pas oublier les relations que nous avons eues en 1813; elles m'avaient déja mis à même d'apprécier les qualités et les talents qui vous distinguent; en répondant aujourd'hui aux observations que vous ont inspirées l'honneur et le patriotisme, je me trouve heureux d'avoir une nouvelle occasion de vous offrir les assurances de ma considération la plus distinguée.

Signé, le baron GOURGAUD,

ancien général et aide-camp de l'empereur Napoléon.

FIN DU DEUXIÈME VOLUME DES MÉMOIRES.

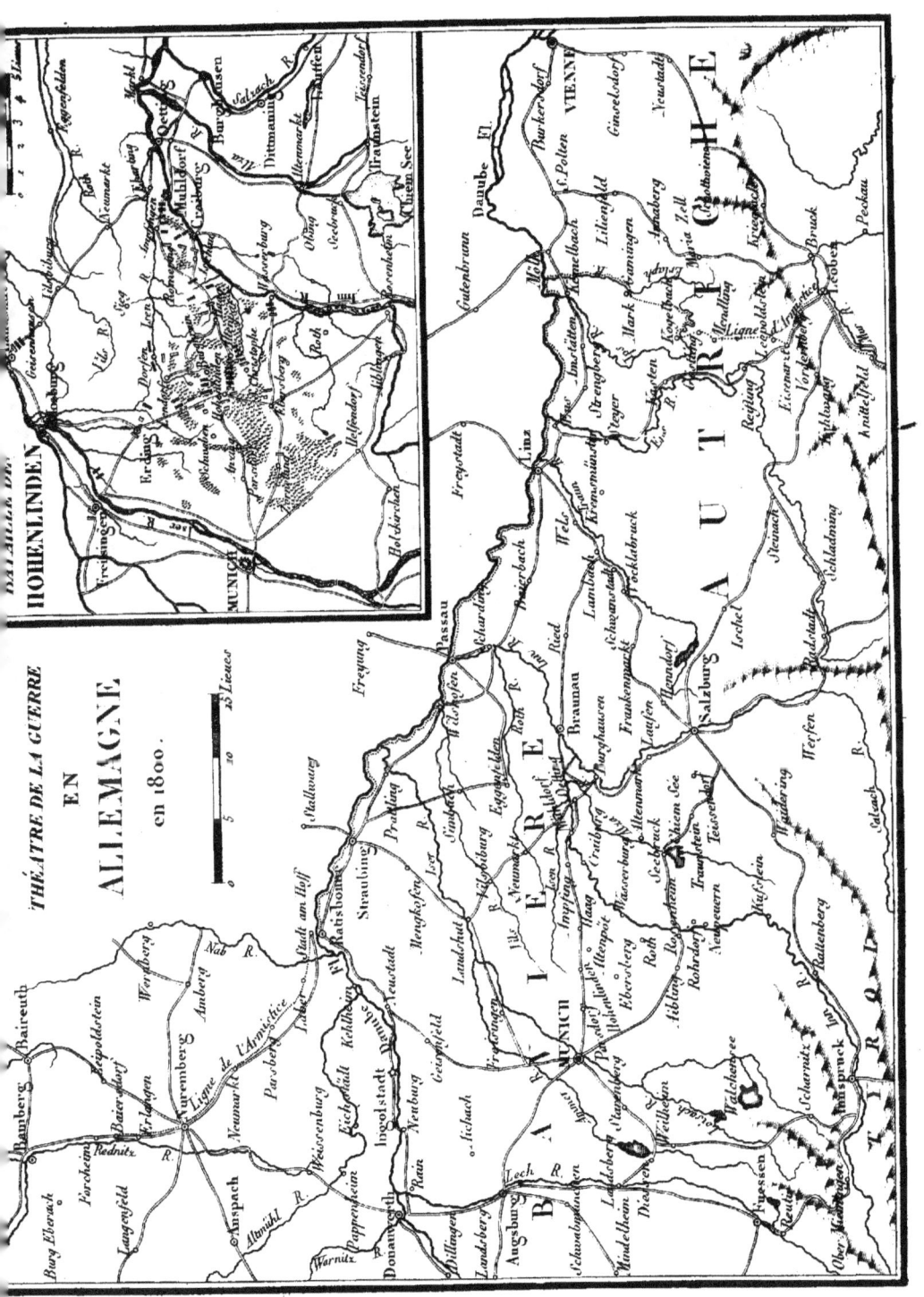

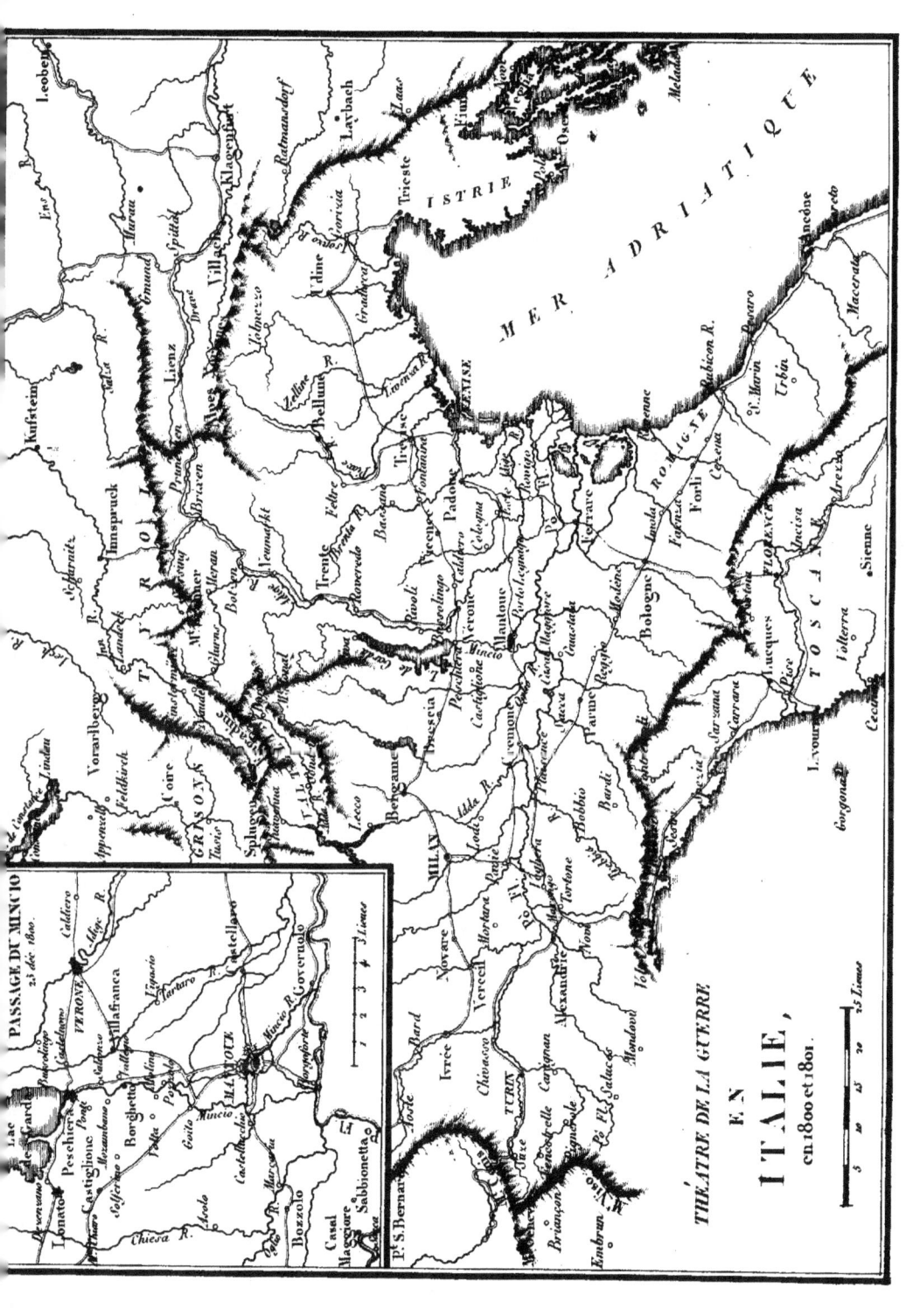

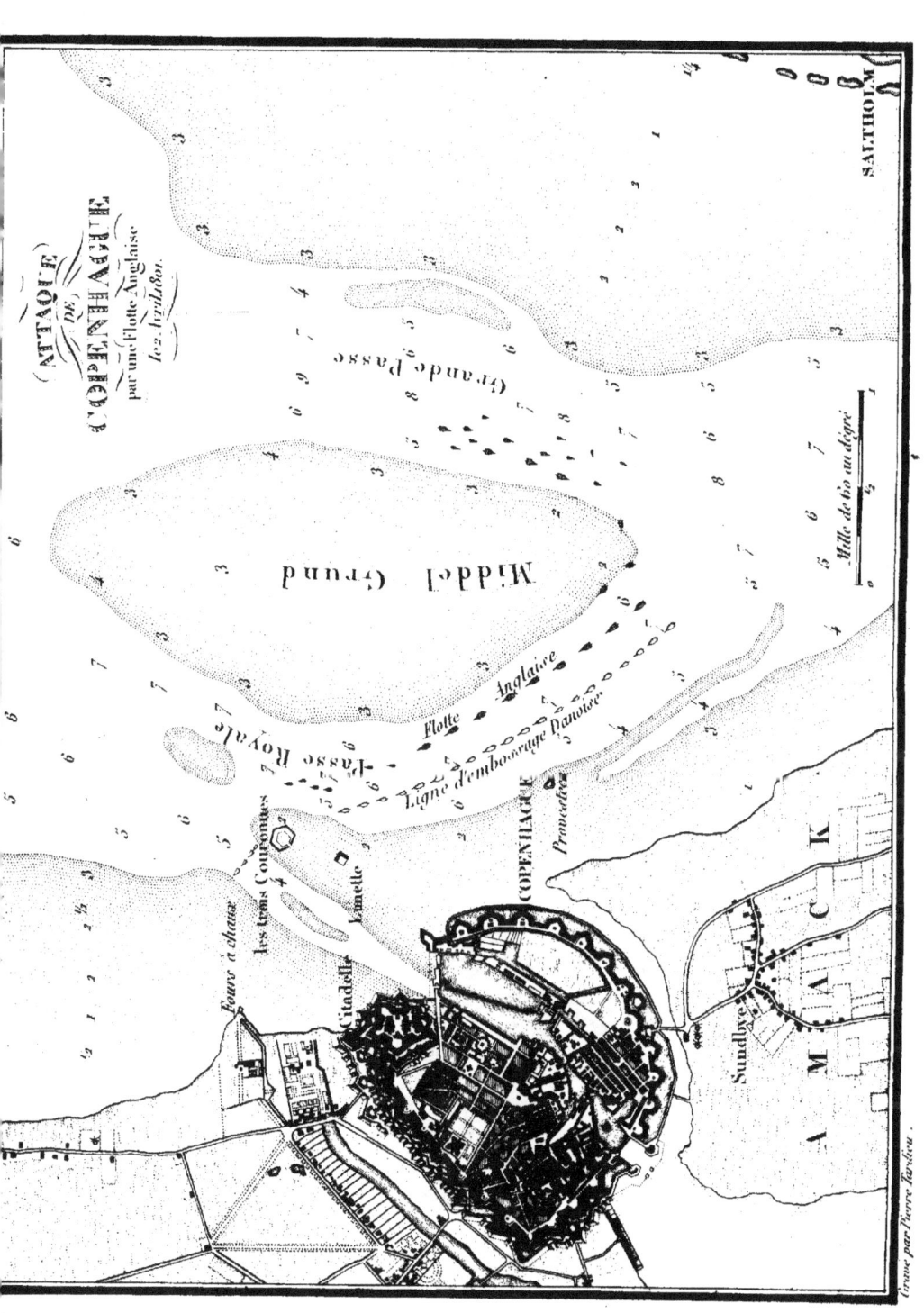

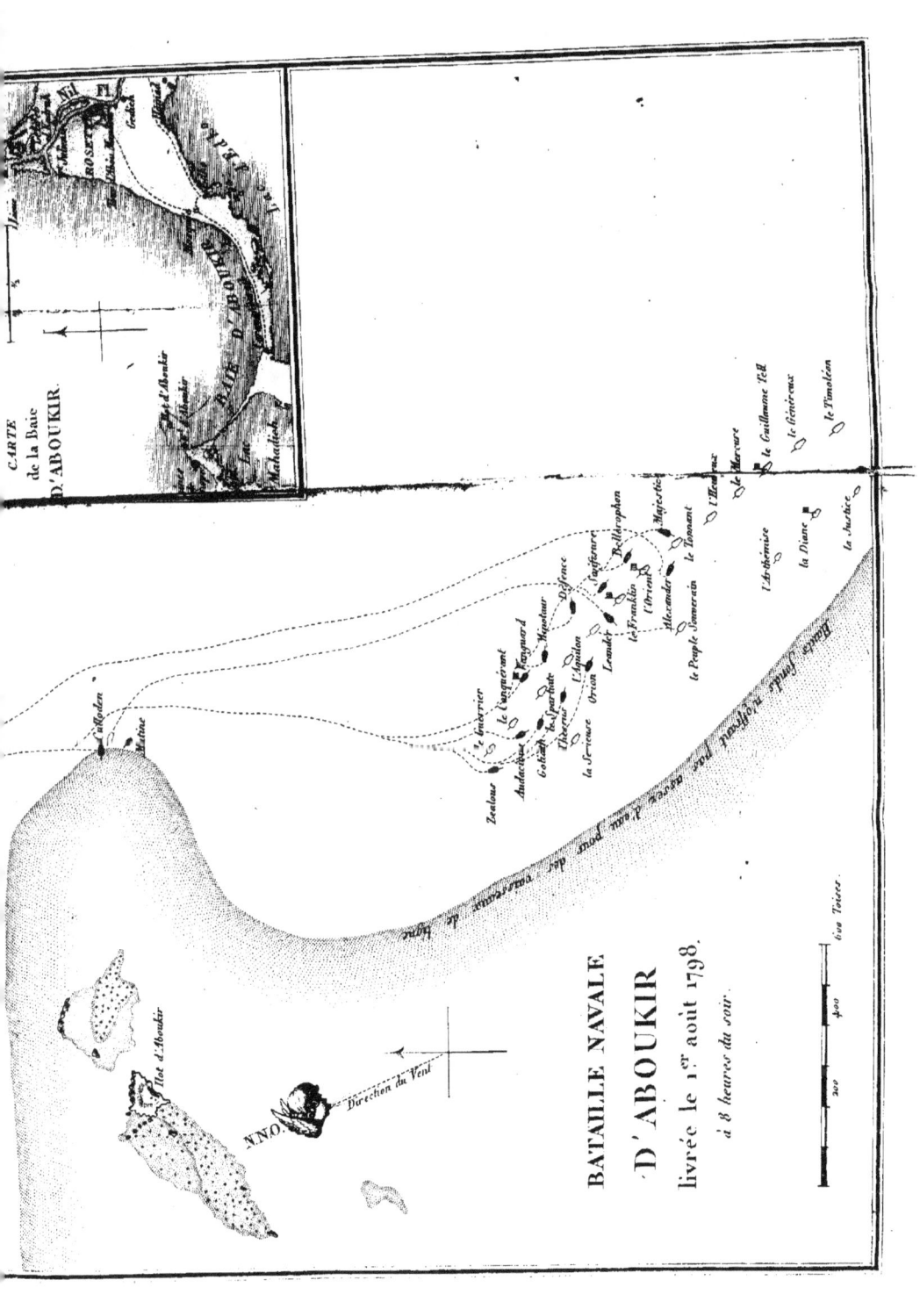

www.ingramcontent.com/pod-product-compliance
Lightning Source LLC
Chambersburg PA
CBHW071856230426
43671CB00010B/1370